新商科·商业科学与决策丛书

丛书主编 高维和 孙 琦

中央高校建设世界一流大学（学科）和特色发展引导专项资金资助

中央高校基本科研业务费资助

Role of Appearance Color in Product Preference and Choice

Quantitative Analysis Based on Automotive and Home Appliance Products

产品外观色彩偏好与选择研究

基于汽车和家电产品的定量分析

江晓东 姜 敏 著

上海财经大学出版社

图书在版编目(CIP)数据

产品外观色彩偏好与选择研究：基于汽车和家电产品的定量分析／江晓东，姜敏著．—上海：上海财经大学出版社，2023.9
（新商科·商业科学与决策丛书）
ISBN 978-7-5642-4088-2/F.4088

Ⅰ．①产…　Ⅱ．①江…　②姜…　Ⅲ．①汽车—造型设计—研究
②日用电气器具—设计—研究　Ⅳ．①U462.2　②TM925.02

中国版本图书馆CIP数据核字(2022)第212915号

□ 责任编辑　廖沛昕
□ 封面设计　张克瑶

产品外观色彩偏好与选择研究

基于汽车和家电产品的定量分析

江晓东　姜　敏　著

上海财经大学出版社出版发行
（上海市中山北一路369号　邮编200083）
网　　址：http://www.sufep.com
电子邮箱：webmaster@sufep.com
全国新华书店经销
江苏苏中印刷有限公司印刷装订
2023年9月第1版　2023年9月第1次印刷

710mm×1000mm　1/16　13.5印张(插页：2)　228千字
定价：72.00元

总　序 | Preface

近年来，国家大力发展新工科、新医科、新农科、新文科（简称“四新”）建设，在这样的背景下，新商科乘势而为、应运而生。新商科处于新时代教育、经济与科技的交汇点，处于百年未有之大变局的历史新方位。

新商科的历史新方位主要表现为，世界经济中心在变，经济总量从北大西洋转到太平洋，中国特色社会主义进入新时代，经济由高速增长阶段转向高质量发展阶段；世界政治格局在变，非西方化与多极化并存，发达国家和发展中国家的力量，以及国际主要经济体之间的力量对比发生重大变化，由此引发国际格局大洗牌、国际秩序大调整、全球治理大变化，新兴国家正在成为重要角色；全球化进程在变，主要推动力量面临重组，全球化与逆全球化角力博弈；科技与产业在变，从数次工业革命历程看，每次技术变革都带来生产力革命，进而引发整个社会大变革；全球竞争方式在变，不仅仅是经济、军事、科技的竞争，而且是文化和制度的竞争，不同国家政治经济制度的时代适应性决定了历史选择和演进方向。

如今，以互联网、大数据、人工智能、云计算、5G、量子通信、区块链等为代表的新科技革命和产业革命加速了对经济社会各领域的深入渗透和融合。数联、物联、智联、大带宽、低时延、大链接、全栈全场景和虚拟世界，对生产方式、生活方式、思维方式和学习方式产生了深刻的影响，并重构人类的法律、文化、风尚、观念、伦理和秩序。新技术、新经济、新业态的日新月异使研究新商科的重要性和建设新商科的紧迫性日益凸显。

从概念上看，无论是内涵还是外延，新商科都从属于新文科。我在《光明日报》2021 年 3 月 20 日整版刊发的《新文科建设，“新”从何来，通往何方？》一文中，从论域拓展、价值重塑、话语主导、交叉融合、研究范式这五个维度阐述了新文科之“新”。认知新商科无疑可从这“五维”加以把握。此外，作为新文科“真子集”的新商科，要透彻理解其“新”，还需要高度关注深度科技化、高度智能化、交叉融合化、集群复合化这“四化”趋势。

其一，深度科技化，以金融最为典型。近年来“金融科技”（Fintech）很火，实际上，Fintech 即 Finance（金融）＋Technology（科技），但又不是两者的简单组合，而是通过利用各类科技手段创新传统金融行业所提供的产品和服务，如大数据征信、智能投顾、供应链金融等。金融科技改变传统的金融信息采集来源、风险定价模型、投资决策过程、信用中介角色，从而能大幅提升传统金融的效率，降低传统金融服务的成本，解决传统金融的痛点。

金融科技以信息技术为基础，将诸多高科技用于银行、保险、证券、基金、租赁、信托、消费金融、金融监管等领域，重塑了传统金融业，形成了零售银行、网络借贷与融资、云计算平台、数字货币、资产管理、互联网保险、监管科技等多种新兴金融生态。这些高科技包括互联网技术（互联网、移动互联网、物联网）、大数据、人工智能、分布式技术（区块链、云计算）、安全技术（生物识别技术）等，不一而足。

其二，高度智能化，以商务分析（Business Analytics，BA）和商业智能（Business Intelligence，BI）最为典型。在当今竞争日益激烈的市场环境中，企业如何从浩如烟海的商务数据以及其他相关的数据和信息中发现商机，并将这些数据和信息合理有效地运用于商业管理和决策，提升企业的管理水平和效益，已经成为每一家企业不得不面对的现实。面对爆炸式增长的各类信息和数据，只有那些能够合理利用先进的信息技术成功地收集、分析、处理、理解信息，利用高深的技术、模型和算法进行数据挖掘和商业分析，并依据信息进行科学决策和预测的企业才能获得竞争优势，才会成为市场上的赢家。

商业世界拥有海量而丰富的数据，其数据不仅包括企业前端、后端和历史产生的数据，业务系统的订单、库存、交易账目、客户和供应商数据，而且包括企业所处行业和竞争对手的数据，以及其他外部环境中的各种数据，并与现在的互联网及大数据相连。BA 和 BI 能将所有这些多维数据进行高效挖掘和整合，能快速、准确、智能化地形成业务经营决策建议。业务经营决策既可以是操作层的，也可以是战术层和战略层的。随着数据日益成为企业的核心资产和深度学习模式的突破，BA 和 BI 已开始渗入企业管理的方方面面，并且发挥着越来越重要的作用。

其三，交叉融合化。学科交叉和学科之间的整合已经成为推动学科建设的重要手段。新商科呈现鲜明的交叉融合化特征，不仅商科内部经济学、管理学（法学）交叉，商科还与文科、理科、工科、农科、医科等其他学科无障碍交叉。商科研究越来越多地需要综合利用经济学、管理学、法学、哲学、伦理学，以及社会学、行为科学、脑科学、神经科学、认知科学、心理学、认知心理学等学科，更不用说数学、系统科学、运筹学、数理统计学、计算机科学和数据科学了。实际上，前面述及的 BA 和 BI 就是集商业管理、统计学、计算机科学为一体的商科与理工科紧密交叉与综合的产物。

美国国家科学基金会（NSF）社会行为与经济学（SBE）学部在发布的学科发展战略报告中指出，未来 10 年学术研究的特点是数据密集（Data-intensive）、跨学科（Transformative）、强合作（Collaborative）和问题驱动（Problem-driven）。这四大特点都指向新商科的交叉融合：数据密集（泛在）自不待言，跨学科和强合作几乎就是交叉融合的同义语，问题驱动则是倒逼交叉融合，因为没有哪一个问题是某个单一学科的问题，所以我们必须打破学科壁垒，综合考量、协同施策，方能解决问题。

其四，集群复合化。此处的“集群”是指学科，“复合”则指人才培养。“双一流”是以学科为基础的主要策略。现代学科呈现高分化、高整合的趋势，在高分化、高整合的辩证统一中，从单一学科、跨学科走向超学科。人类知识生产的组织已经从个体和独立转变为团体（集体、团队）和联合（联盟）。在当前的学科建设中，各校都非常明确各自学科建设的重点，都十分注重学科平台体系、学术组织体系和学术人才体系的全面建设，选择学科群建设方案来引领商科学科的发展已成为各高校的自觉行为，国内头部综合性大学/财经院校纷纷选择经由经济学学科群、经济商科学科群，或经济管理学科群、法律经济学学科群等建设而进入国家一流学科的建设行列就是明证。

之所以用学科群建设引领商科学科发展，是因为：第一，学科群内的各学科有内在深刻的学理逻辑和深度交融的学术联系，比如经济学本身就是管理学的三大基石之一。学科间的相近性、支撑性、互补性很强，你中有我，我中有你，水乳交融，学科融合发展和跨学科协同创新业已成为不可逆转的大势。第二，从需求端和就业市场来看，经济和管理的边界越来越模糊，甚至不再区分经济和管理而径称“经管”。第三，基于财经院校自身的历史渊源和发展路径，经管法特别是经管学科历史悠久，长期以来就是其主干学科、强势学科和特色学科。第四，学科捆绑式集群发展有利于学校集中资源，加快推进其迈入世界一流学科行列和前列的进程。第五，学科集群有助于国家“五位一体”的总体建设，并为中国经济建设和社会治理提供跨学科的综合解决方案。

历史与现实充分表明，高等商科教育发展始终与中国经济社会发展同频共振、同向同行。中国经济社会的迅速崛起为教育发展提供了坚实的实践基础；同时，高等商科教育以其鲜明的行业背景、独特的学科优势、出色的社会影响力，成为推动时代发展和社会进步的重要力量。

如何建设新商科？概言之，需要从新的理论体系、学科体系、学术体系、评价体系以及教学体系、课程体系和教材体系各个方面统筹推进。当前，亟待推进的一项基础工作就是新商科的教材建设。新教材要求具有时代意义和中国特色，并凸显社会主义核心价值观和中华优秀传统文化，且与前沿科技和其他学科相融合。教材内容需要不断推陈出新，打破学科壁垒，构建跨学科体系和领域的开发模式，同时充分运用云计算、大数据、基因生物工程的高尖端、前沿性的学科知识。

上海财经大学商学院市场营销系高维和教授、孙琦教授主编的“新商科·商业科学与决策丛书”正当其时、正合其需。该丛书覆盖面广、阐述深刻，总体来说具有三大特征：一是适应新技术。根据新设立的新商科科目，需要一批适应人工智能等新兴技术发展的新商科教材，形成百家争鸣、百花齐放、和而不同的竞争性新商科教材体系，丛书中的《企业营销策略的实证研究：新问题与新方法》《电改下的可再生能源电力价格机制》体现这一特征。二是强调新情景。《新零售：理论与实践》《数字传播媒体背景下的消费者行为》《营销生态与服务创新》运用新零售、新媒体、新生态等情景体现应用性营销创新，体现新商科发展的实践趋势与发展前沿。三是融合新理论。《工匠精神与手工产品营销》《新经济中的消费品品牌管理》等在传统的研究问题及情境的基础上，从新视角提出新问题，并进一步进行新的理论性阐释，对过往理论进行更新和优化。当然，新商科教材未必“全新”，选取经典商科教材，组合、整合、结合、统合成新商科教材当是可行之举，丛书中部分书目属于这一类型。

“新商科·商业科学与决策丛书”的编著是一项十分繁重的任务，编著者既要根据学习者/读者的要求和特点做到有的放矢，又要在多学科交叉的基础上真正实现学科融合，还要紧跟时代发展，与时俱进。感谢高维和、孙琦教授的团队，他们付出的辛勤劳动和做出的智慧贡献对新文科、新商科建设极具价值。当前，中国经济已经进入商业 3.0 时代。新兴技术的迅猛发展和商业理念的迭代更新，既是多学科交叉融合的成果，又对商业发展中的学科交叉、知识融合、技术集成，以及高校如何与经济、社会、科技和民生紧密结合，与国家、社会和市场充分互动，缩短商科教育、商科研究和商科实践之间的距离提出了更多更高的要求。由衷希望团队成员们能以此次丛书出版为契机，不断推出适应新时代新要求的更多佳作。

徐飞

2022 年 7 月于上海·蕴适斋

前　言 | Foreword

本书是基于上海财经大学学术著作培育项目“色彩营销的理论与实证研究（项目编号：2018110872）”的阶段性研究成果形成的。该项目自2018年获得立项资助以来，在项目团队的多年努力下，一方面严格按照项目申请书设定的计划进行；另一方面，项目组成员在研究过程中又把消费者产品外观色彩偏好的影响因素从微观个体变量拓展至宏观环境变量（突发自然灾害和高铁开通）。色彩有三个基本特性：色相、亮度和饱和度，项目组成员重点围绕色相偏好开展了一系列专题研究，以汽车和家电消费为主要研究情境，通过大样本调查数据和大样本消费者实际购买数据，运用能有效克服内生性问题的双重差分模型，探讨个体特征变量和外部环境变量对个体产品外观色彩偏好与选择的影响效应。本书的第三章最早成文，在2018年中国市场营销国际学术年会上做了报告，受到与会者的好评，后投稿至《南开管理评论》，已于2020年第6期发表，本书收录时对题目做了微调，并增补了几个表格。本书每一章均能独立成文，同时又能统一到第一章图1-1“色相偏好与选择影响因素的宏微观模型”中。本书为深入系统的理解个体和群体的色彩偏好提供了全新的视角，有着较强的理论创新；本书运用独特的大数据，有助于推进基于真实世界数据的色彩偏好研究，提升研究的外部效度。本书是近年来项目组对色彩偏好的因果性研究探索的一个阶段性集成，在本书付梓之际，我要向项目组全体成员表示衷心感谢！同时，向多年来一直关心和帮助我的领导、同事、同行、朋友和家人致以最诚挚的谢意！

本书由项目组成员共同完成，具体分工如下：江晓东撰写第一章、第二章（部分）、第三章（部分）、第四章（部分）、第五章（部分）、第六章（部分）、第七章（部分）、第八章（部分）；姜敏撰写第二章（部分）、第三章（部分）、第四章（部分）；崔华雪撰写第六章(部分)、第七章(部分);朱叶撰写第二章(部分)、第六章(部分);袁亮撰写第八章(部分);贺琳哲撰写第五章(部分)。

限于作者水平,书中难免有不足之处,敬请广大读者批评指正!作者邮箱:jxd@mail.shufe.edu.cn。

作者
2023 年 8 月
于上海财经大学弘德楼

目　录 | Contents

第一章
绪 论

第一节 研究背景与意义

神经科学的研究表明，人脑有 60%专注于视觉信息处理(Pradeep, 2010)[①]，在视觉记忆的层次结构中，人们倾向于先记住色彩，其次才是形状、数字和单词(Seckler, 2005)[②]。在购买决策中，大量研究表明色彩对消费者的情感、认知和行为有重要的影响(Peter & Olson, 2005)[③]。色彩是光的电磁波作用于人眼引起的视觉体验。广义的色彩包括非彩色(白色、黑色和各种灰色)和彩色。色彩有三个基本特性：色相、饱和度和亮度。有关色彩偏好的研究源于歌德的《色彩论》，第二次世界大战以前，色彩偏好的研究以对个体色彩偏好趋势调查为主。例如，Eysenek(1941)综合 1940 年以前的各国有关研究发现，人们的色彩偏好有着基本相同的顺序：蓝色、红色、绿色、紫色、橙色、黄色[④]。第二次世界大战以后，研究者开始将抽象色彩与具体物色进行区分，并开始探索色彩偏好的影响因素。

本书选择以汽车[⑤]和家电色彩偏好为主要研究对象，有两点原因：一是随着

---

① Pradeep, A. K. (2010). The buying brain: Secrets for selling to the subconscious mind. Hoboken, NJ: Wiley.

② Seckler, V. (2005). Branding at the color of speed. WWD: Women's wear daily, 189(8), 10.

③ Peter, J., & Olson, J. (2005). *Consumer behavior and marketing strategy*. New York: McGraw-Hill.

④ Eysenek, A. J. A critical and experimental study of color preferences, Am. J. Psychol, 1941, 54, 384-394.

⑤ 从 2002 年 3 月 1 日起，我国开始采用国际通行的汽车分类方法，将汽车类型划分为乘用车和商用车两大类。乘用车指私人购买作为代步工具的车辆，包括基本型乘用车(等同于旧汽车分类标准中的轿车)、多功能乘用车(MPV)、运动型多用途车(SUV)和交叉型乘用车四类。本书述及的汽车是指城市家庭购买的不以营运为目的的乘用车。

汽车和家电生产技术的日益成熟，消费者在选购汽车或家电时会更多地受审美和情感因素的影响。[①] 一项面向全国消费者的调研表明，消费者在决定所购汽车色彩时，个人喜好影响最大，希望所选色彩能够彰显个人品位排第二[②]。随着中国经济的快速发展和中国人生活品质的提高，消费者对家电产品的选择也不再只考虑功能性利益，对家电色彩与家居整体风格的搭配运用也越来越重视。二是随着汽车市场和家电市场竞争的加剧和涂料技术的发展，色彩战略或色彩营销一直是汽车和家电制造商的重要竞争手段之一。福特的T形车只有一种色彩——黑色，这也成为其最后衰败的原因之一。后起之秀通用汽车公司，非常重视车型和色彩，设置有“艺术和色彩部”，创办了年度色彩（Year's Color）活动，践行“不同的钱包，不同的车型”差异化战略，于1928年战胜福特站上了世界汽车销量第一的宝座。日系车品牌也在不同时期通过对流行色的捕捉与促销，取得了良好的促销效果[③]。国产品牌奇瑞QQ大胆创新，避开主流的银色和白色，推陈出新，大量使用鲜艳的色彩，如苹果绿、柠檬黄、法兰红、海湾蓝、时尚橙、金杏黄等，迎合了目标人群年轻女性对时尚个性、富有活力的需求，同时也取得了销售的巨大成功。国产“神车”五菱宏光近年来借助中国纯电动车市场的快速崛起，掀起了新能源车色彩时尚风暴。根据销售数据分析，宏光Mini EV的用户75%是“90后”，78%是女性。这群年轻女性热衷探索时尚潮玩乐趣，喜欢通过社交网络分享时尚个性主张，为满足这一目标人群的个性化需求，五菱和彩通色彩研究所（Pantone Universe）联合开发了新款五菱宏光Mini EV马卡龙，2021年春天，发布了白桃粉、牛油果绿和柠檬黄三款时尚春色，2021年秋天，新增了梅洛蓝和生椰白两款时尚秋色。五菱汽车在微博发起的话题“我的马卡龙变Zhuang”有近120万的阅读量，宏光Mini EV引起的热议话题让“五菱少女”成了火爆社交圈的用户IP形象。家电行业是中国市场化程度最高的行业，色彩营销是不少家电企业差异化营销的重要手段。20世纪90年代初，德国博世推出红色面板冰箱开启了冰箱产品彩色化的先河，之后又推出了金沙色、灰蓝色等色彩的冰箱。日本和韩国的冰箱品牌也十分注重流行色的应用与研发，大胆推出过黑色、粉红色、淡橘色等色彩的冰箱。国产冰箱企业在技术上与国外不相上

① 韦星顺.基于中国人审美特征的汽车造型设计方法研究[D].清华大学，2013.

② 李彦龙，高想，张晔峰.基于消费者心理的汽车色彩偏好量化研究[J].设计，2019，32(12)：110-112.

③ 吉田，豊太郎，金东瀛.汽车色彩的变迁与将来的动向——色彩设计与涂色设计[J].汽车工程，2003，25(6)：649-653.

下，同时也越来越重视流行色的研发。例如，荣事达在2001年推出“彩色冰箱”概念，销售量同比增长214.3%，并且进入当年国内冰箱销量前十名。海尔从2010年开始，在冰箱的面板色彩中开发了淡粉色。

色彩是产品、服务、包装、品牌标识的重要组成部分，随着技术进步和消费者个性化需求的增长，色彩日益成为品牌塑造差异化认知的重要手段，越来越多的营销研究开始关注色彩问题①。近年来，营销理论界主要以色彩三大属性为自变量，研究了色相、饱和度和亮度对广告态度、品牌个性和支付意愿等的影响。目前国内针对色彩偏好的研究有三个特征：一是多数研究停留在实践层面，如色彩在具体品牌定位设计中的运用，未能上升到理论层面；二是以色彩偏好与选择为因变量的理论研究，则主要集中于探讨个体人口统计特征的影响，近年来缺乏对此的进一步探索；三是理论层面的研究多数采用实验室实验法，缺乏基于大样本二手数据的实证研究。本书拟针对汽车和家电消费领域，通过大样本调查数据和大样本消费者购买数据，运用能有效克服内生性问题的二阶段最小二乘法或双重差分模型，探讨个体特征变量和外部环境变量对个体产品外观色彩偏好与选择的影响效应。

本书的研究有如下重要意义：

第一，理论意义。

过去的研究多数从个体特征出发探讨其对色彩偏好的影响，如性别、年龄、教育程度、性格等因素，少数研究会从文化层面出发探究。本研究一方面从社会经济地位、生活方式、孤独感和本命年这些个体微观变量切入分析其对色彩偏好的影响；另一方面，本研究将视角扩展到高铁开通、灾难发生这类更宏大的环境变量，同时探讨这些影响关系中的中介机制和调节机制，构建了色相偏好影响因素的宏微观模型。这将进一步完善色彩偏好研究的理论模型，为进一步深入系统地理解个体和群体的色彩偏好提供全新的视角，有着较强的理论创新。

第二，方法意义。

过去的研究多数以一次性横截面调查数据为支撑，缺乏长期动态分析，本研究的二手数据建模分析，样本量大（覆盖全国）、时间跨度长，既能发现宏观事件对不同色彩选择的影响效应，又能洞察影响效应的动态变化。研究结论对营销

---

① 黄静，王正荣，杨德春，刘洪亮．色彩营销研究：回顾与展望[J]．外国经济与管理，2018，40(10)：40-53.

者有较强的决策参考价值。过去的研究多局限于用实验室实验法分析色彩偏好的影响因素，这导致研究的外部效度受到限制。本书运用独特的大数据，既有来自全国性的调查数据，也有来自全国性的汽车购买数据，同时用严谨的方法克服内生性问题，这有助于推进基于真实世界数据的色彩偏好研究，大大提升研究的外部效度。

第三，实践意义。

以往的研究以实验室实验方法为主，研究的外部效度不足，自然限制了其研究结论的实践参考价值。本书基于客观数据的研究发现对于企业有着非常直观的实践指导作用。

第二节 研究思路与研究方法

一、研究思路

本研究在文献综述的基础上，在消费者行为理论的指引下，围绕产品外观色彩偏好与选择的影响因素，提出研究模型与假设，通过调查法、实验法和二手数据从不同角度收集消费者的色彩偏好与选择数据，用二阶段最小二乘法和基于自然实验法的双重差分模型进行数据分析与假设检验，并根据研究发现形成研究结论与实践启示。

研究模型的构建借用了一些重要概念，如社会经济地位、安全感、生活方式、孤独感等，同时运用了联想学习理论、生态效价理论等。

二、研究方法

本研究以实证研究方法为主。

调查法的数据采集采用纸质问卷，面向全国 18 个城市的居民进行调查；基于调查法的数据，主要通过含中介变量和调节变量的多元线性回归模型进行分析。

实验法的数据借助线上调研平台，面向在校大学生收集。实验法所得数据，也是通过含中介变量和调节变量的多元线性回归模型进行分析。

二手数据源于第三方咨询机构、中国统计年鉴官方网站、中国地震局官方网站和民政部相关网站。二手数据主要借鉴自然实验法原理，采用双重差分析模型进行分析。

第三节 研究内容与结构安排

一、研究内容

本研究的内容由三大部分构成：第一部分是色彩偏好影响因素和相关理论研究成果的文献综述(第二章)，第二部分是微观个体变量(社会经济地位、生活方式、孤独感、本命年)对产品外观色相偏好的影响研究(第三章至第六章)，第三部分是宏观环境变量(突发自然灾害和高铁开通)对产品外观色相选择的影响研究(第七章至第八章)。本研究的重点内容和关键变量可以总结为色相偏好与选择影响因素的宏微观模型(见图 1-1)。

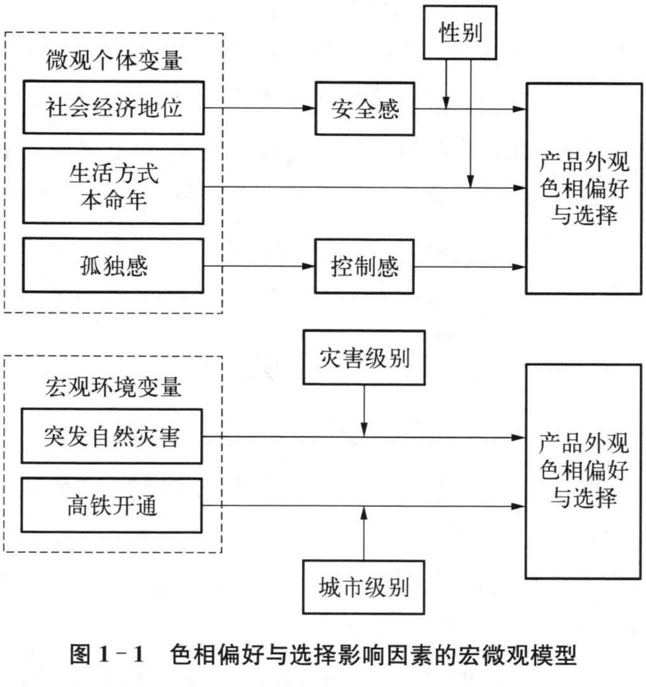

图 1-1　色相偏好与选择影响因素的宏微观模型

二、结构安排

第一章为“绪论”：简要阐述了本研究的研究背景与研究意义、研究思路与研究方法、研究内容与结构安排，最后说明了本研究的创新点。

第二章为“产品外观色彩偏好影响因素研究综述”：对色彩偏好的影响因素

研究、色彩的心理功能研究、市场营销领域有关色彩功能的实证研究进行了回顾和综述。

第三章为“社会经济地位对产品外观色相偏好影响研究”：研究了社会经济地位是否影响消费者的色相偏好，社会经济地位影响消费者色相偏好的内在机制是什么，这一影响机制的调节变量是什么。

第四章为“生活方式对产品外观色相偏好影响研究”：研究了生活方式的哪些维度会影响消费者的色相偏好，这一影响效应中受哪些变量调节作用。

第五章为“孤独感对产品外观色相偏好影响研究”：研究了孤独感对产品冷暖色调偏好的影响，并探讨了控制感的中介效应和独处偏好的调节效应。

第六章为“产品外观色彩选择的本命年效应及其影响因素研究”：研究了本命年是否会导致消费者对外观为红色的汽车的购买量增加，性别和突发自然灾害在这一影响效应中会起到怎样的调节作用。

第七章为“突发自然灾害对产品外观色彩选择影响研究”：研究个体在自然灾害发生后更偏好哪些色彩，会回避哪些色彩。

第八章为“高铁开通对产品外观色彩选择影响研究”：研究了高铁开通后导致的个体城际流动增加，是否会使个体购买有色相汽车的比例上升，同时研究了国家级流通节点城市与非国家级流通节点城市在上述影响效应中的差异。

第四节 研究创新点

消费者在选购汽车和家电色彩时，既受传统文化影响，也受当下时尚流行的驱动；既受汽车和家电品牌促销信息的塑造，也受突发事件冲击的影响。消费者选购汽车和家电色彩会受到哪些因素影响？影响机制如何？这虽然是一个最基础的问题，但理论界的研究则是零散的。

本研究基于联想学习理论构建色相偏好理论模型，论证社会经济地位、生活方式、孤独感和本命年对色相偏好的影响及其影响机制，为更好地理解消费者的色相偏好形成原因奠定了基础，进一步丰富了色相偏好理论研究成果。本研究还基于联想学习理论探讨安全感的中介效应，为进一步深入理解色相偏好形成的心理机制提供了新视角，同时也丰富了联想学习理论。本研究还验证了性别对安全感中介效应的调节作用，识别了这一影响机制的边界条件。

本研究从情绪角度解释个体的应激行为反应和消费偏好，分析了个体经历灾难后其产品外观色彩选择的变化，同时，借助参照群体效应和文化多样性效应，分析了高铁开通对开通城市消费者的产品外观色彩选择的影响，这为研究个体的色相偏好提供了新的视角。

过往有关色彩的研究方法以相关分析为主，缺少因果性研究，在数据上也以小样本调查为主，缺乏基于客观大样本数据的实证分析，本书中有六个围绕汽车外观色彩偏好的专题研究，一方面基于城市统计年鉴和全国所有城市的车辆销售数据，另一方面采用基于自然实验原理的 DID－PSM 方法，保证了方法的科学性和数据的严谨性。

第二章 产品外观色彩偏好影响因素研究综述

色彩是消费者通过视觉处理信息的首要元素(Adaval, Saluja & Jiang, 2019)。最早关于色彩的研究出现在心理学领域,随后营销学者对广告和零售商店中的色彩以及色彩如何影消费者心理和行为等主题进行了广泛的理论探索。本章将围绕色彩营销与色彩偏好的文献计量分析、色彩偏好的影响因素研究、色彩的心理功能研究、市场营销领域有关色彩功能的实证研究进行回顾和综述。

第一节 色彩营销与色彩偏好的文献计量分析

本节首先对以往文献进行计量分析,对中国知网和 Web of Science(WoS)数据库的中英文文献进行检索,进而分析色彩营销和色彩偏好相关文献的发文情况、学科和研究层次以及被引用情况。接着运用 CiteSpace 进行关键词共现、聚类分析和时区图分析,总结得出相关的研究热点。

为了检索有关产品外观色彩偏好的文章,本节以色彩营销和色彩偏好为检索主题,分别对中国知网的期刊和学术辑刊数据库以及 WoS 的核心合集数据库中发表时间为 2010 年 1 月 1 日至 2021 年 12 月 1 日的中英文文献进行检索。具体来说,中文文献以“色彩营销”“颜色营销”“色彩偏好”“颜色偏好”为检索词,英文文献以“color marketing”“colour marketing”“color preference”“colour preference”“color preferences”“colour preferences”为检索词,最终获得 207 篇中文文献(中国知网)和 699 篇英文文献(WoS)。

接下来对检索到的文献进行筛选和剔除,并使用 CiteSpace 进行文献去重。由于本节仅关注个体的行为偏好，因此需要对涉及动物和植物色彩偏好的部分进行剔除。同时，为了保证文章的质量，对 WoS 核心合集数据库的检索结果最终只保留了 SCI 三区以上的文章；而中文文献总量较少，因此不再做质量区分。经过筛选和剔除，最终获得 186 篇中文文献（中国知网）和 149 篇英文文献（WoS）。

一、当前研究现状分析

（一）发文情况

本节对 186 篇中文文献（中国知网）和 149 篇英文文献（WoS）的发文情况进行了统计分析，如图 2-1 所示。从总体的发文趋势来看，年度发文量是在逐渐增加，特别是在 2017—2018 年呈显著增长趋势。相较而言，有关色彩营销和色彩偏好的中文文献总量偏少，因此中文领域对色彩相关研究的重视程度仍是相对欠缺的。虽然发表在 SCI 三区以上的英文文章总量较少，但整体还是呈上升趋势，可以看出国际上对色彩营销的相关高质量研究是逐年增加的。

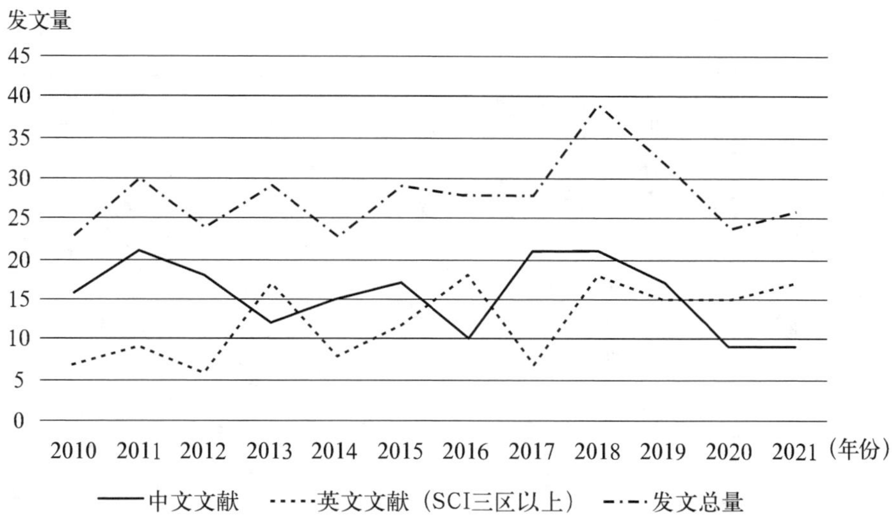

图 2-1　色彩营销与色彩偏好研究的发文量年度趋势(2010.1.1—2021.12.1)

（二）学科和研究层次分布情况

本节进一步对这些中英文文献的发文学科和研究层次进行分析，具体如学科发文排名（见图 2-2a、图 2-2b）和研究方向排名（见图 2-3a、图 2-3b）。

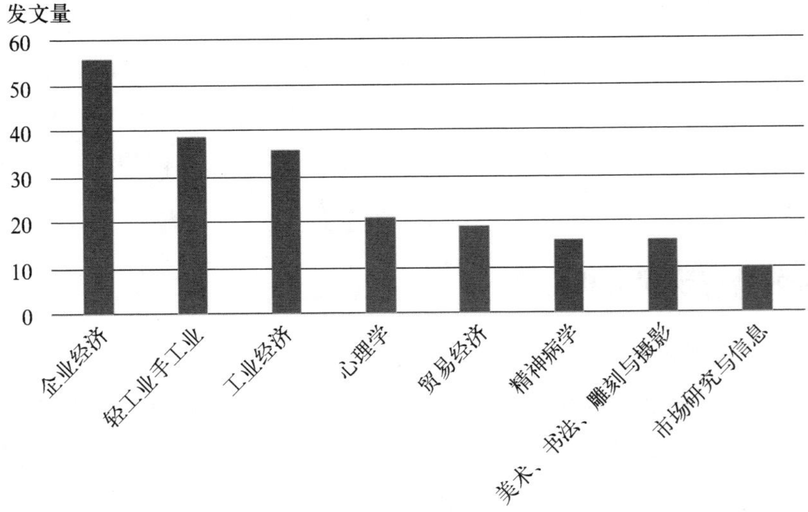

图 2－2a　中文文献学科发文量排名前十

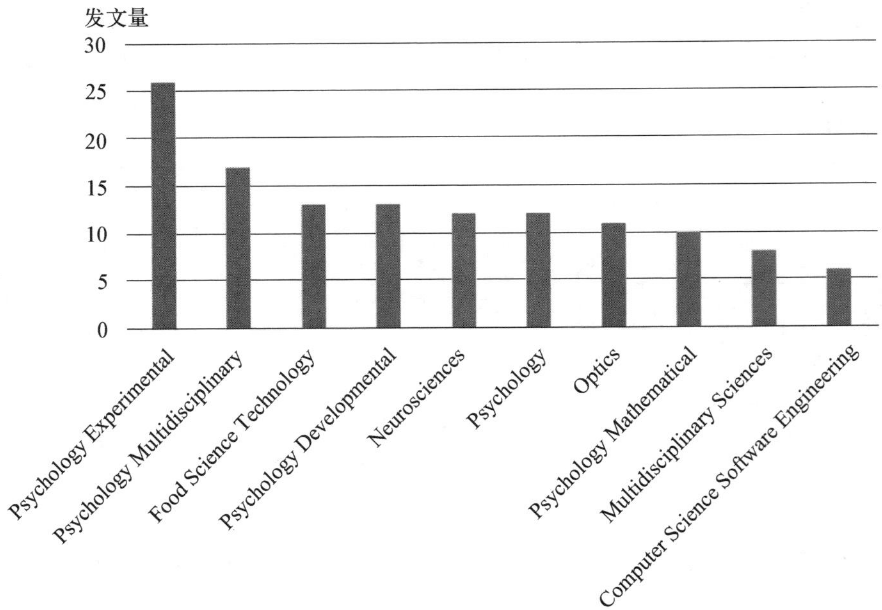

图 2－2b　英文文献学科发文量排名前十

色彩营销和色彩偏好的研究涉及多个领域。中文文献发文学科主要集中于企业经济、轻工业手工业和工业经济领域，其次是心理学、贸易经济、精神病学和美术书法雕刻与摄影等领域。市场研究与信息的发文量则较少，在 10 篇以下。总之，中文研究领域的发文学科更为多样，多个学科都从各自角度对色彩营销和色彩偏好进行了研究。SCI 三区以上的英文文献的学科发文分布与中文文献的学科发文分布有较大差异，主要是英文文献的学科发文较为集中。其中，发文占比最高的学科是心理学，包括实验心理学、多学科心理学、发展心理学和数学心理学，其他发文占比较高的学科是食品科技、神经科学、光学、多学科科学和计算机科学与软件工程等学科。可见在国际研究领域，心理学学科更关注色彩营销和色彩偏好等主题，并发表了较多的高质量文章。

研究层次的分布如图 2-3a、图 2-3b 所示，中文文献研究方向主要集中于社科领域的行为指导和基础研究，社科方向的研究则主要涉及工程技术和基础与应用基础研究等。不同的是，英文文献的研究方向高度集中于心理学，其次是神经科学、食品科技和计算机科学等领域，与发文学科的分布基本一致。

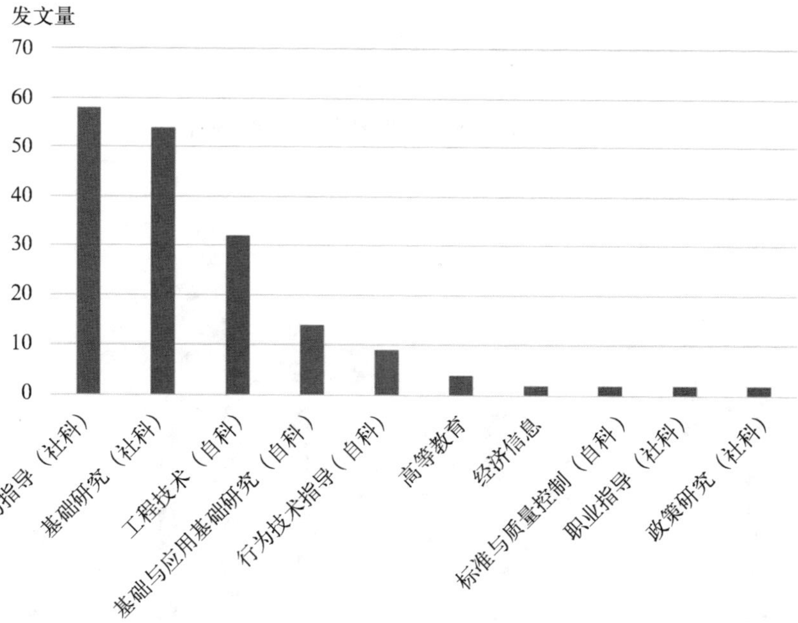

图 2-3a　中文文献研究方向 Top10

(三) 被引用情况

文献的被引用情况如图 2-4a、图 2-4b 所示。色彩营销和色彩偏好的中文文献被引高峰是在 2011 年，之后的被引频次则较低，与较低的发文量对应。这说明色彩营销的相关研究在中文领域并没有引起足够的重视。而英文文献的被引频次却是逐年上升的，色彩营销仍是研究热点，近年来持续受到关注。

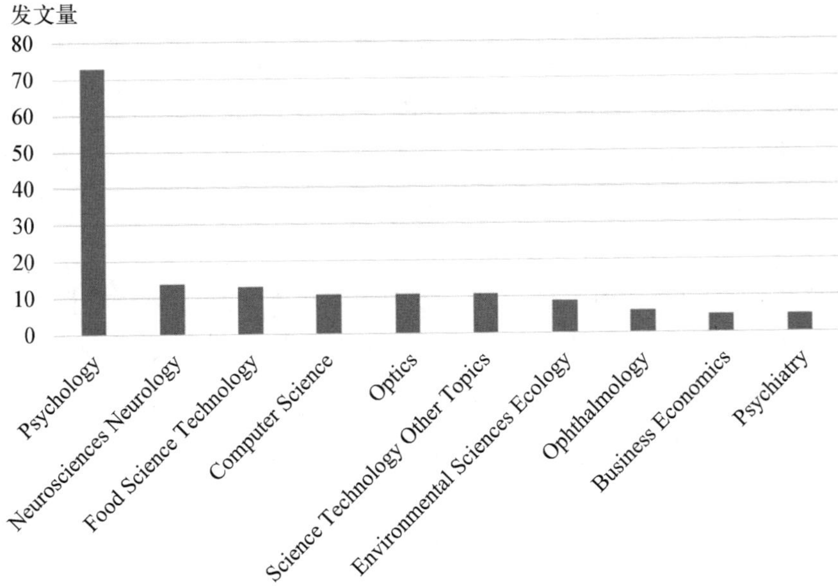

图 2 - 3b　英文文献研究方向排名前十

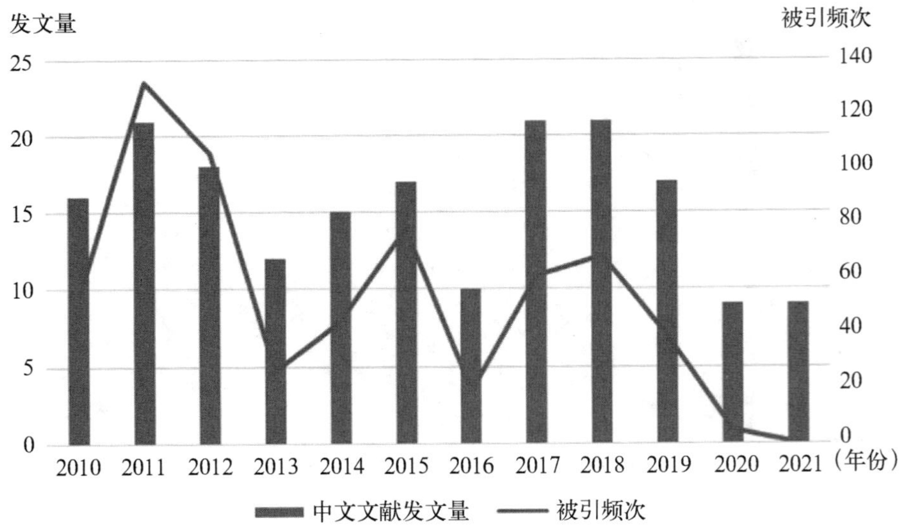

图 2 - 4a　中文文献被引情况

根据中国知网和 WoS 核心合集数据库的检索和筛选结果，对文献的被引用频次进行排名，最终得到被引用频次靠前的中英文文献各十篇（见表 2 - 1 和表 2 - 2）。

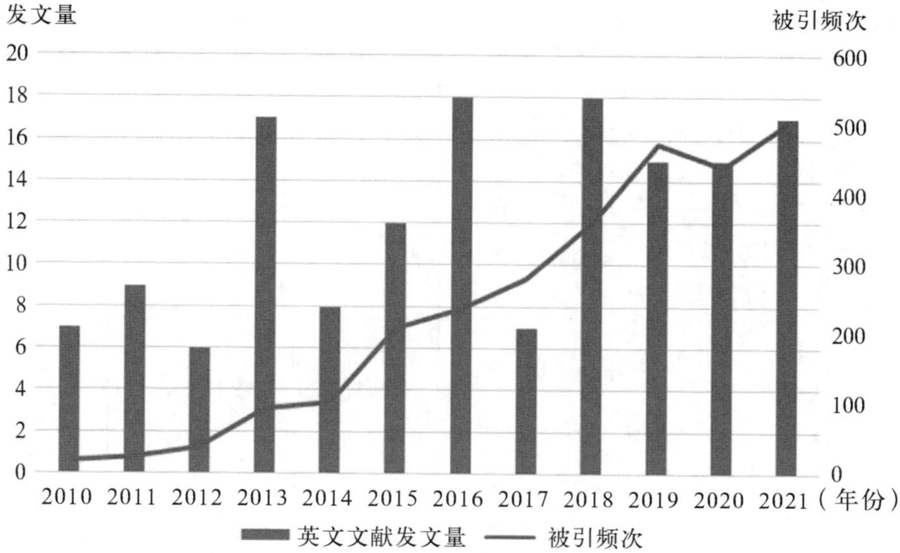

图 2-4b　英文文献被引情况

表 2-1　　**中文文献被引频次前十**

	题　　名	作　者	文献来源	发表时间	被引频次
1	颜色偏好研究进展	孙青青、陈本友、赵伶俐	心理科学	2011 年 11 月 20 日	47
2	4～6.5 岁自闭症幼儿颜色偏好的实验研究	曹漱芹、费雯、孙爱军	中国特殊教育	2012 年 5 月 15 日	37
3	重性抑郁障碍和广泛性焦虑障碍患者的色彩偏好及其对两者情绪水平的预测	戴红、许少芳、宋宝华、王伟	中山大学学报（医学科学版）	2015 年 5 月 15 日	20
4	3～4 岁儿童的颜色偏好及其特点	杨敏、胡玲燕	学前教育研究	2014 年 6 月 1 日	19
5	颜色偏好的性别差异研究进展	徐展、闫丹	心理科学	2015 年 3 月 20 日	18

续 表

	题　名	作　者	文献来源	发表时间	被引频次
6	色彩营销研究：回顾与展望	黄静、王正荣、杨德春、刘洪亮	外国经济与管理	2018 年 10 月 20 日	15
7	感性消费时代的企业色彩营销策略	邵永红	企业经济	2012 年 11 月 25 日	14
8	国内外色彩调研发展现状概述	何苗	赤峰学院学报（科学教育版）	2011 年 5 月 25 日	14
9	女大学生的抽象颜色偏好及其与人格特征的关系	逯平平、崔小迪、陈国鹏、许获枫	心理研究	2012 年 12 月 1 日	13
10	4～6 岁幼儿对室内环境颜色偏好的研究	蒋盈、王茜	湖南第一师范学院学报	2010 年 6 月 15 日	12

表 2－2　英文文献被引频次前十

		被引频次				
		2018 年	2019 年	2020 年	2021 年	合计
	题名、作者、文献来源	1 108	1 455	1 773	2 006	9 471
1	An Ecological Valence Theory of Human Color Preference Palmer, SE and Schloss, KB May 11 2010 | *Proceedings of the National Academy of Sciences of the United States of America* 107(19), pp.8877－8882	38	39	39	46	297
2	Visual Aesthetics and Human Preference Palmer, SE; Schloss, KB and Sammartino, J 2013 | *Annual Review of Psychology*, Vol 64 64, pp.77－107	33	29	37	32	235

续 表

		被引频次				
		2018年	2019年	2020年	2021年	合计
	题名、作者、文献来源	1 108	1 455	1 773	2 006	9 471
3	Aesthetic Response to Color Combinations: Preference, Harmony, and Similarity Schloss, KB and Palmer, SE Feb 2011 | *Attention Perception & Psychophysics* 73(2), pp.551 - 571	9	18	14	12	100
4	Color Compatibility from Large Datasets O'Donovan, P; Agarwala, A and Hertzmann, A Jul 2011 | *Acm Transactions on Graphics* 30(4)	13	18	8	13	100
5	Fertile Green: Green Facilitates Creative Performance Lichtenfeld, S; Elliot, AJ; Maier, MA, et al. Jun 2012 | *Personality and Social Psychology Bulletin* 38(6), pp.784 - 797	5	10	9	11	70
6	Pretty in Pink: The Early Development of Gender-stereotyped Colour Preferences LoBue, V and DeLoache, JS Sep 2011 | *British Journal of Developmental Psychology* 29(3), pp.656 - 667	10	16	5	8	68
7	Color Preferences Are Not Universal Taylor, C; Clifford, A and Franklin, A Nov 2013 | *Journal of Experimental Psychology*. General 142(4), pp.1015 - 1027	7	11	7	7	61

续 表

		被引频次				
		2018 年	2019 年	2020 年	2021 年	合计
	题名、作者、文献来源	1 108	1 455	1 773	2 006	9 471
8	A Cross-cultural Comparison of Colour Emotion for Two-colour Combinations Ou, LC; Luo, MR; Sun, PL, et al. Feb 2012 | *Color Research and Application* 37(1), pp.23 - 43	11	6	4	3	58
9	User Preferences for LED Lighting in Terms of Light Spectrum Islam, MS; Dangol, R; Hyvärinen, M, et al. Dec 2013 | *Lighting Research & Technology* 45(6), pp.641 - 665	13	5	10	3	51
10	Biological Components of Colour Preference in Infancy Franklin, A; Bevis, L; Ling, Y, et al. Mar 2010 | *Developmental Science* 13(2), pp.346 - 354	8	7	5	3	48

高频次被引文献中，中文文献最受关注的是颜色偏好的心理科学以及特殊人群如儿童、女性、自闭症患者和精神病患者的色彩偏好。相较而言，英文的高被引文献则更为多样，除了关注色彩偏好的心理之外，还涉及图像学、光学和视觉美学等，可见色彩仍然具有广阔的研究空间。

二、色彩营销与色彩偏好研究热点分析

通过关键词检索、筛选和剔除，最终获得 186 篇中文文献（中国知网）和 149 篇 SCI 三区以上的英文文献（WoS）。为了更好地对研究热点进行分析，本节使用 CiteSpace 作为主要工具进行分析，主要通过关键词共现、关键词聚类和演进路线分析等方法明确研究热点。

(一) 关键词共现分析

关键词是核心内容的高度概括，通过关键词共现分析可以观察到各关键词之间的内在联系，找出研究热点，如图 2－6 和图 2－8 所示（陈悦等，2015）。图中圆圈大小代表关键词频次，圆圈越大代表频次越高。圆圈颜色从浅色到深色的变化表示时间从早期到近期（2010—2021）的变化。

CiteSpace 关键词共现可以找出网络中的关键节点。重点关注关键词的中心度和频次，中心度越大表明节点在该网络中位置越重要，中心度超过 0.1 的节点称为关键节点（吴建华，李雪，何秀玲，2018）。

由图 2－5 和图 2－6 可知，中文文献的研究核心是色彩营销（频次 56）和色彩偏好（频次 52），其次是消费者（频次 20）、色彩（频次 20）、服装色彩（频次 6）、品牌形象（频次 6）和流行色（频次 6）等。除此之外还涉及服装营销（频次 5）、应用（频次 4）、产品设计（频次 4）、营销策略（频次 4）、汽车营销（频次 2）和点击量（频次 1）等。由此可知，国内学者对色彩相关研究主要关注外观设计、品牌和其应用。相比中文文献，英文文献更聚焦于消费者个体，除了关注色彩偏好（英文频次 50），更多地关注性别差异（英文频次 23）以及情感（英文频次 20）和感知（英文频次 18）等心理因素。

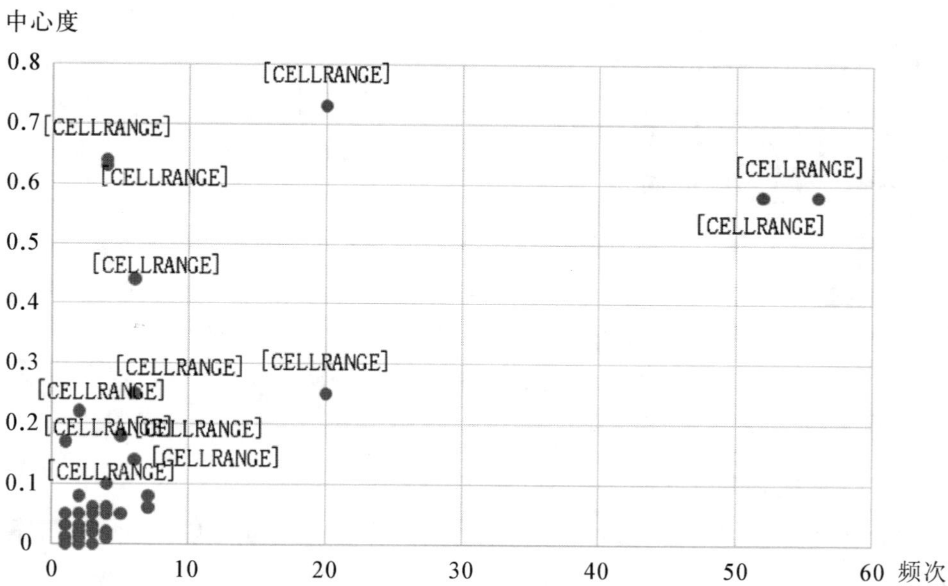

图 2－5　中文文献关键词中心度

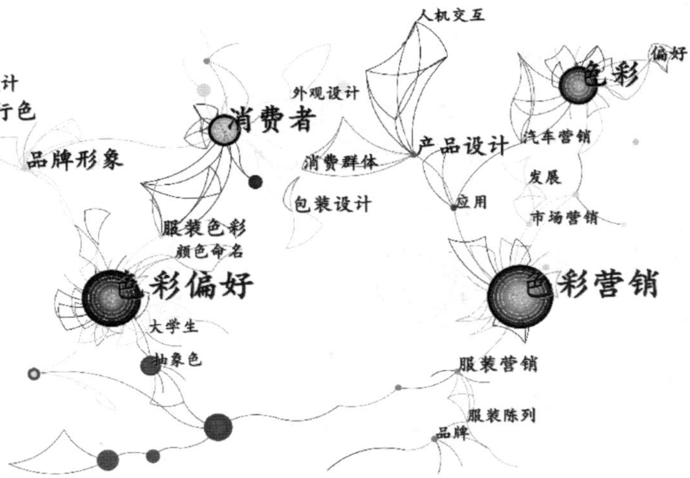

图 2-6　中文文献关键词共现

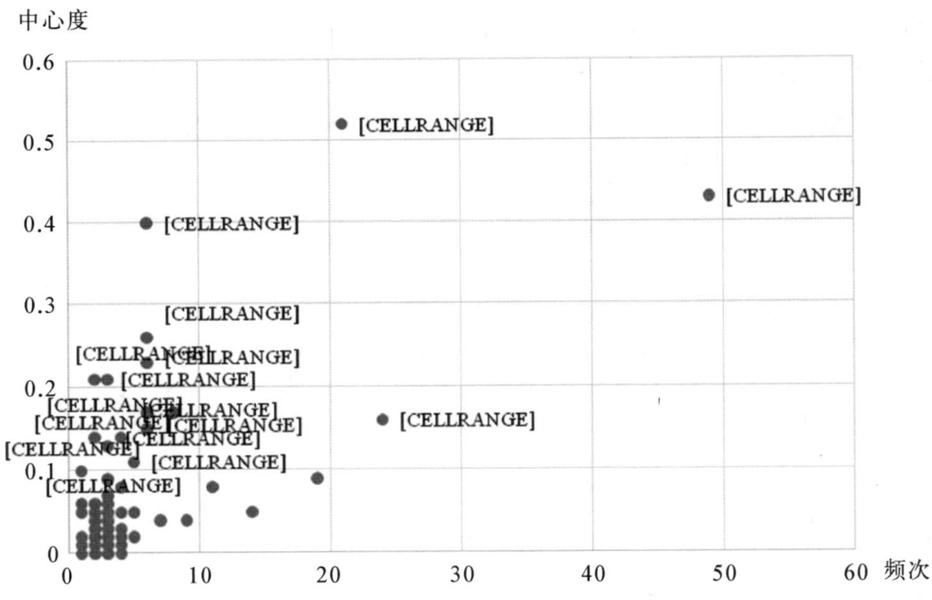

图 2-7　英文文献关键词中心度

(二) 关键词聚类分析

关键词共现已经初步对研究热点进行了探究，还需要通过 CiteSpace 的关键词聚类进一步归类，使其围绕关键词形成聚类，总结得出研究热点，结果如图 2-9 和图 2-10 所示。

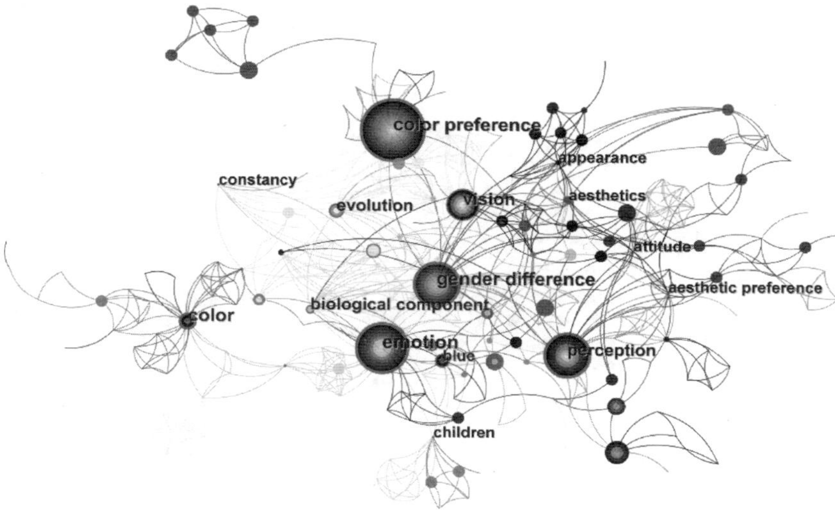

图 2-8　英文文献关键词共现

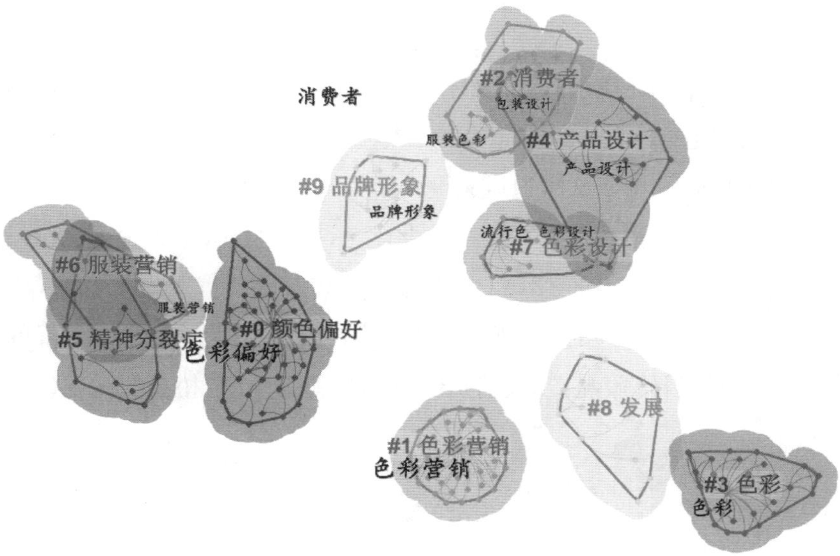

图 2-9　中文文献关键词聚类

研究结果中存在模块值(Modularity Q, Q)和平均轮廓值(Mean Silhouette, S),这两个指标衡量了聚类图谱的合理性。当模块值 Q>0.3 时,表明聚类结构是显著的;当平均轮廓值 S>0.5 时,则表明聚类图谱合理,若 S 接近 0.7,则认为图谱结构是非常理想的(曾燕等,2022)。中英文文献关键词聚类的网络模块值(中文文献 Q=0.858,英文文献 Q=0.799)是非常高的,说明该聚类清晰地界定

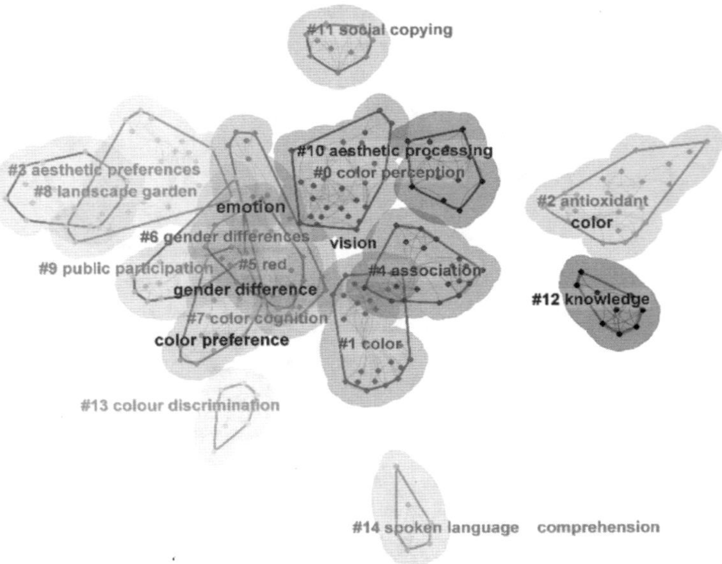

图 2-10　英文文献关键词聚类

了各个子领域。平均轮廓值(中文文献 S=0.982,英文文献 S=0.921)也超过了0.7,说明该聚类是合理的。

如图 2-9 所示,中文文献通过关键词聚类最终得到 10 个聚类结果,分别是颜色偏好、色彩营销、消费者、色彩、产品设计、精神分裂症、服装营销、色彩设计、发展和品牌形象。根据表 2-3,轮廓值均大于 0.7,说明聚类效果较好,所采用的聚类分析的方法是合理的。据此分析可得国内对色彩营销和色彩偏好的研究主要聚焦于产品设计、服装产品、消费情景和品牌等角度,相关的深入研究稍显不足。

表 2-3　中文文献关键词聚类表

聚　类	轮廓值	聚类标签(LLR)
0	0.992	颜色偏好、色彩营销、幼儿、颜色命名、消费者
1	1	色彩营销、颜色偏好、消费者、色彩、色彩偏好
2	0.998	消费者、服装色彩、服装卖场、评价心理、农机产品
3	0.992	色彩、偏好、色彩营销、交通属性、主观感受

续　表

聚　类	轮廓值	聚类标签(LLR)
4	0.967	产品设计、红色系、色彩策划、医护人员、心理感受
5	0.896	精神分裂症、抽象色、环境色、性别、不同性格
6	0.997	服装营销、服装陈列、应用研究、广告、品牌
7	0.98	色彩设计、纺织服装行业、流行色、服装设计、作用
8	0.968	发展、现状、企业、彩色营销、措施
9	0.974	品牌形象、主题报道、刘瑞旗、家用纺织品、悬念广告

英文文献通过关键词聚类最终得到15个聚类结果(见图2-10),分别是颜色感知、颜色、抗氧化剂、审美偏好、关联、红色、性别差异、颜色认知、景观花园、公众参与、审美加工、社会模仿、知识、颜色辨别和口语理解。根据表2-4,这种聚类分析的方法是合理的(Silhouette>0.7)。由关键词分析可知,国际上色彩研究的热点更为多样,主要关注个人知觉与感知、群体差异与行为、社会参与、美学与艺术、语义推断、食品技术、光学色彩和图像处理应用等。相比中文领域,色彩营销和色彩偏好的研究与其他研究热点的关联度更广。

表2-4　　英文文献关键词聚类表

聚类	轮廓值	聚类标签(LLR)
0	0.84	color perception; sex differences; drawing; interpretation; salutogenesis
1	0.936	color; vision; duv; gambling; gambler's fallacy
2	0.931	antioxidant; gamma irradiation; music emotion recognition; raw meat; pork
3	0.909	aesthetic preferences; dementia; conjoint analysis; cognitive impairments; affect
4	0.989	association; discrete emotion space; brain activation; Chinese fine dining restaurant; language
5	0.845	red; electroencephalography (eeg); salience; chromatic sensitivity; tritan stimuli

续　表

聚类	轮廓值	聚类标签(LLR)
6	0.962	gender differences; color preferences; play performance; color system; gender stereotyping
7	0.855	color cognition; ecological valence theory (evt); visual aesthetics; hotel room design; correlated colour temperature
8	0.969	landscape garden; cultural socialization; naturalness and artificiality of landscapes; skin color preferences; sociocultural context
9	0.9	public participation; recycling bins; image appeal; machine learning; image processing
10	0.957	aesthetic processing; discrimination; topography; art perception; infancy
11	0.985	social copying; early childhood; oromia; novel groups; progress
12	0.949	knowledge; object; intentional stance; agent; perform
13	0.948	colour discrimination; farnsworth-munsell 100 hue test; blue jeans; colour preference; color preference
14	0.964	spoken language comprehension; pragmatic inference; talker identity; speech disfluencies; eye tracking

(三) 演进路线分析

CiteSpace 可以通过时区视图将关键词标记在不同时间段上，清晰地展示出文献的更新和相互影响，因此可以用来分析知识演进，展示不同时段的学者研究侧重点，如图 2－11 和图 2－12(陈悦等，2015)所示。

中文文献对色彩的相关研究主要聚焦于产品设计、服装产品、消费场景和品牌等角度。根据对图 2－11 的分析，可以将中文的色彩营销和色彩偏好的研究演进路线分成四个阶段，具体如表 2－5 所示：在第一阶段，研究主要关注消费者，探究不同消费群体的色彩偏好的差异；在第二、第三阶段则主要研究不同的产品(如服装和汽车)在设计和消费情景中的颜色应用；在第四阶段，学者注重探究色彩的人机交互应用以及视觉效果。

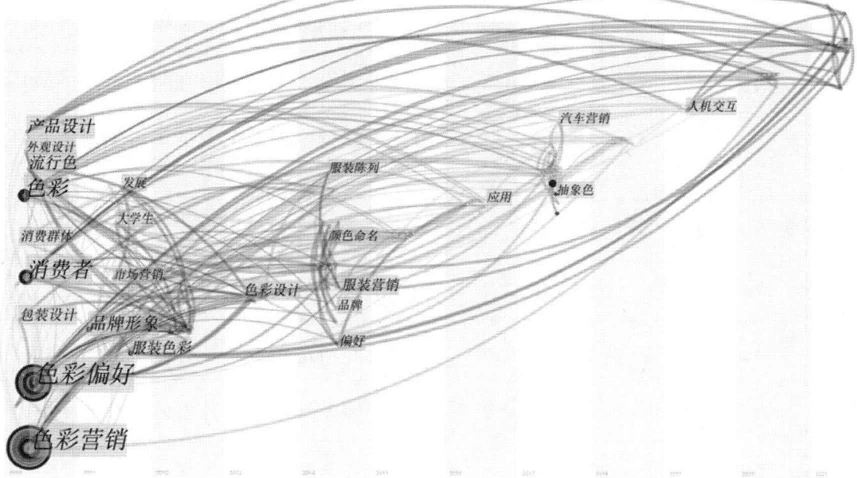

图 2－11　中文文献关键词时区图

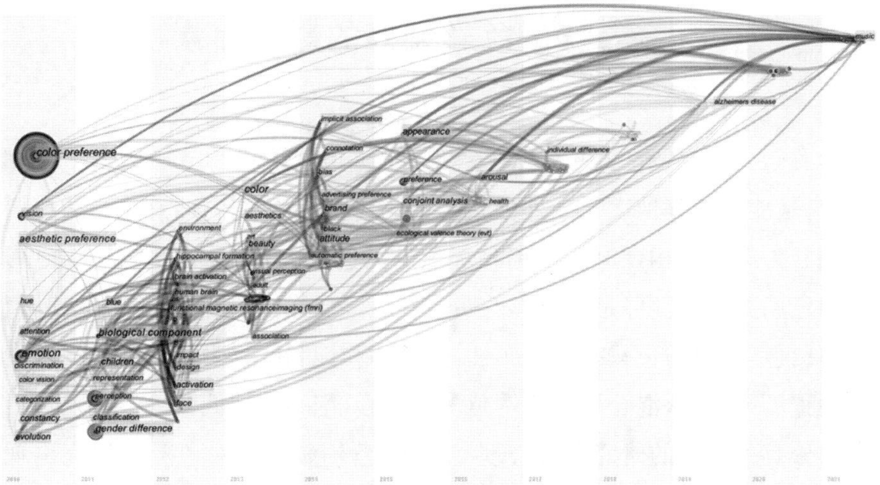

图 2－12　英文文献关键词时区图

根据对图 2－12 的分析，英文文献的研究演进路线可以分成四个阶段，具体如表 2－5 所示。不同于中文的研究演进路径，在前三个阶段，英文研究始终关注消费者个体，比如消费者的色彩偏好、情感、感知、个体差异以及群体差异等。在第四个阶段，考虑到技术的发展，开始将色彩的研究与音频相结合，更多关注多感官交互领域的研究。

表 2-5 中英文文献的研究演进路线(2010—2021年)

中文文献	第一阶段	2010—2012年	关注不同消费群体的色彩偏好
	第二阶段	2013—2016年	关注外观设计以及色彩在服装行业的应用
	第三阶段	2017—2018年	关注汽车营销以及消费情境中抽象色和环境色的影响
	第四阶段	2019—2021年	关注基于色彩的人机交互以及视觉效果
英文文献	第一阶段	2010—2013年	关注消费者的情感与色彩偏好
	第二阶段	2013—2016年	关注色彩对消费者感知和唤醒的影响
	第三阶段	2017—2020年	关注个体差异以及特殊群体的色彩偏好
	第四阶段	2021年至今	关注色彩与音频的交叉作用

第二节 色彩偏好的影响因素

色彩有三个基本特性：色相、值(亮度)和饱和度(Fairchild，2013)。色相由波长决定，是能够准确地表示某种色彩区别于其他色彩的名称，是色彩的首要特征。色相分为有无色相，黑色、白色和灰色是无色相的色彩，除此以外的色彩是有色相的色彩。值(亮度)是指色彩的明暗程度，色彩的值越低越趋向黑色，值越高越趋向白色，黑白两色只有亮度属性，其色相和饱和度都为零。饱和度是指色彩的鲜艳程度或纯度，混合黑白比例越多的色彩，饱和度越低。

大部分有关色彩的研究来自心理学期刊，营销领域针对色彩的研究出现较晚，而且研究多数以色彩的三个基本属性作为自变量或影响因子，探讨色彩对广告效果(Gorn，Chattopadhyay，Yi & Dahl，1997；Mehta & Zhu，2009)、环境氛围(Bellizzi，Crowley & Hasty，1983)、品牌标识评价(Labrecque & Milne，2012)、食品味道(Hoegg & Alba，2007)、网络购买意愿(Kaltcheva & Weitz，2006)等的影响。营销领域关于产品外观色彩偏好影响因素的研究还不太多。

关于色彩偏好的形成有两种主要学派。第一种学派认为色彩偏好是先天形成的，色彩刺激大脑直接对刺激物做出情感反应(Humphrey，1976；Hurlbert &

Ling，2007）。第二种学派则认为色彩偏好是共享情感意义学习到的，或是过去生活经验的结果，或是对神话、传说或语言有意识联想的结果（Ou et al.，2004；Palmer & Schloss，2010）。第一种学派下的色彩偏好理论强调的是一个进化的时间尺度，而第二种学派下的色彩偏好理论则扩展了潜在自适应机制的范围，把生物个体在个体发育时间尺度内色彩偏好的学习也包括进来，即色彩偏好不仅是进化的原因，也是学习的结果。

国内外学者关于色彩偏好影响因素的研究主要集中在人口统计变量，国内外学者对色相偏好的研究中都曾发现色彩偏好在性别上具有显著差异，年龄、地理区域和个体的受教育程度都会影响个体的色彩偏好。此外，人们的个性（Barkker et al.，2015）、文化（Aslam，2006）、宗教信仰（Saito，1996）、生活方式（Saito，1996）、目标定向（董越和郑毓煌，2010）等也会影响个体的色彩偏好。通过对有关文献的系统梳理，我们发现在以往研究中，色彩偏好的解释变量主要集中在人口统计变量上，较少从社会经济变量以及心理变量入手解释个体色彩偏好的异同。有关人口统计变量对个体色彩偏好的影响研究综述，将在第三章具体阐述。

第三节 色彩的心理功能

色彩是全世界都通用的符号，色彩的心理功能最初源于人类认识自然产生的心理联想。例如，黑色与黑夜联系，代表神秘；白色与干净联系，代表纯洁。色彩在社会约定下，可以由心理联想转变成一种有特定意义的符号。例如，黑色由代表神秘转为象征神的智慧，即象征权威和权力，进而到时尚界，黑色代表正式和优雅。白色由代表纯洁转为象征无罪，即象征一切干净的、美好的事物，在时尚界，白色也代表正式和优雅。因此，色彩的心理功能变迁是社会发展的一面镜子。

关于色彩的心理功能的研究可以追溯到德国文学家歌德的《色彩论》，歌德就色彩对情绪体验的影响提供了基于直觉的推测，他把色彩分为前进色和后退色，属于前进色的色彩有黄色、红黄色（橙色）、黄红色（朱红色），这些色彩所激起的情绪是活跃的、激昂的和温暖的。属于后退色的色彩有蓝色、带红的蓝色，以及带蓝的红色，它们给人一种不安，敏感且焦虑的印象。

关于色彩和心理功能的理论陈述大多数是直接或者间接地基于 Goldstein

(1942)提出的生理模型。Goldstein 认为色彩引发人体的生理反应，表现在情感体验、认知焦点和运动动作。具体而言，他提出红色和黄色的体验有刺激和不愉快，关注外在的环境，并产生有说服力的和扩张的动作；而绿色和黄色的体验则是放松和愉快，聚焦内在注意，产生冷静和稳定的行为。Goldstein 的解释含糊不清，所以后来的学者往往从波长和唤醒方面来解释他的理念：波长较长的色彩，如红色和橘色，被认为是唤醒和振奋人心的；波长较短的色彩如绿色和蓝色被认为是令人平静的和放松的(Nakashian, 1964)。波长导致的情绪状态会影响个体的任务绩效，波长较长的色彩会降低个体在复杂任务中的绩效但会提升其在简单任务中的绩效(Stone & English, 1998)。除了 Goldstein 的模型(以及这个模型的派生物)，关于色彩的理论表述往往关注的是人们对各种各样色彩的普遍联想以及这些联想是如何导致与这些联想相一致的行为。

因为白色是所有色彩的反射，白色和真诚相联系，白色和纯洁、洁净、简单、卫生、清晰、和平联系(Fraser & Banks, 2004; Mahnke, 1996)，也和幸福相联系(Clarke & Costall, 2007)。红色和兴奋联系在一起，是因为红色被认为是唤起、兴奋和刺激的色彩(Bellizzi et al., 1983; Clarke & Costall, 2007; Crowley, 1993; Gorn et al., 1997, 2004; Murray & Deabler, 1957; Walters et al., 1982; Wexner, 1954; Wilson, 1966)。研究一致表明，波长较长的色调(如红色、橘色、黄色)会导致唤醒和兴奋的状态(Walters et al., 1982)。蓝色与能力、沟通、信任、效率、责任和逻辑相联系(Fraser & Banks, 2004; Mahnke, 1996; Wright, 1988)。蓝色也被视为安全的色彩(Murray & Deabler, 1957; Schaie, 1961; Wexner, 1954)。棕色和坚固相联系，因为棕色有严肃、天然、土质(Clarke & Costall, 2007)、可靠、支持(Fraser & Banks, 2004; Mahnke, 1996)、保护的联想(Murray & Deabler, 1957; Wexner, 1954)。黑色代表成熟和魅力(Fraser & Banks, 2004; Mahnke, 1996; Wright, 1988)。这是一个非常强大的暗示力量、威严和尊严的信号(Odbert et al. 1942; Wexner, 1954)。在时尚界，黑色表示典雅、丰富和尊严(如黑色轿车、黑色领带、黑色晚礼服等)。

此外，与彩色相比，Frank 和 Gilovich(1988)认为黑色是与罪恶、死亡以及其他负面词语联系在一起，相应地，穿上黑色运动服会导致运动员的行为方式更加具有侵略性。关于彩色，Soldat, Sinclair 和 Mark(1997)关注的是红色和蓝色，并认为红色和幸福相联系，因此会促进非系统性的认知过程；蓝色和悲伤相联系，因此会促进系统性的认知过程。但是支持上述理论观点的实证比较少，而且大多数结果是不一致或者不支持的。使用现有的数据去验证上述观点时，即使使用严格控制的方法也没有产生支持性的数据(Detenber, Simons, Roedema & Reis, 2002)。

所以，或许正是因为现有的理论基础和方法论上的种种缺陷，关于色彩和心理功能的研究仍旧处于初级阶段。为了扩展色彩与心理功能的理论和实证研究的发展，Elliot 和 Maier(2012)提出了色彩情境理论(Color-in-Context)。

色彩情境理论用来解释和预测色彩和情感、认知和行为之间的关系。这一理论有六个前提：

(1) 色彩不仅仅是有关美学的，而且能传递意义以及各种信息。这是色彩情境理论的根本前提，也就是说，色彩既有美学价值，也有功能价值。

(2) 观看色彩会影响心理联想。携带积极联想的色彩能够激发趋近导向的心理加工，携带消极联想的色彩激发避免导向的心理加工。

(3) 色彩对心理功能的影响是自动发生的。色彩计算发生在视觉加工的早期阶段，从视网膜到大脑皮层，色彩是被顺带加工的，没有进行有意识或有目的的加工(Ling & Blades, 1996)。Friedman 和 Förster (2010)定义"隐式情感线索"为激发对环境(及相应过程)热情或敌对的评估，并且没有产生任何显性的、有意识的感觉刺激。这种线索被假定在消费者无意识的状态下对消费者的心理功能有影响。而色彩就是这种隐式情感线索的一种。

(4) 色彩的意义及关联反应有两个来源：学习和生物学。在日常生活中，人们会把色彩和具体的概念、信息和经验进行隐含的或明确的配对。这种色彩-意义配对在婴儿时期就已经开始(如女孩穿粉色，男孩穿蓝色)并持续一生。随着时间的流逝，这种行为不断重复，这些配对就会产生强有力的色彩联想，以至于仅仅是色彩的感知就会激活其相配对的联想。色彩联想的具体内容根植于社会学习。这种社会学习可能从色彩在语言、文学、风俗、艺术和市民经常使用的广泛的、多学科的分析中找到。有些色彩联想毫无疑问地单独来源于社会学习，但是还有一些色彩联想来源于生物学遗传。

(5) 色彩感知与情感、认知和行为是相互影响的。也就是说，色彩感知能够影响情感、认知和行为；反过来，情感、认知和行为也会影响色彩感知。一些理论学家提出，视觉感知不仅仅是独立视觉系统的一个产品，而且受色彩感知者的热情或厌恶心理状态的影响(O'Regan & Noë, 2001)。

(6) 色彩的意义和影响是基于具体情境的。大多数以往关于色彩和心理的理论和实证研究忽略了具体情境。

色彩情境理论的核心就是：在不同的情境中色彩有不同的意义，因此在不同的情境中就会有不同的感觉、思想和行动。例如，在成绩背景中，红色是被假设有负面意义（失败）和厌恶的含义（回避动机），但它在交配背景中，是被假设有积极意义（性感受或性状态）和有欲望的（性欲）。神经学家已经表明色彩感知受到视觉感知到的其他特征的影响，如形状、纹理、运动、对比和空间方向（Shapley & Hawken, 2011）。例如，色彩是否在独立的环境中或者在复杂场景中与其他色彩进行对比，其呈现的色调可能会有所不同（Shevell & Kingdom, 2008）。色彩通常是在物体上呈现，对于物体的感知也会影响美的偏好以及色彩联想。除了呈现色彩的物体，人们看到色彩时的心理情境也可能影响色彩的意义及相应的联想。就像认知和社会心理学文献中记载的那样，心理情境可以有很多表现形式（Bamford & Ward, 2008; Gawronski & Stritharan, 2010）。这些心理情境的表现形式包括：行为领域（成就领域，友好关系领域）、情绪/动机状态、特质（积极的/有欲望的，消极的/厌恶的）、任务说明或任务的特点（难易程度）、文化（国家或者地理区域）。所以，在这些不同的心理情境下，即使在同样的物体上看到的色彩，同样的色彩也会有不同的意义，进而会产生不同的影响。目前，相对鲜为人知的是，色彩（或者其他刺激物）和物体以及心理情境整合在一起影响意义的精确方式（Van Berkum, 2009）。

根据色彩情境理论，不同国家的人们对色彩有不同的联想，现有研究表明，中国人对色彩的联想如表 2－6 所示。

表 2－6　　中国人对色彩的联想

色　彩	理　论　依　据
蓝色	在东亚地区，蓝色代表冷酷、邪恶（Schmitt, 1995）；在美国、日本、韩国和中国，蓝色则被认为是高品质的象征（Jacobs et al., 1991）
红色	在中国，红色被认为是幸运的象征（Schmitt, 1995; Neal et al., 2002），是新婚的象征（Neal et al., 2002），同时代表了爱（Jacobs et al., 1991）
黄色	在中国，黄色被认为是令人感到愉快、开心、高品位、先进性的象征，同时也与权威、皇权和可靠度有关（Jacobs et al., 1991; Schmitt, 1995）
绿色	在中国，绿色意味着真挚、可信以及值得依赖（Jacobs et al., 1991）

续 表

色 彩	理 论 依 据
紫色	在中国，紫色代表着爱，也代表了昂贵(Jacobs et al.，1991)
黑色	在中国，黑色意味着权势、昂贵、可靠性、可信度、高品质(Jacobs et al.，1991)
白色	在亚洲大部分国家，白色象征着服丧和哀悼 (Richks，1984)，但是在澳大利亚、新西兰和美国，白色意味着幸福和纯洁(Neal et al.，2002)

资料来源：由作者整理而得。

第四节 市场营销领域有关色彩功能的实证研究

色彩是日常生活无所不在的视觉刺激因素，同时也是产品外形、包装和品牌标识最为基本的视知觉特征。色彩对消费者的情感、认知和行为有重要的影响(Elliot & Maier，2014)，调研公司 KISSMetrics 的调查数据显示，人们一般在90秒内对产品做出快速判断，其中有62%～90%的人仅仅依据色彩加以判断(Singh，2006)。色彩对消费行为的影响如此重要，因此营销理论界对色彩的心理效应从未停止过探索，但是这些研究目前还处于起步阶段。

在市场营销领域，关于色彩的研究主要集中在色彩和广告、氛围、品牌标识、品牌包装、食品营销和互联网等方面。

一、广告领域的色彩应用研究

Meyers Levy 和 Peracchio(1995)的研究发现，广告的色彩(彩色 vs. 黑白色)会对消费者对产品的态度产生影响，对于低动机的消费者，色彩是一个有说服力的启发式线索，对于高动机的消费者，色彩的有效性取决于对认知资源的需求与可得性。Gorn，Chattopadhyay，Yi 和 Dahl(1997)研究了色调(红色 vs. 蓝色)、饱和度和值对消费者的广告态度和品牌态度的影响，研究结果发现更高饱和度的广告导致兴奋的感觉进而提高消费者的喜爱度；更高的值导致对品牌更高的喜爱，但是色调的效应并不显著。Lohse 和 Rosen(2001)以色彩(彩色 vs. 黑色)、图形(图片或线条)、大小、顺序为自变量，以质量、可信度、对广告的态度以及对广告者的态度为因变量进行研究，研究结果表明色彩能够吸引读者的注意力并作为质量的信号；同时还发现不同产品类别间色彩对注意力的影响存在差异。Mehta 和 Zhu(2009)则研究了色调(红色 vs. 蓝色)对被试的反应时间、偏好、回忆、创造力得分和动机的影响，研究发现红色激发回避动机，提高了被试对防御聚焦广告的注意力、记忆和喜爱度评估；蓝色则激发了趋近动机，导致对强调正面产品利益广告的喜爱评估。

二、氛围领域的色彩应用研究

Bellizzi，Crowley 和 Hasty(1983)研究了色调(红色、黄色、绿色、蓝色、白色)对商店环境和产品感知的影响，结果表明冷色调造就了更放松的购物环境，增加了购买行为；暖色调增加了外表吸引力。Bellizzi 和 Hite(1992)研究了色调(红色 vs. 蓝色)对购买率、购物时间、感觉(愉悦、支配感、唤醒)的影响，结果表明蓝色导致更多的模仿购买，更少的推迟购买，更倾向于购物和浏览。Crowley(1993)以色调(红色、黄色、绿色、蓝色)为自变量，以购物环境和商品质量为因变量进行研究，结果发现长波色彩(近似于红色)的唤醒程度更高，短波色彩(和蓝色相近)被视为更愉悦。Babin，Hardesty 和 Suter(2003)以墙壁的色彩(橘色 vs. 蓝色)、照明(明亮 vs. 柔软)、商品的价格为自变量，以情感评价、兴奋、公平、商店光顾、购买意向为因变量进行研究，研究结果发现色彩和照明的交互作用影响购买意愿和价格的感知公平性；色彩、照明和价格与行为意图的关系受其创造的认知和情感反应中介所影响。Chebat 和 Morrin(2007)研究了色调(冷色调 vs. 暖色调)、文化(法国和英国)对情绪(愉悦和唤醒)、环境质量、产品质量、购物的享乐型价值的影响，结果表明色彩影响被试对质量的感知，但是不影响被试的情绪。

三、品牌标识和品牌包装领域的色彩应用研究

Bottomley 和 Doyle(2006)研究了色调和产品类型(功能型 vs. 感官型)的匹配性(如蓝色和防冻、红色和香水)对情感的影响，结果表明当色彩类型与产品类型匹配时，被试对产品的情感会增强。Labrecque 和 Milne(2012)研究了色相、饱和度和亮度对品牌个性、购买倾向、品牌喜爱度和品牌熟悉度的影响，结果显示色调、饱和度和值会影响品牌个性；品牌标识的色彩和形状影响品牌喜爱度，包装色彩和品牌个性的匹配会提高购买意向。

Garber，Burke 和 Jones(2000)以品牌包装与再设计包装色彩的相似性、包装色彩意义与原始意义的一致性为自变量，以把品牌加入考虑集的可能性、购买的可能性、研究品牌所花的时间和购物的时间为因变量进行研究，结果发现包装色彩的新颖性提高了购买的可能性。Miller 和 Kahn(2005)研究了色彩的名称(典型的和特殊的)和顺序(在色彩名称之前/之后出现色彩的图片)对产品满意度、对制造商的信赖度和购物的可能性的影响，研究结果发现当消费者遇到一个非典型的名称时(比如甜饼怪蓝色[①] vs. 明亮的蓝色)，他们会对此进行额外的加工，从而提高他们对这一产品的满意度。Skorinko，Kemmer，Hebl 和 Lane(2006)则研究奇特的和普通的色彩名称对偏好、购买意愿、支付意愿的影响，研究结果表明与普通的色彩名称(如棕色)相比，用奇特的色彩名称(如摩卡咖啡色)提高了被试对产品的喜爱程度、购买意愿、支付意愿。

四、食品营销领域的色彩应用研究

Garber，Hyatt 和 Starr(2000)研究了色彩(有特性、无典型特性、清晰)和标签(正确的、不正确的、模棱两可)对感知的风味(新鲜、酸、甜)、味道、昂贵和整体偏好的影响，结果表明，色彩影响着色一致饮料以及着色不一致饮料的风味的感知和识别。Hoegg 和 Alba(2007)研究了色彩(自然色 vs. 暗色)、味道(甜的程度)对饮料味道和偏好的影响，结果发现色彩线索支配味道线索，参与者认为两杯同等甜度、不同色彩的橙汁的口感大于不同甜度、相同色彩的橙汁的口感。

五、互联网领域和其他领域的色彩应用研究

Gorn，Chattopadhyay，Sengupta 和 Tripathi(2004)研究了色调(红色、黄色、蓝色)、饱和度、值和暴露的数字(1 vs. 2)对放松感、感知下载速度、对网站的态度和推荐可能性的影响。结果表明，网站的背景色影响感知下载速度。在每个维度上，色彩影响放松感，进而导致改变感知速度；感知速度影响用户的平均推荐给他人的可能性。相关研究也表明，与黑色价格标签相比，当面对红色价格标签时，男性消费者会觉得产品更便宜，而女性对价格的感知不受价格标签色彩的影响(Puccinelli et al.，2013)。消费者也希望，一个产品的色彩与其预期用途或目的相匹配。具体来说，他们更喜欢蓝色产品的功能与水有关，红色产品与奢

① 甜饼怪是动画片《芝麻街》中的一个蓝色的卡通人物。

侈品或与地位相关联，比如跑车(Bottomley & Doyle，2006)。Lee，Noble 和 Biswas(2018)研究发现，在餐厅中使用金色的服务道具(例如，钞票夹和桌布)，而不是黑白的道具，会使消费者将自己和餐厅归入更高的社会阶层，从而愿意支付更高的小费。

综上所述，第一，理论界对个体色彩的偏好大多着眼于具体的色彩选择，缺乏对有无色相以及冷暖色调两大重要特征偏好的研究，理论界对中国居民色彩偏好的研究主要集中在人口统计变量，鲜有从个体社会经济因素、心理因素和社会环境变量整合角度探讨其对色彩偏好的影响，理论界还缺乏基于安全感、控制感这种深层次的心理机制来阐释个体色彩偏好差异。第二，随着一人户比例的快速上升，孤独者越来越多，孤独感的个体更喜欢哪种色彩，更喜欢有色相还是无色相，更喜欢冷色调还是暖色调，哪类色彩对孤独者的孤独感有缓解作用，这是实务界非常关心，也是理论界有待回答的问题。此外，目前研究所用样本涉及范围较小，尚未有基于全国范围的样本数据的研究。本研究试图弥补上述的缺口和空白。

参考文献

[1] 曹漱芹，费雯，孙爱军.4～6.5 岁自闭症幼儿颜色偏好的实验研究[J].中国特殊教育，2012(5)：46 - 52.

[2] 陈悦，陈超美，刘则渊，胡志刚，王贤文.CiteSpace 知识图谱的方法论功能[J].科学学研究，2015，v.33；No.190(2)：242 - 253.

[3] 戴红，许少芳，宋宝华，王伟.重性抑郁障碍和广泛性焦虑障碍患者的色彩偏好及其对两者情绪水平的预测[J].中山大学学报(医学科学版)，2015，36(3)：427 - 431.

[4] 董越，郑毓煌.调节定向类型对消费者色彩偏好的影响[J].JMS 论文集，2010：594 - 610.

[5] 何苗.国内外色彩调研发展现状概述[J].赤峰学院学报(科学教育版)，2011，3(5)：47 - 48.

[6] 黄静，王正荣，杨德春，刘洪亮.色彩营销研究：回顾与展望[J].外国经济与管理，2018，40(10)：40 - 53.

[7] 蒋盈，王茜.4～6 岁幼儿对室内环境颜色偏好的研究[J].湖南第一师范学院学

报,2010,10(3):145-147.
[8] 逯平平,崔小迪,陈国鹏,许荻枫.女大学生的抽象颜色偏好及其与人格特征的关系[J].心理研究,2012,5(6):74-80.
[9] 邵永红.感性消费时代的企业色彩营销策略[J].企业经济,2012,31(11):65-67.
[10] 孙青青,陈本友,赵伶俐.颜色偏好研究进展[J].心理科学,2011,34(6):1332-1337.
[11] 吴建华,李雪,何秀玲.国际国内阅读研究知识图谱分析[J].情报科学,2018,v.36;No.318(2):159-164.
[12] 徐展,闫丹.颜色偏好的性别差异研究进展[J].心理科学,2015,38(2):496-499.
[13] 杨敏,胡玲燕.3～4岁儿童的颜色偏好及其特点[J].学前教育研究,2014(6):50-55.
[14] 曾燕,杨雅婷,徐凤敏,张成毅.消费金融研究综述[J].系统工程理论与实践,2022,42(1):84-109.
[15] AdavalR., Saluja G., Y. Jiang. Seeing and thinking in pictures: a review of visual information processing [J]. Consumer Psychology Review, 2019, 2: 50-69.
[16] Aslam, M. M.. Are you selling the right colour? a cross-cultural review of colour as a marketing cue [J]. Journal of Marketing Communications, 2006, 12(1): 15-30.
[17] Babin, B. J., Hardesty, D. M., & Suter, T. A.. Color and shopping intentions: The intervening effect of price fairness and perceived affect [J]. Journal of Business Research, 2003, 56: 541-551.
[18] Bakker, I., Voordt, T., Vink, P., Boon, J., Bazley, C.. Color Preferences for different topics in connection to personal characteristics [J]. Color Research & Application, 2015, 40(1): 62-71.
[19] Bamford, S., & Ward, R.. Predispositions to approach and avoid are contextuallysensitive and goal dependent [J]. Emotion, 2008, 8: 174-183.
[20] Bellizzi J. A., Crowley A. E., Hasty R. W.. The effects of color in store design [J]. Journal of Retailing, 1983, 59(1): 21-45.
[21] Bellizzi, J. A., Hite, R. E.. Environmental color, consumerfeelings, and purchase likelihood [J]. Psychology & Marketing, 1992, 9: 347-363.
[22] Bottomley, P. A., & Doyle, J. R.. The interactive effectsof colors and products

on perceptions of brand logo appropriateness [J]. Marketing Theory, 2006, 6: 63 - 83.

[23] Chebat, J. C., & Morrin, M.Colors and cultures: Exploringthe effects of mall d'ecor on consumer perceptions [J]. Journal of Business Research, 2007, 60: 189 - 196.

[24] Clarke T., Costall A.. The emotional connotations of color: A qualitative investigation [J]. Color Research & Application, 2010, 33(5): 406 - 410.

[25] Crowley A. E.. The two-dimensional impact of color on shopping [J]. Marketing Letters, 1993, 4(1): 59 - 69.

[26] Crowley, A. E.. The two-dimensional impact of color onshopping [J]. Marketing Letters, 1993, 4: 59 - 69.

[27] Detenber B. H., Simons R. F., Roedema T. M., et al. The effects of color clips on emotional responses [J]. Media Psychology, 2000, 2: 331 - 355.

[28] Elliot A. J., Maier M. A.. Color-in-context theory [J]. Advances in Experimental Social Psychology, 2012, 45: 61 - 125.

[29] Fairchild, M. D.. Color Appearance Models [M]. New York: John Wiley & Sons, 2013.

[30] Frank M G, Gilovich T. The dark side of self- and social-perception: Black uniforms and aggression in professional sports [J]. Journal of Personality and Social Psychology, 1988, 54(1): 74 - 85.

[31] Franklin A., Bevis L., Ling Y., et al. Biological components of colour preference in infancy [J]. Developmental Science, 2010, 13(2): 346 - 354.

[32] Fraser, T., & Banks, A.. Designer's color manual: Thecomplete guide to color theory and application [M]. San Francisco, CA: Chronicle Books, 2004.

[33] Friedman, R. S., & Förster, J. Implicit affective cues and attentional tuning: An integrative review [J]. Psychological Bulletin, 2010, 136: 875 - 893.

[34] Garber, L. L., Jr., Burke, R. R., & Jones, J. M.. The roleof package color in consumer purchase consideration andchoice [J]. Marketing Science Institute, Marketing Science Working Paper, 2000, 104: 1 - 46.

[35] Gawronski, B., Rydell, R. J., Vervliet, B., & De Houwer, J.. Generalization versuscontextualization in automatic evaluation [J]. Journal of Experimental Psychology. General, 2010, 139: 683 - 701.

[36] Goldstein, K. Some experimental observations concerning the influence of colors on the function of the organism [J]. Occupational Therapy, 1942, 21:

147 - 151.

[37] Gorn, G. J., Chattopadhyay, A., Sengupta, J., & Tripathi, S. Waiting for the web: How screen color affects timeperception [J]. Journal of Marketing Research, 2004, 41: 215 - 225.

[38] Gorn, G. J., Chattopadhyay, A., Tracey, Y., & Dahl, D. W. Effects of color as an executional cue in advertising: They're in the shade [J]. Management Science, 1997, 43: 1387 - 1400.

[39] Gorn G. J., Chattopadhyay A., Dahl Y D W. Effects of color as an executional cue in advertising: they're in the shade [J]. Management Science, 1997, 43 (10): 1387 - 1400.

[40] Grossman R. P., Wisenblit J. Z.. What we know about consumers' color choices [J]. Journal of Marketing Practice Applied Marketing Science, 1999, 5(3): 78 - 88.

[41] Hoegg, JoAndrea, and Joseph W. Alba "Taste Perception: More than Meets the Tongue,"[J]. Journal of Consumer Re-search, 2007, 33(3): 490 - 98.

[42] Humphrey, N.. The Colour Currency of Nature. Colour for Architecture, 1976, 5: 95 - 98.

[43] Hurlbert, A. C., Ling, Y.. Biological Components of Sex Differences in Color Preference. Current Biology, 2007, 17(16): 623 - 625.

[44] Islam M. S., Dangol R., Hyvärinen M, et al. User preferences for LED lighting in terms of light spectrum [J]. Lighting Research & Technology, 2013, 45(6): 641 - 665.

[45] Jacobs, K. W., Keown, C., Worthley, R., & Ghymn, K. I.. Cross-cultural colourcomparisons: Global markers beware [J]. International Marketing Review, 1990, 8(3): 21 - 30.

[46] Kaltcheva V. D., Weitz B. A.. When should a retailer create an exciting store environment? [J]. Journal of Marketing, 2006, 70(1): 107 - 118.

[47] Labrecque, L. I., Milne, G. R.. Exciting Red and Competent Blue: The importance of color in marketing [J]. Journal of the Academy of Marketing Science, 2012, 40(5): 711 - 727.

[48] Lauren I.L, Vanessa M.P & George R.M.The marketers' prismatic palette: A review of color research and future directions [J]. Psychology and Marketing, 2013, 30(2): 187 - 202.

[49] Labrecque L. I., Milne G. R.. Exciting red and competent blue: the importance

of color in marketing [J]. Journal of the Academy of Marketing Science, 2012, 40(5): 711 - 727.

[50] Lee, N. Y., Noble, S. M., & Biswas, D. Hey big spender! A golden (color) atmospheric effect on tipping behavior [J]. Journal of theAcademy of Marketing Science, 2018, 46(2): 317 - 337.

[51] Lichtenfeld S., Elliot A. J., Maier M. A., et al. Fertile green: Green facilitates creative performance [J]. Personality and Social Psychology Bulletin, 2012, 38(6): 784 - 797.

[52] Ling, J., & Blades, M. Further evidence for automatic coding of colour by childrenand adults [J]. British Journal of Developmental Psychology, 1996, 20: 537 - 544.

[53] LoBue V., DeLoache J. S.. Pretty in pink: The early development of gender-stereotyped colour preferences [J]. British Journal of Developmental Psychology, 2011, 29(3): 656 - 667.

[54] Lohse, G. L., & Rosen, D. Signaling quality and credibilityin yellow pages advertising: The influence of colorand graphics on choice [J]. Journal of Advertising, 2001, 30: 73 - 85.

[55] Madden T. J., Hewett K., Roth M. S.. Managing images in different cultures: a Cross-National study of color meanings and preferences [J]. Journal of International Marketing, 2000, 8(4): 90 - 107.

[56] Mahnke, F. H. (1996). Color, environment, and human response [M]. New York, NY: Van Nostrand Reinhold.

[57] Mehta, R., Zhu, R. J.. Blue or Red? Exploring the Effect of Color on Cognitive Task Performances [J]. Science, 2009, 323(5918): 1226 - 1229.

[58] Meyers-Levy, J., & Peracchio, L. Understanding theeffects of color: How the correspondence between availableand required resources affect attitudes [J]. Journal of Consumer Research, 1995, 22: 121 - 138.

[59] Miller, E. G., & Kahn, B. E.. Shades of meaning: The effect of color and flavor names on consumer choice [J]. Journalof Consumer Research, 2005, 32: 86 - 92.

[60] Murray D. C., Deabler H. L.. Colors and mood-tones [J]. Journal of Applied Psychology, 1957, 41(5): 279 - 283.

[61] Nakshian, Jacob S.. The effects of red and green surroundings on behavior [J]. Journal of General Psychology, 1964, 70(1): 143 - 162.

[62] Neal, C. M., Quester, P. G. & Hawkins, D. I. Consumer Behaviour: Implications for marketing strategy (3rd ed)[M]. Roseville, NSW: McGraw-Hill, 2002.

[63] Odbert, H. S., Karwoski, T. F., Eckerson, A. B.. Studies in Synesthetic Thinking: I. musical and verbal associations of color and mood [J]. The Journal of General Psychology, 1942, 26(1): 153 - 173.

[64] O'Donovan P., Agarwala A., Hertzmann A. Color compatibility from large datasets [J]. ACM Transactions on Graphics (TOG), 2011, 30(4): 1 - 12.

[65] O'Regan, J. K., & Noë, A.. A sensorimotor account of vision and visual consciousness [J]. Behavior and Brain Sciences, 2001, 24: 939 - 1011.

[66] Ou, L. C., Luo, M. R., Woodcock, A., Wright, A.. A Study of Colour Emotion and Colour Preference. Part I: Colour Emotions for Single Colours [J]. Color Research & Application, 2004, 29(3): 232 - 240.

[67] Ou L. C., Ronnier Luo M., Sun P. L., et al. A cross-cultural comparison of colour emotion for two-colour combinations [J]. Color Research & Application, 2012, 37(1): 23 - 43.

[68] Palmer S. E., Schloss K. B.. An ecological valence theory of human color preference [J]. Proceedings of the National Academy of Sciences, 2010, 107(19): 8877 - 8882.

[69] Palmer S. E., Schloss K. B., Sammartino J. Visual aesthetics and human preference [J]. Annual review of psychology, 2013, 64: 77 - 107.

[70] Puccinelli N. M., Chandrashekaran R., Grewal D., Suri R.. Are men seduced by red? the effect of red versus black prices on price perceptions [J]. Journal of Retailing, 2013, 89(2): 115 - 125.

[71] SaitoMiho. Comparative studies on color preference in Japan and other Asian regions, with special emphasis on the preference for white [J]. Color Research & Application, 1996, 21(1): 35 - 49.

[72] Schloss K. B., Palmer S. E.. Aesthetic response to color combinations: preference, harmony, and similarity [J]. Attention, Perception, & Psychophysics, 2011, 73(2): 551 - 571.

[73] Schmitt, B. H. Language and visual imagery: issues in corporate identities in East Asia, Columbia [J]. Journal of World Business, 1995, 30(4): 28 - 36.

[74] Schmitt, Bernd H., and Pan, Yigang. Managing corporate and brand identities in the Asian-Pacific Region [J]. California Management Review, 1994, 36(4): 32 - 48.

[75] Shapley R., Hawken M. J.. Color in the cortex: single- and double-opponent cells [J]. Vision Research, 2011, 51(7): 701-717.
[76] Shevell, S. K., & Kingdom, F. A. A. Color in complex scenes [J]. Annual Review of Psychology, 2008, 59: 143-166.
[77] Singh, Satyendra. Impact of color on marketing [J]. Management Decision, 2006, 44(6): 783-789.
[78] Skorinko, J. L., Kemmer, S., Hebl, M. R., & Lane, D.M.. A rose by any other name: Color-naming influenceson decision making [J]. Psychology & Marketing, 2006, 23: 975-999.
[79] Soldat A. S., Sinclair R. C., Mark M. M.. Color as an environmental processing Cue: external affective cues can directly affect processing strategy without affecting mood [J]. Social Cognition, 1997, 15(1).
[80] Stone, N. J., English, A. J.. Task Type, Posters, and Workspace Color on mood, satisfaction, and performance [J]. Journal of Environmental Psychology, 1998, 18(2): 175-185.
[81] Taylor C., Clifford A., Franklin A. Color preferences are not universal [J]. Journal of Experimental Psychology: General, 2013, 142(4): 1015.
[82] Van Berkum, J. J. A.. Understanding sentences in context: What brain waves can tellus [J]. Current Directions in Psychological Science, 2009, 17: 376-380.
[83] Wexner, L. B.. The degree to which colors (Hues) are associated with mood-tones [J]. Journal of Applied Psychology, 1954, 38(6): 432-435.
[84] Wright, A.. The beginner's guide to colour psychology [M]. London: Colour Affects Ltd, 1988.

第三章 社会经济地位对产品外观色相偏好影响研究*

第一节 引 言

色彩承载了象征意义，它对消费者的情感、认知和行为有重要影响（Elliot & Maier, 2014）。Kiss Metrics 公司调研数据显示，新产品营销时，93%的消费者做购买决定时会考虑产品的色彩和外观；公司在进行新产品营销时，85%的消费者在购买商品时将色彩作为首要考虑因素①。有学者（Thorndike et al., 2012; Thorndike et al., 2014）将一家医院餐厅的食物加上色彩标签，通过现场实验研究发现，消费者对绿色标签的健康食物消费增加了 10%，对红色标签的不健康食物消费减少了 20%。因此，研究消费者的色彩偏好有助于企业基于色彩偏好进行科学的市场细分并通过色彩设计来影响消费者选择。

到底是什么因素影响消费者的色彩偏好，目前仍是一个未解之谜。已有一些学者通过微观实证研究揭示了文化、性别、年龄、教育背景、宗教信仰、地理区域等人口统计变量对消费者色彩偏好的影响（Silver et al., 2011; Bakker et al., 2015）。当下中国社会分层明显，具有阶层特征的生活方式和消费形态逐渐形成，消费者的消费过程往往也是自我表现或自我完善的过程，人们会根据自我表达的目的进行产品色彩选择（Trinkaus, 1991）。处于较高社会经济地位的消费

* 本章内容已经发表在《南开管理评论》，收录本书时对题目做了微调。发表信息如下：江晓东，姜敏.你在销售正确的“颜色”吗——社会经济地位对色相偏好的影响[J].南开管理评论，2020，23(6)：99－110.

① 资料来源：https：//www.colorcom.com/research/why-color-matters.

者可能会为释放其地位信号而偏好某些特定色彩，而处于较低社会经济地位的消费者可能会选择某些色彩来缓解因安全感低造成的自我威胁感知，即社会经济地位可能会对消费者的色彩偏好产生影响。心理学界对社会经济地位的影响探讨较多[如对幸福感（Howell & Howell，2008）、亲社会行为（Kraus & Keltner，2009）等的影响]，而消费者研究领域通常把社会经济地位作为背景变量或市场细分变量，很少有研究探讨社会经济地位对消费行为的直接影响[目前只有一项研究探讨了社会经济地位对消费者多样化寻求的影响（Yoon & Kim，2018）]。鉴于社会经济地位是个体基础性变量，对消费行为有着广泛影响，对其开展深入研究具有前沿性和开创性价值。与此同时，色彩有三个基本属性：色相、值（亮度）和饱和度（Fairchild，2013），而理论界对消费者色彩偏好的研究大多着眼于具体色彩的选择（Zhang et al.，2002；Bakker et al.，2015；Baniani & Yamamoto，2015），缺乏对有无色相这一首要特征偏好的研究。本章试图填补这一研究空白，为这一研究领域提供新的微观证据。

本章主要围绕以下三个核心问题展开研究：第一，社会经济地位是否影响消费者的色相偏好？第二，社会经济地位如何影响消费者的色相偏好，即内在影响机制是什么？第三，这一影响机制是否存在调节变量？为研究以上问题，本章基于联想学习理论推导相关假设并采用二手数据及实验数据对假设进行验证。基于二手数据，本章首先构建 Probit 模型，检验社会经济地位对消费者色相偏好的影响；然后构建有调节的中介效应模型，识别社会经济地位影响色相偏好的相关机制，即中介机制和调节机制。本章还利用改变变量测量和添加额外控制变量等进行了稳健性检验。接着，本章根据研究结论进行“典型人群”的划分，测算关键变量对消费者色相偏好的综合影响。最后，本章采用实验法对研究假设进行验证以提高研究的内外部效度。

本章研究结果表明，社会经济地位显著影响消费者的色相偏好，具有较高社会经济地位的消费者偏好无色相产品的可能性更大。其原因在于，安全感在社会经济地位影响消费者的色相偏好中起显著中介作用。而安全感的中介效应受到性别的正向调节，即女性群体中安全感的中介效应被弱化，而男性群体中安全感仍起到显著中介作用。

本章研究贡献主要体现在：第一，本章基于联想学习理论构建色相偏好理论模型，论证社会经济地位对色相偏好的影响及其影响机制，这为更好地理解消费者的色相偏好形成原因奠定了基础，进一步丰富了色相偏好理论研究成果。

第二，本章探讨了个体社会经济地位对其色彩偏好的直接影响，本章的研究与Yoon和Kim（2018）的研究一起，或许可以吸引更多的研究来探讨个体社会经济地位对消费行为的影响，从而开启一个新的消费者研究子领域。第三，本章基于联想学习理论探讨安全感的中介效应，这为进一步深入理解色相偏好形成的心理机制提供了新视角，同时也丰富了联想学习理论。第四，本章验证了性别对安全感中介效应的调节作用，识别了这一影响机制的边界条件。

下述结构如下：先对相关文献进行回顾并进行理论分析，在此基础上提出相关假设；接着介绍基于二手数据的研究设计过程及统计检验结果；然后使用实验法再次进行研究假设的检验，最后就研究结果展开讨论。

第二节　理论背景与研究假设

一、色彩偏好的形成与影响因素

关于色彩偏好的形成原因，学术界有两种主要学派。一种学派认为色彩偏好是先天形成的，色彩刺激大脑直接对刺激物做出情感反应（Hurlbert，2007）。另一种学派则认为色彩偏好是共享情感意义学习到的，或是对过去生活经验、神话、传说、语言有意识联想的结果（Ou et al.，2004；Aslam，2006；Palmer & Schloss，2010）。由此可见，第一种学派下的色彩偏好理论假设强调的是一个进化的时间尺度，即跨代遗传适应导致的固定神经机制，而第二种学派下的色彩偏好理论则扩展了潜在自适应机制的范围，把生物个体在发育时间尺度内色彩偏好的学习也包括进来，即色彩偏好不仅是进化的原因，也是学习的结果。

以往的研究主要关注色彩对消费者情绪、认知和行为的影响（Mehta & Zhu，2009；Labrecque & Milne，2012；Elliot & Maier，2014），有小部分学者开始关注消费者色彩偏好的影响因素，特别是人口统计变量对消费者色彩偏好的影响（Zhang et al.，2002；He et al.，2011；Bakker et al.，2015）。从现有成果来看，性别、年龄、地理区域和教育背景都会影响消费者的色彩偏好（见表3－1）。此外，人们的个性（Bakker et al.，2015）、文化（Aslam，2006）等因素也会对消费者的色彩偏好产生影响。虽然目前学者们已从各个视角或层面对消费者色彩偏好的影响因素展开较为深入的研究，但是从现有研究成果来看，鲜有学者关注社会经济地位对消费者色相偏好的影响及其影响机制。

色相是色彩的首要特征，色彩可分为无色相的色彩（黑色、白色和灰色）和有色相的色彩（除黑、白、灰以外的色彩）（董越和郑毓煌，2010；晏维等，2013）。探索社会经济地位对消费者色相偏好的影响并揭示其内在影响机制，在理论方面有助于丰富和拓展现有理论成果，弥补研究空白；而且研究结论对企业也具有重要的借鉴意义。

表 3－1　　人口统计变量对消费者色彩偏好的影响

影响因素	作者（年）	研究发现
性　别	Silver 等（2011）	男生选择蓝色和红色的频率更高，女生更偏好黄色、紫色和黑色
	Zhang 等（2002）	相较于男性，女性更为关注休闲服装的色彩
	葛列众等（2005）	男生和女生对抽象色彩的偏好具有明显差异
	揭水平（2007）	男女大学生对服装的色彩偏好具有显著的性别差异
	He 等（2011）	男性更偏好蓝色和绿色，而女性更偏好紫色、粉色和白色
年　龄	李文馥（1990）	个体的色彩偏好随年龄增长而逐渐变化，从暖色转向冷色
	Zhang 等（2002）	年龄影响消费者对服装色彩的偏好
	葛列众等（2005）	不同年龄段的人群对色彩偏好具有明显差异，色彩偏好虽然随着时代的变迁发生变化，但是仍有一定的规律性
	李京（2007）	不同年龄组对不同图形色彩的选择存在差异，色彩选择随着年龄的增长而有所变化，并受具体图形形状的影响
地理区域	Zhang 等（2002）	地理区域影响中国消费者对休闲服装色彩的选择：上海地区的消费者比较关注服装的色彩，而北方城市（如北京、西安、哈尔滨）的消费者不太关心色彩
	Baniani 等（2015）	居住在沿海地区的居民更偏好蓝色
受教育程度	Zhang 等（2002）	受教育程度越高，消费者越可能关注服装的外观以及服装的典型特征
	Bakker 等（2015）	教育水平显著影响被试对色彩的偏好
	Baniani 等（2015）	教育背景影响被试的色彩选择

资料来源：由作者整理而得。

二、社会经济地位与色相偏好

社会经济地位(Socio-economic Status, SES)是指个体相对于他人的资源或者声望(Anderson & Bushman, 2002)。Blau和Duncan (1967)根据每一种职业的平均教育水平和平均收入水平计算个体社会经济地位指数(SEI);后来Ganzeboom等(1992)对这一指数加以改进并提出了国际社会经济地位指数(ISEI),该指数假设收入、教育背景和职业共同影响人们的社会经济地位。现有研究中,仅有部分学者从教育背景视角探索其对消费者色彩偏好的影响(Zhang et al., 2002; Bakker et al., 2015),而关于社会经济地位对消费者色相偏好的影响,学术界缺乏深入分析和实证研究。

联想学习理论(Associative Learning Theory)认为,记忆是众多结点(Nodes)和联结结点并代表结点间联想的连线(Links)组成的网络。在记忆结构中,每个结点代表一个概念。色彩所代表的相关意义能够激发相关联想(Labrecque & Milne, 2012),且色彩联想的激活以及其对人们情感、认知和行为的影响都是无意识的(Elliot, 2007)。黑色代表成熟和魅力(Fraser & Banks, 2004),是一个非常强大的暗示力量、威严和尊严的信号(Odbert et al., 1942)。在中国文化背景下,黑色也代表了可信赖和高质量(Jacobs et al., 1991);白色代表奢华(Prasetyo et al., 2015);灰色传达优雅和质感的形象(Choo & Kim, 2010),即人们对黑、白、灰产生"高级感"的联想。色彩能够展示产品的特性;色彩也能够表示个体的性格和自我形象(Aslam, 2006);个体倾向于部分地根据自己的拥有物来界定自我(Belk, 1988),个体的消费过程往往也是自我表现或自我完善的过程,人们选择产品色彩时是根据他们想如何表现自我来选择的(Trinkaus, 1991)。社会经济地位较高者,在选择产品时希望所消费的物品能够代表其身份地位。基于以上论述,无色相的产品与力量、奢华和质感相联系,高社会经济地位的个体更可能通过选择无色相的产品进行身份的自我表达。

基于以上分析,本章提出以下假设:

H3-1:社会经济地位越高的消费者偏好无色相产品的可能性越大。

三、安全感的中介作用

精神分析学派、人本主义心理学派和认知心理学派对安全感概念的界定存在差异。安全感的研究始于精神分析学派对焦虑的研究,当个体对危险刺激和风险情境感到无能为力、无法解决冲突时产生焦虑情绪，个体为了应对焦虑而采取防御机制，实则是为了寻求安全感，以期得到某种安慰和平衡（《心理学百科全书》，1995）。丛中和安莉娟（2004）认为安全感是指个体对可能出现的对身体或心理的危险或风险的预感，以及个体在应对处置时有力或无力感，主要表现为确定感和可控制感。Cameron 等（1954）在对安全感与不安全感的概念进行总结比较时指出，不安全感源于外部情况给予的威胁，特别是经济情况，即经济不安全感；低收入、失业、低社会地位都会导致个体的不安全感（Lyon，1939）；不安全感同时也可来源于内部威胁，此时不安全感是一种独立于外部条件的个性特征，即内在不安全感。因此，本章从经济安全感和内在安全感两个角度出发考察消费者的总体安全感。

压力过程理论认为，低社会经济地位者处于相对地位剥夺状态，比高社会经济地位者更容易遭遇生活压力或负面事件（Pearlin et al.，1981），如失业、财产损失、婚姻破裂、歧视等（王甫勤，2017）。与低社会经济地位的消费者相比，高社会经济地位的消费者拥有更丰富的资源和更自由的生活环境，其在生活中对控制感的感知更强（Kraus et al.，2012）；控制感的增强提高了消费者的安全感（丛中和安莉娟，2004），即具有较高社会经济地位的消费者安全感更高。当感知到自身资源的减少或者自身处于低社会地位时，消费者会表现出控制感的降低（Lachman，1986），进而降低消费者的安全感感知。王俊秀（2008）的研究也表明，主观社会经济地位层次越高，其个人安全感就越高。由此可见，社会经济地位显著正向影响消费者的安全感。

联想学习理论认为，记忆是众多结点和联结结点并代表结点间联想的连线组成的网络。人类大脑中色彩与意义的配对在婴儿时期就已经开始（如女孩穿粉色，男孩穿蓝色）并持续一生，随着行为的不断重复，这些配对就会产生强有力的色彩联想，以至于仅仅是色彩的感知就会激活其相配对的联想（Elliot & Maier，2007；Labrecque & Milne，2012）。在中国文化背景下，红色与幸福、幸运与爱联系（Schmitt et al.，1995）；蓝色与高质量、能力联系，蓝色也被视为安全的色彩（Wexner，1954；Murray & Deabler，1957；Schaie，1961）；黄色则与喜悦、快乐、权势、皇室和可信赖联想在一起（Schmitt et al.，1995）。消费者感受到自我威胁时可通过跨领域补偿性消费改善威胁的负面影响，感官消费也是一种跨领域的补偿性消费行为（Batra & Ghoshal，2017），即有色相的色彩对低安全感个体存在“补偿效应”：安全感较低的消费者因缺乏控制感而产生自我威胁感知，因此更偏好与积极正向联想相关的有色相的色彩，即消费者的安全感越低，越偏好有色相的产品，或者说，消费者的安全感越高，越偏好无色相的产品。

基于此，本章提出以下假设：

H3－2：安全感是社会经济地位对色相偏好影响的中介变量，即社会经济地位越高，消费者安全感越高；消费者安全感越高，越偏好无色相的产品。

四、性别的调节作用

由上述可知，因色彩的"补偿效应"，安全感在社会经济地位和色相偏好中起显著中介作用，即随着安全感的降低，消费者偏好有色相产品的概率提高。但同时，色彩还存在"缓解效应"。低安全感与焦虑情绪相伴而生(《心理学百科全书》，1995；叶浩生，1998；丛中和安莉娟，2004)，而男女缓解焦虑情绪时的色彩偏好却有所不同。He 等(2011)的研究发现女性越焦虑，对灰色就越偏好，但并未发现男性对色彩的偏好与其焦虑程度相关。这是因为当女性的焦虑程度较高时，她们会选择放松的、低唤醒度的色彩(如用灰色来缓解焦虑)，同时男性并未表现出这种焦虑与色相偏好的关系(He et al.，2011)，即无色相的色彩对女性存在焦虑的"缓解效应"，而无色相的色彩对男性不存在焦虑的"缓解效应"。对男性群体而言，由于只存在色彩的"补偿效应"，所以安全感越低，个体越偏好有色相的产品；对于女性群体而言，一方面，有色相的色彩对低安全感个体存在"补偿效应"，另一方面，无色相的色彩对低安全感个体存在"缓解效应"，两种相反的效应导致安全感对女性色相偏好的影响不再显著。基于以上分析，本章提出以下假设：

H3－3：安全感对色相偏好的影响受到性别的调节作用。对于男性，安全感显著影响其色相偏好；对于女性，安全感对色相偏好的影响不再显著。

因此，在男性群体中，安全感在社会经济地位对色相偏好影响中的中介效应依旧显著；但在女性群体中，安全感的中介效应不再显著，即性别调节安全感在社会经济地位对色相偏好影响中的中介效应。基于以上分析，本章提出以下有调节的中介效应假设：

H3－4：安全感的中介效应受到性别的调节作用。对于男性，安全感在社会经济地位对色相偏好影响中存在中介效应；对于女性，安全感在社会经济地位对色相偏好影响中不存在中介效应(见图 3－1)。

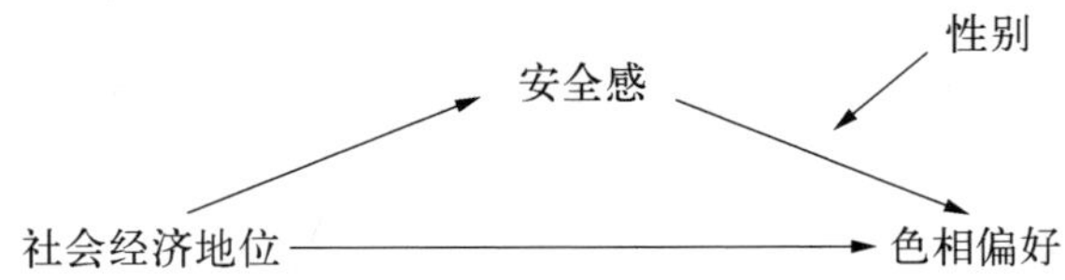

图 3-1 研究框架

第三节 基于二手数据的 Probit 模型分析

一、实证背景与模型

本章主要研究消费者的社会经济地位对产品色相偏好的影响及其影响机制，同时检验具有不同人口统计特征的消费者在色相偏好上的异同。因为冰箱使用范围较广，使用基数大[①]，可供选择的产品色彩范围较广，所以本研究选择冰箱作为研究刺激物。

(一) 数据来源

本章数据来源于第三方专业市场研究公司[②]，其于 2010 年对全国地区的消费者进行分层抽样访问调查。在进行专业培训后，调查员在全国 18 个城市对过去两年内购买过冰箱的家庭进行访问调查，调查对象通过分层多阶不等概率抽样方法得以确定；同时，调查对象应当参与了冰箱购买且是冰箱购买最终/最主要的决策者，否则停止调查。调查问卷包括两个部分：首先，请调查对象完成一项“产品调研”，即回答冰箱色相偏好的题项；其次，调查对象要完成一组“生活方式”量表，其中包括安全感的测量题项；最后，调查对象需要提供性别、年龄、职业等人口统计变量信息。其中，样本呈现以下人口统计特征：男性占比和女性占比分别为 47.4%和 52.6%；年龄介于 22～55 岁，其中 28～48 岁的调查对象占 71%；受教育程度最低是初中(13.5%)，最高是大学本科及以上(16.1%)；年家庭收入最低范围是 1 万～2 万元，年家庭收入超过 6 万元的为 51.5%；职业涉及多种。本章将 18 个城市归类于四个城市级别以及四个地理区域，分别是一线城

① 信息来源：CSICS 大数据研究实验室。

② 这是一家全球性的市场研究与资讯集团在中国的分公司，在中国内地享有盛誉。

市(30.8%)、二线城市(31.8%)、三线城市(25.7%)和四线城市(11.7%)以及北部地区(28.1%)、华东地区(24.0%)、华南地区(16.5%)和内陆地区(31.4%)。最终收集问卷3 680份,剔除一些回答不完整的调查问卷之后,得到3 655份有效问卷。因为离退休人员、失业人员等样本无具体职业类别,无法测算其社会经济地位,所以本章将这些样本删除后,最终得到2 770份样本,问卷有效率达到75.27%。

(二)主要变量定义和数据处理

1. 被解释变量的说明

本章的被解释变量为色相偏好。为测量调查对象的色相偏好,在调查过程中,调查对象将看到具有11种不同色彩的冰箱图片,然后选择最喜欢的冰箱色彩;图中冰箱的色彩涉及白色、灰色、红色、黄色、蓝色等以及两种色彩的组合色。色相偏好为0～1哑变量,如果被试选择的冰箱产品外观是有色相的,则赋值为1,否则为0。

2. 核心解释变量的说明

本章的解释变量为社会经济地位。Ganzeboom等(1992)基于不同国家数据提出了国际社会经济地位指数(ISEI),该指数假设收入、教育和职业共同决定人们的社会经济地位。本章采用ISEI测量样本的社会经济地位,具体计算过程如下:首先将调查对象的职业转换为ISCO-88代码,然后采用Stata程序将被访者的职业代码转换为ISEI值,最后得到的ISEI指标为取值介于38～70的连续变量。鉴于ISEI在中国文化下的适用性,李春玲(2005)对以上方法加以改进,对消费者的教育年限、收入以及职业状况进行加权从而测算被试的社会经济地位指数;计算社会经济地位指数的回归方程中不仅考虑教育、收入和职业,还考虑了权力、职业性质、社会歧视等因素。所以,本章也将使用李春玲(2005)提出的社会经济地位计算方法计算调查对象的社会经济地位指数,用于稳健性检验。

3. 中介变量的说明

本章的中介变量为安全感。不同学派对安全感概念界定的不同使得安全感测量工具存在多样性。本章在结合以往研究中既有安全感测量量表的基础上,从内在安全感和经济安全感的角度考察消费者的总体安全感,重新设计安全感测量量表,主要题项包括:“只有在家里我才感到安全”“大家都在用的东西,我才敢放心去买”“我目前已经有了足够的经济条件去追求高品质的生活”以及“我感到现在生活压力很大，经济上基本没有什么剩余”；其中，前两项测量消费者的内在安全感，后两项测量消费者的经济安全感。由于安全感的观念并不是消费者内心过程或环境因素的单独效应，而是个人主观世界与环境关系的综合结果（Lazarus & Folkman，1987），因此，在调整反向提问的题项后将所有题项的得分平均值作为消费者的总体安全感得分进入模型，得到的安全感为连续型变量，值越大代表安全感越高。

4. 调节变量的说明

本章设置的调节变量是性别，若调查对象是女性，则赋值为 1，否则为 0。

5. 控制变量的说明

本章参照现有研究的做法（Bakker et al.，2015；阳义南和连玉君，2015；王甫勤，2017），选取了如下控制变量。消费者层面的控制变量包括：年龄、婚姻状况，已婚赋值为 1，否则为 0。家庭层面的控制变量为家庭已购买冰箱的色相选择，有色相则为 1，否则为 0。考虑到地理区域和城市层级的不同也会影响调查对象的色相偏好和安全感，所以本章进一步控制了消费者的地理区域和城市层级特征。

（三）模型设定

1. 主效应模型设定

为验证前述中的 H3－1，本章构建如模型（3－1）所示的 Probit 模型。

$$P_r(H_i = 1) = G(\beta_0 + \beta_1 ISEI_i + \gamma X_i) \qquad (3-1)$$

其中，H 是消费者的色相偏好，$H=1$ 代表消费者偏好有色相的产品；$ISEI$ 是消费者的社会经济地位；X 是控制变量。

2. 中介效应模型设定

为检验前述中的 H3－2，本章采用 Baron 和 Kenny（1986）提出的因果逐步分析法进行中介效应检验。首先，本章使用以上构建的模型检验社会经济地位对色相偏好的影响，即验证 $X-Y$ 的作用；其次本章使用以下构建的 OLS 模型（3－2）作社会经济地位与安全感之间的回归方程检验，即验证 $X-M$ 的作用；最后本章使用以下构建的模型（3－3）检验社会经济地位、安全感与色相偏好之间的关系，即验证 X、$M-Y$ 的作用。

$$Security_i = \beta_0 + \beta_1 ISEI_i + \gamma X_i + e \qquad (3-2)$$

$$P_r(H_i = 1) = G(\beta_0 + \beta_1 ISEI_i + \beta_2 Security_i + \gamma X_i) \quad (3-3)$$

其中，*Security* 为安全感，其他变量设定如模型(3－1)。

3. 调节效应模型设定

为检验前述中的 H3－3 和 H3－4，本章在模型(3－4)中引入共同经过中心化处理的安全感和性别的交互项。构建的调节效应模型如下：

$$P_r(H_i = 1) = G(\beta_0 + \beta_1 ISEI_i + \beta_2 Security_i + \beta_3 Gender + \beta_4 Sec\_z_i \times Ger\_z_i + \gamma X_i) \quad (3-4)$$

其中，*Gender* 为性别，*Gender*＝1 代表消费者为女性；Sec_z_i为经过中心化处理的安全感，Ger_z_i为经过中心化处理的性别。

(四) 信度、效度分析以及描述性统计和相关性分析结果

1. 信度和效度分析

利用 KMO 和 Bartlett 球形检验验证因子分析的适宜性。内在安全感和经济安全感的 KMO 值为 0.500，Bartlett 球形检验的显著性为 0.000，小于 0.01；这表明变量之间具有相关性，可以进行因子分析。探索性因子分析结果表明，内在安全感(两个题项)和经济安全感(两个题项)两个因子上的题项因子载荷值均超过 0.8，这说明安全感量表具有较高的信度。本章采用 Fornell 等(1981)提出的方法，通过组合信度检验数据的可靠性。在本研究中，内在安全感和经济安全感的组合信度分别为 0.801、0.937，均高于 Fornell 等(1981)推荐的 0.70 的标准，显示安全感具有理想的效度，具有一定的可靠性。

2. 初步统计分析

从独立样本 T 检验可知，选择不同色相的消费者，其社会经济地位均值有显著差异($M_{有色相}=50.12$，$M_{无色相}=51.77$，$t=3.912$，d$f=2768$)，选择不同色相的消费者，其安全感均值有显著差异($M_{有色相}=2.389$，$M_{无色相}=2.456$，$t=3.488$，d$f=2\,768$)，性别与色相偏好两个分类变量的相关性是显著的(卡方值＝4.417，$p=0.036$，d$f=1$)，表 3－2 列示了主要变量描述性统计和相关性分析，结果显示，各解释变量(社会经济地位/安全感/年龄)的均值分别为 50.901、2.421、36.526。从表 3－2 的相关性分析结果来看，社会经济地位与安全感显著正相关($p<0.01$)。为进一步分析上述变量之间的关系，下面将做进一步的讨论分析。

表 3-2　　主要变量描述性统计与相关性分析

序　号	变量名称	1	2	3
1	社会经济地位	1		
2	安全感	0.106***	1	
3	年龄	−0.044**	−0.037***	1
均　值		50.901	2.421	36.526
标准差		11.091	0.508	8.697

注：① * $p<0.10$，** $p<0.05$，*** $p<0.01$；
② 全书对表中所有小数点后超过三位的数值进行四舍五入后保留了三位小数。

二、实证结果与讨论

在实证分析以前，为确保模型估计的一致性和有效性，本章参照主流文献（贺小刚等，2015）的做法，对数据做了如下处理：(1) 对主要连续变量在 1%的水平上进行缩尾处理；(2) 对交互项变量进行中心化处理；(3) 对进入模型的所有解释变量和控制变量进行了方差膨胀因子（VIF）诊断，结果显示 VIF 均小于 2.76，表明不存在多重共线性问题；(4) 本章采用了考虑异方差的稳健标准误。

（一）总样本检验结果

表 3-3 为色相偏好的总样本检验结果。模型 1 为所有控制变量；模型 2 将控制变量与解释变量都纳入模型，汇报了社会经济地位对消费者色相偏好影响的结果；模型 2、模型 3 和模型 4 是采用因果逐步分析法检验安全感的中介效应是否显著的回归结果；模型 5 汇报了性别调节安全感中介效应的回归结果。

表 3-3　　社会经济地位、安全感与色相偏好

模　型	模型 1	模型 2	模型 3	模型 4	模型 5
变　量	色相偏好	色相偏好	安全感	色相偏好	色相偏好
社会经济地位		−0.009*** (0.002)	0.005*** (0.001)	−0.009*** (0.002)	−0.009*** (0.002)
安全感				−0.100** (0.049)	−0.103** (0.049)

续　表

模　型	模型 1	模型 2	模型 3	模型 4	模型 5
变　量	色相偏好	色相偏好	安全感	色相偏好	色相偏好
安全感×性别					0.079*** (0.024)
一线城市	−0.378*** (0.087)	−0.354*** (0.088)	0.210*** (0.035)	−0.333*** (0.088)	−0.341*** (0.088)
二线城市	−0.324*** (0.087)	−0.326*** (0.087)	0.103*** (0.036)	−0.317*** (0.087)	−0.316*** (0.087)
三线城市	−0.300*** (0.087)	−0.302*** (0.087)	0.115*** (0.036)	−0.291*** (0.087)	−0.292*** (0.088)
北部地区	−0.254*** (0.077 5)	−0.270*** (0.077 6)	0.131*** (0.029 7)	−0.257*** (0.077 8)	−0.249*** (0.077 7)
华东地区	−0.414*** (0.079)	−0.441*** (0.080)	0.204*** (0.031)	−0.421*** (0.080)	−0.408*** (0.081)
内陆地区	−0.262*** (0.086)	−0.287*** (0.086)	0.171*** (0.034)	−0.271*** (0.086)	−0.263*** (0.086)
之前的色相选择	0.307*** (0.055)	0.314*** (0.055)	−0.005 (0.022)	0.314*** (0.055)	0.316*** (0.055)
性别	0.111** (0.048)	0.083* (0.049)	−0.029 (0.019)	0.080 (0.049)	0.077 (0.049)
年龄	−0.004 (0.003)	−0.005* (0.003)	−0.003*** (0.001)	−0.005* (0.003)	−0.005* (0.003)
婚姻状况	−0.117 (0.079)	−0.092 (0.080)	0.064** (0.032)	−0.086 (0.080)	−0.090 (0.080)
Constant	0.729*** (0.143)	1.249*** (0.189)	2.003*** (0.072)	1.449*** (0.213)	1.459*** (0.214)
观测值	2 770	2 770	2 770	2 770	2 770
Pseudo R^2	0.025	0.029		0.031	0.033
Wald chi^2	90.55***	108.78***		112.68***	122.48***
F			11.14		
R-squared			0.042 2		

注：* 表示 $p<0.10$，** 表示 $p<0.05$，*** 表示 $p<0.01$；括号内为标准误；模型 2 与模型 4 中社会经济地位的回归系数分别为：−0.009 377 7 和−0.008 935 8；表中的−0.009 是四舍五入保留小数点后三位的取值。

1. 社会经济地位与色相偏好

模型 2 的结果表明，社会经济地位与色相偏好的关系显著为负（*beta* $= -0.009$，$p < 0.01$），并且该作用在模型 4 和模型 5 中仍旧稳健，这说明社会经济地位越高的消费者偏好无色相产品的可能性越大，H3 - 1 得到验证。

2. 安全感的中介作用

模型 2 中社会经济地位对色相偏好存在显著负向影响（*beta* $= -0.009$，$p < 0.01$），模型 3 中社会经济地位对安全感存在显著正向影响（*beta* $= 0.005$，$p < 0.01$），模型 4 中安全感对色相偏好存在显著负向影响（*beta* $= -0.100$，$p < 0.05$）。基于以上结果以及因果逐步分析法原理可知，安全感中介效应显著，即社会经济地位通过安全感降低消费者偏好有色相产品的意愿，安全感是社会经济地位影响消费者色相偏好的内在机制，验证了本章的 H3 - 2。

3. 性别的调节作用

模型 5 的结果显示，社会经济地位对色相偏好存在显著负向影响（*beta* $= -0.009$，$p < 0.01$），安全感对色相偏好存在显著负向影响（*beta* $= -0.103$，$p < 0.05$），性别与安全感的交互项对色相偏好存在显著正向影响（*beta* $= 0.079$，$p < 0.01$）。综合以上结果可知，性别对安全感的中介效应具有显著的正向调节作用，即相对于女性，男性在同等安全感下偏好无色相的产品的可能性更大。至此，本章的 H3 - 3 和 H3 - 4 得到验证。

Bootstrapping 分析是目前较为流行、得到学者们广泛认同的中介检验方法（陈瑞等，2013）。按照 Zhao 等（2010）提出的中介分析程序，参照 Preacher 等（2007）和 Heyes（2013）提出的有调节的中介分析模型（模型编号 14）进行 *Bootstrap* 中介变量检验，样本量选择 5 000，在 95%置信区间下，安全感在社会经济地位对色相偏好的影响方面的确起到了中介作用。进一步分析不同性别状态下社会经济地位对色相偏好影响中安全感的中介效应，数据结果表明，对于男性，安全感的中介效应显著，*Bootstrap* 检验的置信区间是（$-0.003\ 6$，$-0.000\ 9$），不包含 0；而对于女性，安全感并不发挥中介作用（$-0.000\ 6$，$0.001\ 4$），该区间包含 0。因此 H3 - 2 和 H3 - 4 得到验证。

研究还发现，地理区域、城市层级以及消费者之前的色相选择均会影响消费者的色相偏好。模型 2 的结果显示，与华南地区的消费者相比，北部地区（*beta* $= -0.270$，$p < 0.01$）、华东地区（*beta* $= -0.441$，$p < 0.01$）与内陆地区（*beta* $= -0.287$，$p < 0.01$）的消费者偏好无色相产品的可能性更大；与四线城

市相比，一线城市（$beta = -0.354$，$p < 0.01$）、二线城市（$beta = -0.326$，$p < 0.01$）和三线城市（$beta = -0.302$，$p < 0.01$）的消费者更倾向于选择无色相的产品；消费者之前的色相选择与其色相偏好正向相关（$beta = 0.314$，$p < 0.01$）。以上结果在模型 4 和模型 5 中依旧稳健。

4. 解释变量对消费者色相偏好概率的影响

由于 Probit 模型中变量的系数是自变量对示性函数的影响，而不是对概率的直接影响。为了直观地呈现自变量变化对概率的影响，以及概率相对于自变量的弹性值，本章利用 Probit 模型计算了通过显著性检验的解释变量的边际效应和弹性值，如表 3-4 所示。模型 1 报告了 Probit 模型中的回归系数，表明了解释变量与色相偏好之间的关系方向；模型 2 报告了 Probit 模型中解释变量的边际效应；模型 3 报告了 Probit 模型中解释变量与色相偏好之间的弹性关系。

表 3-4　　解释变量对消费者偏好有色相产品概率的影响

模　型		模型 1	模型 2	模型 3
变　量	均值	（系数）	（边际效应）	（弹性）
社会经济地位	50.901	-0.009^{***}	-0.004^{***}	-0.343^{***}
安全感	2.421	-0.100^{**}	-0.039^{**}	-0.178^{**}
一线城市	0.308	-0.333^{***}	-0.133^{***}	-0.078^{***}
二线城市	0.318	-0.317^{***}	-0.126^{***}	-0.076^{***}
三线城市	0.257	-0.291^{***}	-0.116^{***}	-0.056^{***}
北部地区	0.281	-0.257^{***}	-0.102^{***}	-0.055^{***}
内陆地区	0.314	-0.271^{***}	-0.108^{***}	-0.064^{***}
华东地区	0.240	-0.421^{***}	-0.168^{***}	-0.076^{***}
之前的色相选择	0.269	0.314^{***}	0.125^{***}	0.063^{***}

注：* 表示 $p<0.10$，** 表示 $p<0.05$，*** 表示 $p<0.01$。

由模型 2 和模型 3 可知：（1）社会经济地位的边际效应是 0.004，即在其他变量保持不变的情况下，平均来讲，消费者的社会经济地位指数每增加一个单位，消费者偏好有色相产品的概率就降低 0.004；社会经济地位的弹性是

−0.343，即社会经济地位指数每增加 10%，消费者偏好有色相的概率就降低 3.43%。(2) 在其他变量保持不变的情况下，平均来讲，安全感每增加一个单位，消费者偏好有色相产品的概率就降低 0.039；安全感每提高 10%，消费者偏好有色相产品的概率就下降 1.78%。(3) 城市层级、地理区域和之前的色相选择对消费者的色相偏好也有一定程度的显著影响。

(二) 性别分样本检验结果

为了再次验证性别的调节作用，本章采用了分样本检验方法。根据性别对样本进行分组，然后对两组样本分别进行回归，结果如表 3 - 5 所示。结果表明，模型 2 和模型 6 中的社会经济地位系数都显著为负，这意味着消费者的社会经济地位越高，其偏好无色相产品的可能性越大，H3 - 1 得到支持。模型 3 和模型 7 中社会经济地位系数都显著为正，模型 4 中安全感不再显著但模型 8 中安全感仍旧显著为负 ($beta = -0.266$，$p < 0.01$)。综合以上结果及因果逐步分析法原理可知，性别对安全感的中介效应具有显著的正向调节作用：在女性样本中，安全感的中介效应不再成立，而在男性样本中，安全感的中介效应依旧成立。H3 - 3 和 H3 - 4 得到验证。

表 3 - 5　　不同性别的社会经济地位、安全感与色相偏好之间回归结果

	女性				男性			
模型	模型 1	模型 2	模型 3	模型 4	模型 5	模型 6	模型 7	模型 8
变量	色相偏好	色相偏好	安全感	色相偏好	色相偏好	色相偏好	安全感	色相偏好
社会经济地位		−0.009*** (0.003)	0.006*** (0.001)	−0.010*** (0.003)		−0.009*** (0.003)	0.003** (0.001)	−0.009*** (0.003)
安全感				0.041 3 (0.068)				−0.266*** (0.072)
控制变量	是	是	是	是	是	是	是	是
观测值	1 458	1 458	1 458	1 458	1 312	1 312	1 312	1 312
Pseudo R^2	0.022 8	0.027 3		0.027 5	0.033	0.037 6		0.045 2
Wald chi^2	43.25***	52.39***		52.59***	59.04***	67.09***		80.57***
F			8.37				6.53	
R-squared			0.052				0.045	

注：* 表示 $p<0.10$，** 表示 $p<0.05$，*** 表示 $p<0.01$；括号内为标准误。

(三) 地理区域和城市层级的分样本检验

为了检验消费者的色相偏好是否存在区域差异和城市层级差异，本章分别进行地理区域和城市层级的分样本研究。首先，根据消费者所在地理区域将总样本划分为南方和北方两个分样本，检验方法同上述的性别分样本检验。其次，根据城市级别将总样本划分为一线城市分样本以及非一线城市分样本进行分样本检验，回归方式与上述的性别分样本检验一致。结果表明，社会经济地位对色相偏好的影响及其影响机制在不同地理区域(南方/北方)和不同城市层级(一线城市/非一线城市)有一致的结果。受篇幅限制，本章未报告地理区域和城市层级的分样本检验结果，如有需要可向作者索取。

三、稳健性检验

为了进一步确保研究结果的可靠性与稳健性，本章采用更换指标测量、加入额外控制变量、更换模型估计等方法进行稳健性检验，结果表明，社会经济地位、安全感、安全感和性别的交互项的系数符号和显著性均与表 3－3 的结果基本一致。因此，本章的研究结论是稳健的。受篇幅限制，本章未报告稳健性检验结果，如有需要可向作者索取。

四、典型人群的色相偏好概率差异

为了进一步测算社会经济地位、安全感以及人口统计变量对消费者色相偏好的综合影响，比较好的方法是计算这三类变量特定取值的组合(即典型人群)对有色相产品偏好的概率，这种方法也为其他学者所使用(O'Conor et al.，1996)。

首先，本章仅根据人口统计变量将样本中的群体分为两类典型人群：Ⅰ类人群：男性，年龄大于 34 岁并且居住在华东、北部或内陆地区的消费者；Ⅱ类人群：女性、年龄小于或等于 34 岁并且居住在华南地区的消费者，并计算出居住在不同城市层级的典型人群偏好有色相产品的概率(见表 3－6)。结果表明，人口统计变量对消费者的色相偏好有较大的影响，基于 Probit 模型，一线城市中Ⅱ类人群比Ⅰ类人群偏好有色相产品的概率高了 0.329 或 65.72%。这一影响在二线城市、三线城市和四线城市中分别是 0.302(或 60.32%)、0.304(或 60.80%)和 0.508(或 101.60%)。在 Logit 模型中，一线城市中Ⅱ类人群比Ⅰ类人群偏好有色相产品的概率高了 0.329 或 65.84%；这一影响在二线城市、三线城市和四线城市中又分别是 0.303(或 60.68%)、0.306(或 61.16%)和 0.504(或

100.88%)。由此可见，基于人口统计变量划分的两类典型人群在色相偏好上存在较大差异。

表 3-6　　不同性别、年龄与地理区域典型人群对有色相产品偏好的概率

	Probit			Logit		
	概率·变化·%			概率·变化·%		
Ⅰ类人群：男性，年龄＞34 岁，华东、北部、内陆地区	0.336（一线）	0.329（一线）	65.72%（一线）	0.335（一线）	0.329（一线）	65.84%（一线）
	0.350（二线）	0.302（二线）	60.32%（二线）	0.348（二线）	0.303（二线）	60.68%（二线）
	0.348（三线）			0.347（三线）		
	0.246（四线）			0.248（四线）		
Ⅱ类人群：女性，年龄≤34 岁、华南地区	0.664（一线）	0.304（三线）	60.80%（三线）	0.665（一线）	0.306（三线）	61.16%（三线）
	0.651（二线）	0.508（四线）	101.60%（四线）	0.652（二线）	0.504（四线）	100.88%（四线）
	0.652（三线）			0.653（三线）		
	0.754（四线）			0.752（四线）		

其次，本章根据人口统计变量和社会经济地位的组合特征将样本中的群体划分为两类典型人群：Ⅰ类人群：男性，年龄大于 34 岁，居住在华东、北部或内陆地区，高社会经济地位；Ⅱ类人群：女性、年龄小于或等于 34 岁、居住在华南地区、低社会经济地位，并计算出居住在不同城市层级的典型人群偏好有色相产品的概率（见表 3-7）。基于 Probit 模型的结果，在一线城市中，相较于具有高社会经济地位，居住在华东、北部或内陆地区的年龄大于 34 岁的男性，具有低社会经济地位、居住在华南地区的年龄小于或等于 34 岁的女性偏好有色相产品的概率提高了 0.412 或 82.36%；这一影响在二线城市、三线城市和四线城市中分别是0.386（或 77.24%）、0.388（或 77.68%）和 0.579（或 115.76%）。Logit 模型中，这一影响在一线城市、二线城市、三线城市和四线城市中分别是 0.410（或 82.04%）、0.386（或 77.20%）、0.388（或 77.64%）和 0.571（或 114.20%）。

表 3－7　不同人口统计特征和不同社会经济地位典型人群对有色相产品偏好的概率

	Probit			Logit		
	概率・变化・%			概率・变化・%		
Ⅰ类人群：男性，年龄＞34 岁，华东、北部、内陆地区，高社会经济地位	0.294 （一线）			0.295 （一线）		
	0.307 （二线）			0.307 （二线）		
	0.306 （三线）	0.412 （一线）	82.36% （一线）	0.306 （三线）	0.410 （一线）	82.04% （一线）
	0.211 （四线）	0.386 （二线）	77.24% （二线）	0.215 （四线）	0.386 （二线）	77.20% （二线）
Ⅱ类人群：女性，年龄≤34 岁，华南地区、低社会经济地位	0.706 （一线）	0.388 （三线）	77.68% （三线）	0.705 （一线）	0.388 （三线）	77.64% （三线）
	0.693 （二线）	0.579 （四线）	115.76% （四线）	0.693 （二线）	0.571 （四线）	114.20% （四线）
	0.694 （三线）			0.694 （三线）		
	0.789 （四线）			0.786 （四线）		

上述结果表明，由于社会经济地位变量的加入，每个城市层级中两类人群对有色相产品偏好的概率差距变大，由此可见，社会经济地位是有一个有效的市场细分变量。企业在制定差异化色彩营销策略时，不仅要关注消费者的人口统计特征变量（如性别、年龄、地理区域等），而且应将消费者的社会经济地位作为重要的市场细分变量。企业应针对不同类型的群体制定差异化的色彩营销策略，比如，对具有高社会经济地位且居住在华东、北部或内陆地区的大于 34 岁的男性针对性地提供无色相的产品；而为低社会经济地位、居住在华南地区的年龄在 35 岁以下的女性针对性地提供有色相的产品。这一研究结论同样可应用于广告、新产品研发等领域。

综上，通过对二手数据进行检验，我们初步验证了本章假设，即个体社会经济地位越高，越偏好无色相产品。其中，安全感起中介作用，而其中介效应效果受到性别的显著调节。考虑到二手数据实证分析方法可能存在内外部效度较低问题，同时为进一步提高研究结论的稳健性，我们引入研究二。

第四节 基于实验数据的Logit模型分析

研究二的目的在于进一步通过实验法验证社会经济地位对色相偏好的影响以及安全感的中介效应和性别对中介机制的调节效应，以提高研究结论的内外部效度。

一、实验一

实验一的目的在于：在更换产品类型、使用成熟的安全感量表测量被试安全感后，再次检验本章第二节提出的四个假设。

（一）研究设计与过程

为保证实验的外部效度，我们采用有一定工作经验和社会阅历的不同阶层的人群作为实验样本。共有180名在上海地区工作的被试参加了实验，每名被试获得一定的现金奖励。剔除23位没有职业代码的样本（如自由职业者、待业人员等）、2位自我报告红绿色盲的样本、2位未回答是否为红绿色盲的样本，最终得到153份有效样本。其中女性占61.4%，年龄跨度为18～47岁，平均年龄32岁，职业背景包括党政机关从业人员、专业人士（教师、律师等）、企业管理人员、企业技术人员、办公室普通员工、工人、服务人员、个体户、待业人员等。本研究仅有一组问卷情景，选择旅行箱作为刺激物。

1. 因变量的测量

通过测量被试的色彩选择来反应被试的色相偏好。首先，被试被告知“假设您现在打算为自己购买一个旅行箱，您所选中的这一型号共有以下几种不同的色彩，就外观而言，您会选择哪一个产品”，同时给出了9种不同色彩的旅行箱的图片，这9种色彩分别是黑色、灰色、白色、红色、橙色、黄色、绿色、蓝色、紫色，9种色彩只有色相上的差别，亮度和饱和度一致。

2. 安全感的测量

本研究采用夏春等（2011）开发的针对中国居民的生活安全感量表测量被试的安全感，该安全感量表共有14个题项，具有非常好的信度和效度。

3. 社会经济地位的测量

统计被试的职业信息然后将其转换成职业代码，进而使用Stata程序将职业代码转换成社会经济地位指数。

4. 实验程序

首先,被试被告知"假设您现在打算为自己购买一个旅行箱,您所选中这一型号共有以下几种不同的色彩,就外观而言,您会选择哪一个产品",同时给出了9种不同色彩的旅行箱的图片;被试选定旅行箱的色彩之后填答安全感量表,被试分别对14个陈述题项的认同程度(1=完全不符合,2=较不符合,3=无法确定,4=较为符合,5=完全符合)进行选择;最后,被试回答了人口统计信息,包括性别、年龄、受教育程度、收入、职业、是否红绿色盲以及最喜欢的色彩。

(二) 数据结果和讨论

1. 信度和效度检验

对问卷进行信度分析,测量变量安全感的 Cronbach's α 系数为0.87,则信度在可接受水平内。由于是借鉴国内学者开发的针对中国居民的成熟量表,因此具有较好的内容效度和聚合效度。

2. 研究结果

数据分析前,将安全感题项进行计分,14个题项反向加总的平均值作为安全感变量,分值越高表示安全感越高,所有被试的安全感均值为3.69,标准差为0.81,随后通过 Stata 程序计算被试的社会经济地位指数(ISEI)。接下来,采用 Logit 回归对预测进行检验,以色相偏好(0=无色相,1=有色相)为因变量,社会经济地位为自变量进行 Logit 回归,数据结果显示社会经济地位对色相偏好存在显著的负向影响($beta=-0.070$, $p=0.000$)。此外,将年龄、性别、最喜欢的色彩作为控制变量,上述结果仍旧显著($beta=-0.064$, $p=0.001$)。H3-1得到验证。以色相偏好(0=无色相,1=有色相)为因变量,安全感为自变量,性别(0=男性,1=女性)为调节变量进行 Logit 回归,数据结果显示安全感显著负向影响其色相偏好($beta=-2.282$, $p=0.002$),安全感与性别的交互项对色相偏好存在显著的正向影响($beta=1.955$, $p=0.013$)。H3-3得到验证。以被试的安全感均值为界,将样本分为高安全感组和低安全感组,不同性别群体中安全感对色相偏好的影响如图3-2所示。

接下来,本章对安全感的中介作用和性别对这一中介作用的调节效应进行检验。按照 Zhao 等(2010)提出的中介分析程序,参照 Preacher 等(2007)和 Heyes(2013)提出的有调节的中介分析模型(模型编号14)进行 *Bootstrap* 中介

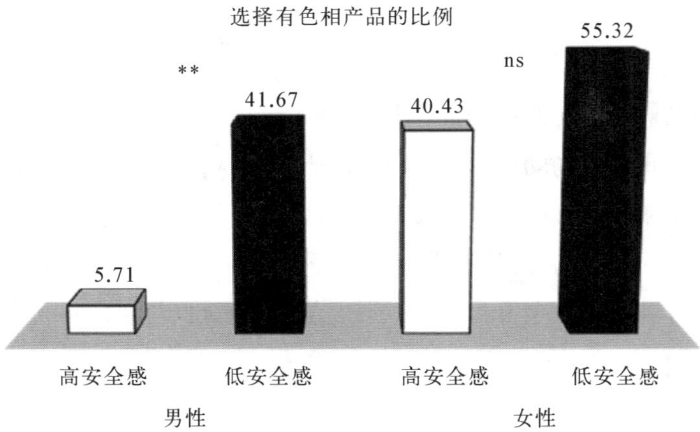

注：** 表示 $0.01 < p < 0.05$，ns 表示 $p > 0.1$。

图 3－2　不同性别群体中安全感对色相偏好的影响

变量检验，样本量选择 5 000，在 95%置信区间下，安全感的确在社会经济地位对色相偏好的影响方面起到了中介作用。进一步分析不同性别状态下社会经济地位对色相偏好影响中安全感的中介效应，数据结果表明，对于男性，安全感的中介效应显著，*Bootstrap* 检验的置信区间是（－0.079，－0.004），不包含 0；而对于女性，安全感并不发挥中介作用（－0.018，0.003），该区间包含 0。因此 H3－2 和 H3－4 得到验证。

至此，本研究通过实验验证了理论部分提出的社会经济地位对色相偏好的负向影响，同时检验了安全感的中介机制及性别对这一中介机制的调节效应。

二、实验二

第三节的二手数据分析和第四节的实验一分析证实了通过国际通用的社会经济地位指数衡量的社会经济地位对个体色相偏好的影响及安全感的中介机制。实验二的目的在于改变社会经济地位的测量方法，旨在对研究一的实证研究结果和实验一的结果进行稳健性检验。

（一）研究设计与过程

我们继续采用有一定工作经验和社会阅历的群体作为实验样本，以保证实验的外部效度。共有 305 名被试参与实验，其中 258 名被试完成所有问题；在完成所有问题的被试中，有 2 个自我报告红绿色盲的样本，将其从样本中剔除，最终得到 256 个样本数据。其中女性占 60.2%，年龄跨度为 19～52 岁，平均年龄 33.02 岁。本实验继续使用旅行箱作为实验刺激物。

首先进行社会经济地位的操控与测量。给被试呈现一个有 10 个等级的梯子(Kraus et al., 2010)，如图 3－3 所示。在实验中，被试被告知：这个梯子代表个体在群体中的社会经济地位，梯子等级越高说明个体的社会经济地位越高。最顶端的“10”相当于社会经济地位最高的人，这些人收入最高、受教育程度最高、工作体面；最底端的“01”相当于社会经济地位最低的人，这些人收入最低、受教育程度最低、工作不体面。在低社会经济地位组，请被试想象自己所在重要群体中位于梯子顶端的人，并写出自己与位于梯子顶端的人的区别，特别是将自己的经济状况、受教育程度以及工作情况与之进行比较。在高社会经济地位组，被比较的对象则是位于梯子底端的人。完成以上写作任务后，被试被询问“相对于最顶/底端的这些人来说，您将自己摆在梯子的哪个等级？”被试从梯子的第 1 级到第 10 级进行选择。

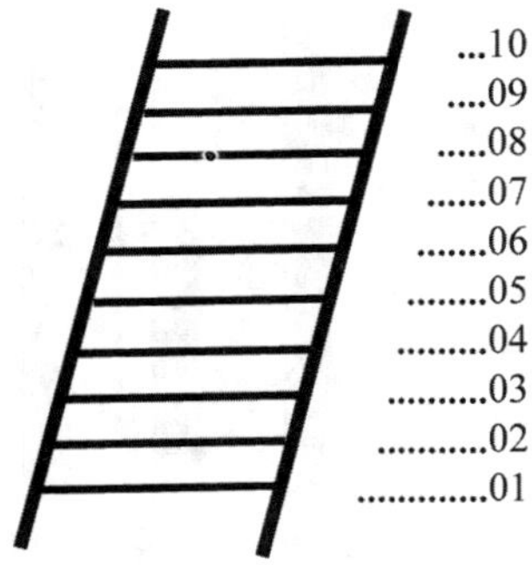

图 3－3　给被试呈现的梯子

其次，测量被试的色相偏好，并请被试完成安全感变量的测量问项(同实验一)。

最后，被试填写了人口统计学信息，并且回答了最喜欢的色彩、是否红绿色盲等信息。

(二) 研究结果

1. 信度及操控检验

对问卷进行信度分析，测量变量安全感的 Cronbach's α 系数为 0.89，则信度在可接受水平内。通过方差分析检验，对社会经济地位的操纵是有效的，数据结果与预期一致，高社会经济地位组中被试感知的社会经济地位高于低社会经济地位组中被试感知的社会经济地位［$M_{高}=5.89$，$M_{低}=4.79$，$F(1,255)=23.55$，$p=0.000$］。数据分析前，将安全感测量题项反转计分后，14 个题项均值作为安全感变量的得分，分值越高表示安全感越强，所有被试的安全感均值为 3.36，标准差为 0.78。以被试自我汇报的社会经济地位中位数(05)为界，将样本分为高社会经济地位组和低社会经济地位组，不同组别选择有色相产品和各个色彩的比较如图 3－4 所示。

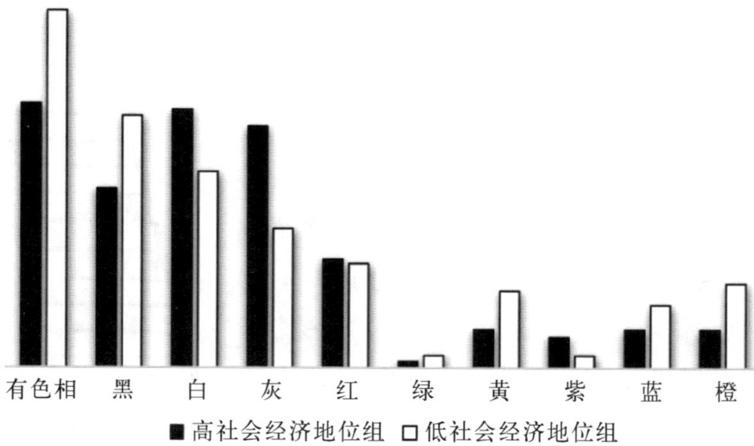

图 3-4 高 vs. 低社会经济地位组的不同色彩选择比例

2. 数据研究结果

采用 Logit 回归对 H3-1 进行检验，以色相选择(1=有色相，0=无色相)为因变量，社会经济地位为自变量进行 Logit 回归，数据结果显示社会经济地位对色相偏好存在显著的负向影响 (*beta* =−0.221，*p* =0.003)。此外，将年龄、性别、最喜欢的色彩作为控制变量，上述结果仍旧显著 (*beta* =−0.273，*p* =0.001)；因此，H3-1 得到验证。以色相偏好(0=无色相，1=有色相)为因变量，安全感为自变量，性别(0=男性，1=女性)为调节变量，年龄、最喜欢的色彩作为控制变量进行 Logit 回归，数据结果显示安全感显著负向影响其色相偏好(*beta* =−1.038，*p* =0.003)，安全感与性别的交互项对色相偏好存在显著的正向影响 (*beta* =0.974，*p* =0.021)。H3-3 得到验证。以被试安全感均值为界，将样本分为高安全感组和低安全感组，不同性别群体中安全感对色相偏好的影响如图 3-5 所示。

接下来，本章对安全感的中介作用和性别的调节作用进行检验。按照 Zhao 等(2010)提出的中介分析程序，参照 Preacher 等(2007)和 Heyes(2013)提出的有调节的中介分析模型(模型编号 14)进行 *Bootstrap* 中介变量检验，样本量选择 5 000，在 95%的置信区间下，中介变量安全感的确中介社会经济地位对色相偏好的影响。数据结果表明，对于男性，安全感的中介效应显著，*Bootstrap* 检验的置信区间为(−0.242，−0.013)，不包含 0；而对于女性，安全感并不发挥中介作用(−0.046，0.089)，该区间包含 0。因此，H3-2 和 H3-4 得到验证。

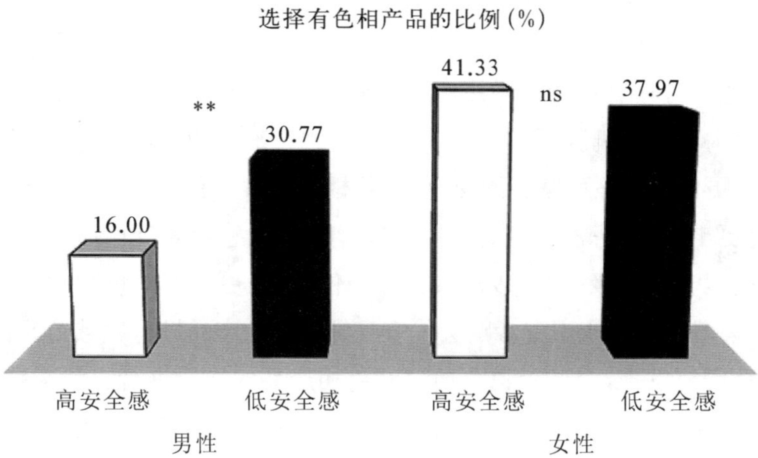

注：** 表示 $0.01 < p < 0.05$，ns 表示 $p > 0.1$。

图 3－5　不同性别下安全感对色相偏好的影响

综上，在实证研究的基础上，本章进一步通过实验法对前述假设进行检验。在实验一中，我们更换产品类型，使用成熟安全感量表测量被试安全感，并验证了前述假设；在实验二中，我们改变社会经济地位操控和测量方法，对研究一和实验一的结果进行稳健性检验。基于两个实验研究，我们得到如下结果：个体社会经济地位越高，越偏好无色相产品。其中，安全感起中介作用，而其中介效应效果受到性别的显著调节。根据此结果，同时结合二手数据实证分析结果可知，本章的研究结论具有一定稳健性与可靠性。

第五节　研究结论、启示与展望

以往学者和社会大众关注色彩，原因在于承载象征意义的色彩对消费者的情感、认知和行为有重要影响(Elliot & Maier, 2014)。理论界对消费者色彩偏好的研究大多着眼于人口统计变量对具体色彩偏好的影响，但缺乏对有无色相这一首要特征偏好的研究；也鲜有学者从社会学和心理学变量出发构建色相偏好理论模型。针对这一研究空白，本章进行深入的理论探讨，探查社会经济地位对消费者色相偏好的影响，揭示这一影响的作用机理与边界条件，进行实证与实验研究。研究主要得到以下结论：第一，社会经济地位通过色彩的身份自我表达直接影响消费者的色相偏好，社会经济地位越高的消费者偏好无色相产品的可能性越大。在可见的将来，社会贫富差距将持续存在，企业应当重视分析个体社会经济地位对其消费行为的影响，并将分析结果用于指导企业的营销管理。第二，究其内在影响机制，具有较低社会经济地位的消费者，安全感较低，为寻求补偿，其会更偏好有正面联想的彩色(有色相)产品；具有较高社会经济地位的消费者拥有更丰富的资源和更自由的生活环境，安全感较高，没有补偿需求，但会通过黑、白、灰的"高级感"来表现其身份地位，因而更偏好无色相的产品。典型的补偿性消费行为是指消费者购买代表身份地位的产品进行领域内的补偿性消费，但本章研究发现，消费者也可通过有色相产品的选择进行自我威胁的改善；这一研究结果进一步丰富了跨领域的补偿性消费理论。第三，性别对安全感的中介效应具有显著的调节作用：对于男性群体而言，因为色彩的"补偿效应"使得安全感在社会经济地位对色相偏好的影响方面发挥了中介效应；而对于女性群体而言，色彩的"补偿效应"与"缓解效应"同时存在，两种效应作用方向相反，使得女性群体中安全感的中介效应不再显著。此外，地理区域、城市层级以及之前的色相选择都会显著影响消费者的色相偏好。

在深入理论分析基础上，本章采用严谨的实证研究验证了社会经济地位对色相偏好的影响及其影响机制，同时在实证研究的基础上进一步通过实验法进行研究，以提高研究的内部和外部效度，具有较强的理论前沿性。同时，本研究具有重要的实践意义。首先，本章发现不同社会经济地位的典型人群对无色相产品的偏好差异较大，这一发现对于品牌形象的塑造、品牌的产品设计、产品分销和促销均有重要启示。品牌在定位阶段，就要根据目标群体的特征选择标志色，目标群体的社会经济地位越高，越要多采用黑、白、灰三色元素传递高级感；当品牌向低端或高端市场扩展产品线时，需关注不同目标市场对产品外观色彩偏好的不同，越往高端市场扩展，越要降低彩色产品的比例。在分销过程中，需根据不同区域(如市区与郊区)或不同人群的差异，投放不同比例的无色相产品；销售现场的促销员则可根据潜在顾客的社会经济特征，推荐相应的产品色彩，有利于促成交易。其次，实验二的研究表明，通过一定的方法，可以改变个体的社会经济地位感知，进而影响其产品色彩偏好，也就是说，销售人员如果要促成某种色彩产品的交易，可通过实验中采用的与社会顶端/底端群体比较的方法，改变消费者暂时的社会经济地位感知，从而促成交易。最后，研究发现，不同地理区域、城市层级对无色相产品的偏好差异较大，因此，企业和经销商可以在不同地理区域、不同城市层级，投放不同比例的无色相产品。例如，越往南方，投放越多有色相的产品，城市经济越发达，投放越多无色相的产品，减少因色彩不匹配而造成的库存调剂费用。

但本研究仍存在一些问题有待今后进一步完善。比如，本章只研究了消费者对色彩色相的偏好差异，而有色相的产品涉及的色彩是多样的；在未来研究中，我们也可继续深入探讨社会经济地位对消费者具体色彩偏好的影响。此外，本章着重探讨社会经济地位的直接效应和安全感的中介效应，但关于社会经济地位对消费者色相偏好的影响也可能存在其他的中介变量，如心理距离。高社会经济地位的个体具有更远的心理距离，因而更偏好与高解释水平相关的无色相的产品。本章也检验了社会经济地位和性别的交互项对色相偏好的影响，这一影响并不稳健。在未来的研究中，可进一步探索这一交互效应是否存在其他边界条件。除色彩外，品牌、价格和产品功能设计等属性同样影响消费者的产品选择。在本研究基础上，未来研究可以进一步研究不同属性组合对消费者产品选择的影响。

参考文献

[1] 陈瑞，郑毓煌，刘文静.中介效应分析：原理、程序、*Bootstrap* 方法及其应用[J].营销科学学报，2013，9(4)：120－135.

[2] 丛中，安莉娟.安全感量表的初步编制及信度、效度检验[J].中国心理卫生杂志，2004，18(2)：97－99.

[3] 董越、郑毓煌.调节定向类型对消费者色彩偏好的影响[J].JMS 论文集，2010：594－610.

[4] 葛列众，刘少英，徐伟丹.抽象颜色偏好实验研究[J].心理科学，2005，28(4)：849－851.

[5] 贺小刚，邓浩，吴诗雨等.赶超压力与公司的败德行为——来自中国上市公司的数据分析[J].管理世界，2015，(9)：104－124.

[6] 揭水平.大学生服装颜色偏好研究[J].统计研究，2007，24(10)：85－86.

[7] 李春玲.当代中国社会的声望分层——职业声望与社会经济地位指数测量[J].社会学研究，2005，(2)：74－102.

[8] 李京.色彩选择的毕生发展特点比较研究[J].心理科学，2007，30(4)：891－894.

[9] 李文馥.中国城市人爱好色彩的特点——色彩爱好与几种因素的关系[J].心理科学,1990,13(5):15-21.

[10] 王甫勤.地位束缚与生活方式转型——中国各社会阶层健康生活方式潜在类别研究[J].社会学研究,2017,(6):117-140.

[11] 俊秀.面对风险:公众安全感研究[J].社会,2008,28(4):206-221.

[12] 夏春,涂薇.中国居民生活安全感量表的编制[J].中国健康心理学杂志,2011,19(9):1126-1128.

[13]《心理学百科全书》编辑委员会.心理学百科全书[M].杭州:浙江教育出版社,1995.

[14] 晏维,柴俊武,倪得兵.自我概念和产品属性对消费者色彩偏好的影响[J].中国管理科学,2013,21(S2):412-419.

[15] 阳义南,连玉君.中国社会代际流动性的动态解析——CGSS 与 CLDS 混合横截面数据的经验证据[J].管理世界,2015,(4):79-91.

[16] 叶浩生. 西方心理学的历史与体系[M]. 北京:人民教育出版社,1998.

[17] Anderson, C. A., Bushman, B. J.. Human aggression [J]. Annual review of psychology, 2002, 53(1): 27-51.

[18] Aslam, M. M.. Are you selling the right colour? a cross-cultural review of colour as a marketing cue [J]. Journal of Marketing Communications, 2006, 12(1): 15-30.

[19] Bakker, I., Voordt, T., Vink, P., Boon, J., Bazley, C.. Color Preferences for different topics in connection to personal characteristics [J]. Color Research & Application, 2015, 40(1): 62-71.

[20] Baniani, M., Yamamoto, S.. A comparative study on correlation between personal background and interior color preference [J]. Color Research & Application, 2015, 40(4): 416-424.

[21] Baron, R. M., Kenny, D. A.. The moderator-mediator variable distinction in social psychological research: conceptual, strategic, and statistical considerations [J]. Journal of Personality and Social Psychology, 1986, 51(6): 1173-1182.

[22] Batra, R. K., Ghoshal, T.. Fill Up Your Senses: A theory of self-worth restoration through high-intensity sensory consumption [J]. Journal of Consumer Research, 2017, 44(4): 916-938.

[23] Belk, R. W.. Possessions as the extended self [J]. Journal of Consumer Research, 1988, 15(2): 139-168.

[24] Blau, P. M., Duncan, O. D.. The american occupational structure [J].

American Journal of Sociology, 1967, 33(2): 296.

[25] Cameron, W. B., McCormick, T. C.. Concepts of security and insecurity [J]. American Journal of Sociology, 1954, 59(6): 556 - 564.

[26] Choo, S., Kim, Y.. Effect of color on fashion fabric image [J]. Color Research & Application, 2010, 28(3): 221 - 226.

[27] Elliot, A. J., Maier, M. A.. Color and psychological functioning [J]. Current Directions in Psychological Science, 2007, 16(5): 250 - 254.

[28] Elliot, A. J., Maier, M. A.. Color psychology: effects of perceiving color on psychological functioning in humans [J]. Annual Review of Psychology, 2014, 65(1): 95 - 120.

[29] Fairchild, M. D.. Color appearance models [M]. New York: John Wiley & Sons, 2013.

[30] Fornell, C., Larcker, D. F.. Evaluating structural equation models with unobservable variables and measurement error [J]. Journal of Marketing Research, 1981, 18(1): 39 - 50.

[31] Fraser, T., Banks, A.. Designer's color manual: the complete guide to color theory and application [M]. San Francisco: Chronicle Books, 2004.

[32] Ganzeboom, H. B., De Graaf, P. M., Treiman, D. J.. A standard international socio-economic index of occupational status [J]. Social Science Research, 1992, 21(1): 1 - 56.

[33] He, W., Zhang, Y., Zhu, J., Xu, Y., Yu, W., Chen, W., Liu, Y., Wang, W.. Could sex difference in color preference and its personality correlates fit into social theories? let chinese university students tell you [J]. Personality & Individual Differences, 2011, 51(2): 154 - 159.

[34] Heyes, A. F.. An introduction to mediation, moderation and conditional process analysis: a regression-based approach [M]. New York: Guilford Press, 2013.

[35] Howell, R. T., Howell, C. J.. The relation of economic status to subjective well-being in developing countries: a meta-analysis [J]. Psychological Bulletin, 2008, 134(4): 536 - 560.

[36] Hurlbert, A. C., Ling, Y.. Biological components of sex differences in color preference [J]. Current Biology, 2007, 17(16): 623 - 625.

[37] Jacobs, L., Keown, C., Worthley, R., Ghymn, K. I.. Cross-cultural colour comparisons: global marketers beware [J]. International Marketing Review,

1991，8(3)：21－30.

[38] Kraus，M. W.，Cote，S.，Keltner，D.. Social Class，Contextualism，and empathic accuracy [J]. Psychological Science，2010，21(11)：1716－1723.

[39] Kraus，M. W.，Keltner，D.. Signs of Socioeconomic Status：a thin-slicing approach [J]. Psychological Science，2009，20(1)：99－106.

[40] Kraus，M. W.，Piff，P. K.，Mendoza-Denton，R.，Rheinschmidt，M. L.，Keltner，D.. Social Class，Solipsism，and Contextualism：How the rich are different from the poor [J]. Psychological Review，2012，119(3)：546.

[41] Labrecque，L. I.，Milne，G. R.. Exciting Red and Competent Blue：The importance of color in marketing [J]. Journal of the Academy of Marketing Science，2012，40(5)：711－727.

[42] Labrecque，L. I.，Milne，G. R.. Exciting Red and Competent Blue：The importance of color in marketing [J]. Journal of the Academy of Marketing Science，2012，40(5)：711－727.

[43] Lachman，M. E.. Locus of Control in Aging Research：A case for multidimensional and domain-specific assessment [J]. Psychology & Aging，1986，1(1)：34.

[44] Lazarus，R. S.，Folkman，S.. Transactional theory and research on emotions and coping [J]. European Journal of Personality，1987，1(3)：141－169.

[45] Lyon，F. E.. Frustration and aggression [J]. Journal of Criminal Law & Criminology，1939，30(2)：286－287.

[46] Mehta，R.，Zhu，R. J.. Blue or Red? Exploring the effect of color on cognitive task performances [J]. Science，2009，323(5918)：1226－1229.

[47] Murray，D. C.，Deabler，H. L.. Colors and mood-tones [J]. Journal of Applied Psychology，1957，41(5)：279－283.

[48] O'Conor，R. M.，Blomquist，G. C.，Miller，T. R.. Healthy Lifestyle and Safety：An expected net benefit approach to seat belt use [J]. Managerial & Decision Economics，1996，17(5)：483－492.

[49] Odbert，H. S.，Karwoski，T. F.，Eckerson，A. B.. Studies in Synesthetic Thinking：I. musical and verbal associations of color and mood [J]. The Journal of General Psychology，1942，26(1)：153－173.

[50] Ou，L. C.，Luo，M. R.，Woodcock，A.，Wright，A.. A Study of colour emotion and colour preference. part I：colour emotions for single colours [J]. Color Research & Application，2004，29(3)：232－240.

[51] Palmer, S. E., Schloss, K. B.. An ecological valence theory of human color preference [J]. Proceedings of the National Academy of Sciences of the United States of America, 2010, 107(19): 8877 - 8882.

[52] Pearlin, L. I., Menaghan, E. G., Lieberman, M. A., Mullan, J. T.. The stress process [J]. Journal of Health & Social Behavior, 1981, 22 (4): 337 - 356.

[53] Prasetyo, Z., Iftadi, I., Damayanti, R. W.. Study of consumer's preference rating on car's exterior color design [J]. Electric Vehicular Technology and Industrial, Mechanical, Electrical and Chemical Engineering. IEEE, 2015: 163 - 167.

[54] Preacher, K. J., Rucker, D. D., Hayes, A. F.. Assessing moderated mediation hypotheses: theory, methods and prescriptions [J]. Multivariate Behavioral Research, 2007, 42(1): 185 - 227.

[55] Schaie, K. W.. A Q-Sort study of color-mood association [J]. Journal of Projective Techniques, 1961, 25(3): 341.

[56] Schmitt, B. H,. Language and visual imagery: issues of corporate identity in east asia columbia [J]. Journal of World Business, 1995, 30(4): 28 - 36.

[57] Silver, N. C., Mc Culley, W. L., Chambliss, L. N., Charles, C. M., Smith, A. A., Waddell, W. M., Winfield, E. B.. Sex and racial differences in color and number preferences [J]. Perceptual & Motor Skills, 2011, 66(1): 295 - 299.

[58] Thorndike, A. N., Riis, J., Sonnenberg, L. M., Levy, D. E.. Traffic-light labels and choice architecture: promoting healthy food choices [J]. American Journal of Preventive Medicine, 2014, 46(2): 143 - 149.

[59] Thorndike, A. N., Sonnenberg, L., Riis, J., Barraclough, S., Levy, D. E.. A 2 - phase labeling and choice architecture intervention to improve healthy food and beverage choices [J]. American Journal of Public Health, 2012, 102(3): 527 - 533.

[60] Trinkaus, J.. Color preference in sport shoes: an informal look [J]. Perceptual & Motor Skills, 1991, 73(2): 613 - 614.

[61] Wexner, L. B.. The degree to which colors (hues) are associated with mood-tones [J]. Journal of Applied Psychology, 1954, 38(6): 432 - 435.

[62] Yoon, S., Kim, H. C.. Feeling economically stuck: the effect of perceived economic mobility and socioeconomic status on variety seeking [J]. Journal of Consumer Research, 2018, 44(5): 1141 - 1156.

[63] Zhang, Z., Li, Y., Gong, C., & Wu, H.. Casual wear product attributes: a chinese consumers' perspective [J]. Journal of Fashion Marketing & Management, 2002, 6(1): 53 - 62.

[64] Zhao, X., Lynch, J. G., Chen, Q.. Reconsidering Baron and Kenny: Myths and truths about mediation analysis [J]. Social Science Electronic Publishing, 2010, 37(2): 197 - 206.

第四章 生活方式对产品外观色相偏好影响研究

第一节 引 言

色彩是产品、包装、标识(logo)展示的重要组成部分,对消费者的情感、认知和行为有重要的影响(Elliot, Maier, 2014)。人们在一般 90 秒内对产品做出评估判断,而大约 62%～90%的评估是基于色彩(Singh, 2006)。RIPT 公司将 CTA(Call-to-Action)按钮的色彩由绿色改为黄色,销售额同比上升了 6.3%。色彩对消费者行为影响如此重要,但鲜为人知的是:为什么人们喜欢某些色彩多过其他色彩?不同细分市场群体的色彩偏好是否存在差异?如何在不同细分市场上精准投放不同色彩的产品?这些都是企业面对的困惑,同时也是学术界需要解决的问题。

国内外学者通过对消费者的色彩偏好的研究,发现性别(Silver et al., 1988)、年龄(Manuela, 2001)、性格(Rense, Sigmund, Dallas & Jason, 2007)等因素影响人们对色彩的偏好;当地的习俗、禁忌、人口统计变量,比如教育背景、收入、家庭状况和种族划分也能够影响人们的色彩偏好(Grieve1991 et al., 1994; Hemphill, 1996; Yang, 2001)。不同的文化背景下,个体对同一色彩产生的联想有所差异进而导致不同的色彩偏好(Aslam, 2006)。而现有关于消费者色彩偏好的研究主要集中在人口统计变量对人们色彩偏好的影响,鲜少通过消费者的内在特质研究影响消费者色彩偏差异的因素。人格特质显著影响人们的色彩偏好(Bakker et al., 2015),生活方式不同的个体,其个人人格特质和价值观有所差异;因而不同生活方式的个体在色彩偏好上理应存在差异。本章在研究消费者人口统计变量对消费者色彩偏好影响的基础上，探索具有不同生活方式的消费者的色相偏好不仅能够弥补理论研究的空白，更能够帮助企业制定企业战略，进行一定程度上的精准营销，具有一定的理论意义和实践价值。

色彩有三个基本属性：色相、值(亮度)和饱和度(Fairchild，2013)。色相是色彩的首要特征，是区别各种不同色彩最准确的标准。因此，本章在以往研究的基础上，探究全国 18 个城市以及 4 个省份农村地区消费者的色相偏好。研究结果表明，生活方式中的风险规避因子显著影响消费者的色相偏好，且这一影响受到性别的调节作用，即随着风险规避倾向的提高，相较于男性，女性更偏好无色相的产品。

本研究贡献主要体现在：第一，本章拓展了色相偏好理论模型，论证了生活方式对色相偏好的影响，进一步丰富了色相偏好理论研究成果；第二，本章探讨了生活方式对色相偏好的影响，拓展了生活方式对消费行为影响的结果变量，或许可以吸引更多的研究探究个体生活方式对消费行为的影响；第三，本章验证了性别对生活方式影响色相偏好的调节作用，识别了这一影响的边界条件。

本章结构如下：首先对相关文献进行回顾和梳理并在此基础上提出相关假设，接着介绍基于二手数据的研究设计过程和统计检验结果，最后就研究结果展开讨论。

第二节 理论背景与研究假设

一、理论背景与文献回顾

(一) 色彩偏好影响因素

国内外学者通过对消费者色彩偏好的研究，发现性别、年龄、性格(Silver et al.，1988；Manuela，2001；Rense，Sigmund，Dallas & Jason，2007)等因素影响人们对色彩的偏好。除了以上因素，当地的习俗、禁忌、人口统计变量比如教育背景、收入、家庭状况和种族划分也能够影响人们的色彩偏好(Grieve，1991 et al.，1994；Hemphill，1996；Yang，2001)；不同的文化背景下，个体对同一色彩因产生的联想有所差异进而导致不同的色彩偏好(Aslam，2006)。

1. 性别

个体对色彩的偏好存在性别差异(徐展，闰丹，2015)。Silver 等(1988)在研究中要求被试写下最喜欢的色彩，相较于女生，男生选择蓝色和红色的频率更高；

相较于男生，女生更偏好黄色、紫色、黑色和低频率的色彩。Khouw(2002)则发现，男性比女性更能容忍无色相的色彩——灰色、白色或黑色。Zhang 等(2002)的研究发现，相较于男性，女性更为关注休闲服装的色彩；葛列众等(2005)的研究结果显示男生和女生对抽象色彩的偏好具有明显差异。He 等(2011)则研究了中国大学生对色彩的偏好，研究结果发现男性更偏好蓝色和绿色，女性则更偏好紫色、粉色和白色。揭水平(2007)采用对偶比较法研究了武汉地区的大学生对服装的色彩偏好，结果发现男女大学生对服装的色彩偏好具有显著的性别差异。这些研究均聚焦于个体对具体色彩偏好的性别差异。

2. 年龄

李文馥(1990)研究了 3～90 岁被试对抽象色彩偏好，研究发现色彩偏好倾向随年龄增长而逐渐变化，从暖色转向冷色。Zhang 等(2002)发现，年龄影响消费者对服装色彩的偏好；葛列众等(2005)的研究表明，4～21 岁的不同年龄段的人群对色彩偏好具有明显差异，并且色彩偏好虽然随着时代的变迁发生变化，但是仍有一定的规律性。李京(2007)研究了 7～90 岁被试对色彩的偏好，结果发现不同年龄组对不同图形色彩的选择不同，色彩选择随着年龄的增长而有所变化，并受具体形状的影响。同时，年龄与性别对个体的色彩偏好存在交叉影响，不同年龄表现出不同的性别差异(陈立，1965；李文馥，1990)。虽然色彩偏好在人的一生中会发生变化，但是成年后，色彩偏好趋于稳定(孙青青等，2011)。

3. 地理区域

曾虹文(1986)则发现不同地理区域的被试色彩偏好存在差异；Zhang 等(2002)发现，地理区域影响中国消费者对休闲服装色彩的选择：上海地区的消费者比较关注服装的色彩，而北方城市(如北京、西安、哈尔滨)的消费者则不太关心色彩；Baniani M.和 Yamamoto S.(2015)的研究则表明居住在沿海地区的居民更偏好蓝色。

4. 学历水平

Zhang 等(2002)发现被试的教育程度越高，其可能越关注服装的外观以及服装的典型特征。Bakker 等(2015)研究了 1 095 名荷兰居民的色彩偏好，结果发现，教育水平显著影响被试对色彩的偏好。Baniani M. 和 Yamamoto S.(2015)则以日本地区和伊朗的居民作为被试，研究被试的地理区域、教育背景、个人背景等因素对其住宅色彩偏好的影响。在调查问卷中有两张图(卧室和房子外观)，被试可以从 24 只彩笔中选择不同颜色的彩笔对图进行填涂。研究结果发现，在填涂中，教育背景和使用色彩的数量严格呈正相关关系。

5. 其他影响因素

心理层面的变量也会对个体的色彩偏好产生影响。董越、郑毓煌(2010)以手机和T恤为实验刺激物检验不同目标取向的群体对色彩的偏好，结果发现，促进定向的群体相比防御定向群体更偏好有色相的产品，防御定向的群体比促进定向的群体更偏好无色相的产品；并且性别与调节定向对消费者对产品色相有无的偏好有边际显著的交叉作用。晏维、柴俊武、倪得兵(2013)以笔记本电脑为实验刺激物研究了消费者的自我概念对色彩偏好的影响，结果发现，独立自我群体比互依自我群体更偏好有色相的产品，互依自我群体比独立自我群体更偏好无色相的产品。

通过回顾相关文献可知，以往学者关于消费者色彩偏好的研究主要集中在人口统计特征变量，鲜少通过消费者的内在特质研究影响我国消费者色彩偏差异的因素。且以往研究着重探讨人口统计特征变量对具体色彩的偏好，较少涉及消费者人格特质对色彩的首要特征——色相偏好的影响。色相是色彩的首要特征，色彩可分为无色相的色彩(黑色、白色和灰色)和有色相的色彩(除黑、白、灰以外的色彩)(宴维等，2013；董越、郑毓煌，2010)。人格特质显著影响人们的色彩偏好(Bakker et al.，2015)，生活方式不同的个体，其个人人格特质和价值观有所差异；因而不同生活方式的个体在色彩偏好上理应存在差异。探索生活方式对消费者色相偏好的影响，在理论方面有助于丰富和拓展现有理论成果，弥补研究空白；而且研究结论对企业也具有重要的借鉴意义。

(二) 生活方式

生活方式自19世纪60年代被引入消费者行为学领域并已取代人口学方法成为最重要的市场细分工具之一(符明秋，2012)。Plummer(1974)将生活方式定义为人们如何花费时间和金钱，人们认为生活中最重要的事情以及人们如何看待自己及周围的世界，并提出使用AIO[活动(Activities)、兴趣(Interests)和观点(Opinions)]方法对人们的生活方式进行测量。国内学术界关于生活方式的研究大多还停留在社会学范畴内，从消费者行为学角度研究生活方式的文献凤毛麟角(Aaron Ahuvia，阳翼，2005)。Tang和Ingene(2000)研究了上海地区消费者的生活方式对其消费行为的影响，研究发现具有不同生活方式的消费者会采用不同的购买决策。潘煜、高丽和王方华(2009)通过电话调查的方法研究了上海地区消费者的生活方式对其购买行为的影响，研究发现生活方式影响消费者对手机的购买价位和购买频率。国内外关于生活方式的研究大多采用描述性研究，实证研究较少；国内关于生活方式的研究对象主要局限于在校学生、老年人和下岗职工等，国外则更多地关注肥胖症患者、实验人群以及高血压疾病患者等，现有关于生活方式的研究缺乏对社会主流的正常成年人群的研究（符明秋，2012）。

人格特质显著影响人们对色彩的偏好（Bakker et al.，2015），具有不同生活方式的个体在个人的活动、兴趣和观点上存在差异，人格特质和价值观有异同之处，因而生活方式会对个体的色彩偏好产生影响。本章则通过实证研究探索具有不同生活方式的消费者对其色彩色相偏好的影响。本章在研究消费者人口统计特征变量对色彩偏好影响的基础上，探索具有不同生活方式的消费者的色彩偏好异同不仅能够弥补理论研究的空白，更能够帮助企业制定企业战略，进行一定程度上的精准营销，具有一定的理论意义和实践价值。

二、研究假设

色彩能够展示产品的特性，色彩也能够表示个体的性格和自我形象（Aslam，2006），人们在选择汽车、房屋、衣服等产品的色彩时是根据他们想如何表现自我来进行选择（Trinkaus，1991）。生活方式不同的个体，其个人人格特质和价值观有所差异；而人格特质又显著影响人们对色彩的偏好（Bakker et al.，2015）。所以，在选择产品时，具有不同生活方式的个体会选择特定的色彩来表现自身个性。因此，我们提出以下假设：

H4－1：生活方式影响消费者的色相偏好。

早期有研究发现男女视网膜的生化反应和大脑加工色彩的方式存在差异（Hoyenga & Wallace，1979；McGuinness & Lewis，1976）。黑色、白色和灰色是无色相的色彩，除黑色、白色、灰色以外的色彩都是有色相的色彩。Adams 和 Osgood（1973）的研究发现，女性对色彩的包容度比男性更大，男性在对产品的色彩进行选择时更容易受到外来因素的压力。所以，本章提出以下假设：

H4－2：相较于男性，女性更偏好有色相的产品。

由于性别间的色彩偏好差异，面对不同的“风险规避”倾向，消费者的色彩偏好存在性别间的差异。He 等（2011）从两性的社会地位和人格特质的角度解释色彩偏好的性别差异：男性为提高“社交性”而偏好某些兴奋色，女性为降低其

"神经质-焦虑"特质而偏好某些放松的和低唤醒的色彩(灰色)。因此,生活方式中"风险规避"维度倾向越高,男性越偏好有色相的产品。与男性不同,生活方式中"风险规避"维度倾向越高时,女性为降低自身焦虑而偏好无色相的产品;但相较于男性,女性又更偏好有色相的产品,两种相反的作用导致"风险规避"程度对女性的色相偏好无显著影响。因此,我们提出以下假设:

H4-3:性别调节"风险规避"对色相偏好的影响,具体而言,对于女性来说,"风险规避"程度对其色相偏好无显著影响,对于男性来说,其"风险规避"程度越高,越偏好有色相的产品。

第三节 研究设计

本章研究生活方式对消费者色相偏好的影响,同时检验具有不同人口统计特征的消费者在色相偏好上的异同。研究的刺激物选择冰箱,这主要是基于以下考虑:(1) 相较于其他白电产品,冰箱的色彩范围更广;(2) 冰箱消费者之间的人口统计变量特征差异更为显著;(3) 冰箱使用范围较广,使用基数大。冰箱的消费决策基本以家庭为单位,2015 年,年龄在 20～50 岁的冰箱消费者占到总体的 90.94%[①]。

一、数据来源

本章数据来源于第三方专业市场研究公司,其于 2010 年对全国地区的消费者进行了分层抽样访问调查。在进行专业培训后,调查员在全国 18 个城市/直辖市以及四个省的农村对过去两年内购买过冰箱的家庭进行访问调查,访问的地点包括 3 个一线城市、5 个二线城市、6 个三线城市、4 个四线城市以及河南省的村镇、江苏省的村镇、广东省的村镇以及四川省的村镇,地理区域涵盖北部、华东、华南和内陆。调查对象通过分层多阶不等概率抽样方法确定;同时,调查对象应当参与了冰箱购买且是冰箱购买最终/最主要的决策者,否则停止调查。调查问卷包括:首先,请调查对象完成一项"产品调研",即回答冰箱色相偏好的题项;其次,调查对象要完成一组"生活方式"量表;最后,调查对象需要提供性别、

① 数据来源:CSICS 大数据研究实验室。

年龄、职业等人口统计变量信息。最终收集的有效问卷共有 3 655 份。

二、样本分析

在 3 655 份问卷中，男性 1 567 名，占全体受访者的 42.87%；受访者的年龄阶段介于 22～55 岁；受访者中教育程度最低的是初中，最高的是大学本科及以上；受访者的家庭收入最低范围是 1 万～2 万元，低于此范围则停止调研，以保证样本的有效性；受访者的职业涉及多种，具体见表 4－1。

表 4－1　　样本人口统计特性分析(n=3 655)

特　性	样本特性、人数、样本占比(%)	
性　别	男，1 567(42.9)	女，2 088(57.1)
年　龄	22～27 岁，617(16.9)	28～34 岁，896(24.5)
	35～41 岁，901(24.7)	42～48 岁，620(17.0)
	49～55 岁，621(17.0)	
教育程度	初中，759(20.8)	高中/中专/职高，1 537(42.1)
	大专，878(24.0)	大学本科及以上(13.2)
家庭收入	1 万～2 万元，144(3.9)	2 万～4 万元，424(11.6)
	4 万～9 万元，625(17.1)	6 万～8 万元，807(22.1)
	8 万～10 万元，560(15.3)	10 万～15 万元，800(21.9)
	大于 15 万元(8.1)	
城市级别	一线城市，1 005(27.5)	二线城市，1 045(28.6)
	三线城市，888(24.3)	四线城市，400(10.9)
	农村-镇，155(4.2)	农村-村，162(4.4)
地理区域	北部，1 030(28.2)	华东，866(23.7)
	华南，609(16.7)	内陆，1 067(29.2)
职　业	公务员/党政机关从业人员，98(2.7)	专业人士(教师/医生/律师等)，265(7.3)
	企业管理人员，401(11.0)	企业技术人员，307(8.4)

续 表

特 性	样本特性、人数、样本占比(%)	
职 业	办公室普通员工,477(13.1)	工人/服务人员/业务员,870(23.8)
	个体户/私营业主,682(18.7)	离退休人员,211(5.8)
	待业人员,59(1.6)	家庭主妇,214(5.9)
	学生,30(0.8)	自由职业,19(0.5)
	其他,22(0.6)	

根据被调查者所在城市的地理区域不同,本章将18个城市以及4个农村分别划归类于5个城市级别以及4个地理区域,分别是一线城市、二线城市、三线城市、四线城市和农村及北部地区、华东地区、华南地区和内陆地区。4个地理区域的有效样本数量级别一致,但是城市级别间的有效样本数量存在一定的差异。具体如表4-2所示。

表4-2　　样本地理区域分布分析

区 域		北部地区	华东地区	华南地区	内陆地区	合 计
一线城市		北京	上海	广州		1 005
		(340/城市)	(340/城市)	(325/城市)		
二线城市		沈阳	南京		成都/武汉/西安	1 045
		(210/城市)	(210/城市)		625	
三线城市		锦州/漯河	南通	泉州	常德/内江	888
		(150/城市)	(139/城市)	(149/城市)	(150/城市)	
四线城市		陕县	江都	博罗	简阳	400
		(100/城市)	(100/城市)	(100/城市)	(100/城市)	
农村	镇	河南省	江苏省	广东省	四川省	155
		(40/镇)	(35/镇)	(40/镇)	(40/镇)	

续 表

<table>
<tr><th colspan="2">区 域</th><th>北部地区</th><th>华东地区</th><th>华南地区</th><th>内陆地区</th><th>合 计</th></tr>
<tr><td rowspan="2">农村</td><td rowspan="2">村</td><td>河南省</td><td>江苏省</td><td>广东省</td><td>四川省</td><td rowspan="2">162</td></tr>
<tr><td>(40/村)</td><td>(42/村)</td><td>(40/村)</td><td>(40/村)</td></tr>
<tr><td colspan="2">合 计</td><td>1 030</td><td>866</td><td>654</td><td>1 105</td><td>3 655</td></tr>
</table>

注：成都、武汉和西安的有效样本数量分别为 210、207 和 208。

三、主要变量定义和数据处理

(一) 被解释变量说明

本章的被解释变量为色相偏好。为测量调查对象的色相偏好，在调查过程中，调查对象将看到具有 11 种不同色彩的冰箱图片，然后选择最喜欢的冰箱色彩；图片中冰箱的色彩涉及白色、灰色、红色、黄色、蓝色等以及两种色彩的组合色。色相偏好为 0～1 哑变量，如果被试选择的冰箱产品外观是有色相的，则赋值为 1，否则为 0。

(二) 核心解释变量说明

本章的解释变量为生活方式。本研究参考 AIO，结合中国消费者日常生活背景，设计了关于生活方式的量表，共 12 个题项。主要题项包括："我决不允许自己用的东西低于身边朋友的档次""得到别人的认可对我来说很重要""我希望别人认为我很有品位，眼光独到"等(见表 4 - 4)。本章首先使用探索性因子分析得到的三个因子进行回归，为对这一结果进行稳健性检验，针对各因子的题项求平均值，再利用题项平均值作为因子得分进行回归。

(三) 调节变量说明

本章设置的调节变量是性别，若调查对象是女性，则赋值为 1，否则为 0。

(四) 控制变量说明

本章参照现有研究的做法，选取了如下控制变量。消费者层面的控制变量包括年龄、受教育年限、婚姻状况，已婚赋值为 1，否则为 0。家庭层面的控制变量为家庭已购买冰箱的色相选择，有色相则为 1，否则为 0。考虑到地理区域的不同也会影响调查对象的色相偏好和安全感，所以本章进一步控制了消费者的地理区域特征。

四、模型设定

（一）主效应模型设定

为验证前述中的 H4－1 和 H4－2，本章构建如模型（4－1）所示的 Probit 模型。

$$P_r(H_i=1)=G(\beta_0+\beta_1 Lifestyle_{ij}+\beta_2 Gender_i+\gamma X_i) \tag{4-1}$$

其中，H 是消费者的色相偏好，$H=1$ 代表消费者偏好有色相的产品；$Lifestyle$ 是消费者的三个生活方式因子；$Gender$ 为性别，$Gender=1$ 代表消费者为女性；X 是控制变量。

（二）调节效应模型设定

为检验前述中的 H4－3，本章在模型（4－1）中引入共同经过中心化处理的生活方式因子和性别的交互项。构建的调节效应模型如下：

$$P_r(H_i=1)=G(\beta_0+\beta_1 Lifestyle_{ij}+\beta_2 Gender_i+\beta_3 Life\_z_{ij}\times Ger\_z_i+\gamma X_i) \tag{4-2}$$

其中，$Life\_z_{ij}$ 为经过中心化处理的第 i 个消费者第 j 个生活方式因子，Ger_z_i 为经过中心化处理的性别。X 是控制变量。

第四节 数据分析和研究结果

一、探索性因子分析、数据可靠性分析和变量描述统计

（一）探索性因子分析

首先，验证生活方式题项间相关矩阵满足因子分析的条件；其次，利用 KMO 和 Bartlett’s 检验验证因子分析的适宜性；最后，在众多题项中抽取关键因子并解释因子。生活方式的 KMO 值为 0.764，大于 0.7，Bartlett 球形检验的显著性为 0.000，小于 0.01，这表明变量之间具有相关性，可以进行因子分析。在

随后的因子分析中，采用正交旋转法提炼出生活方式的三个因子。其中，生活方式的三个因子解释了超过50%以上的方差。具体见表4-3和表4-4。

表4-3　　生活方式的KMO和Bartlett's检验

量　表	Bartlett's 检验		
	近似卡方	自由度	显著性概率
生活方式	6 324.909	55	0.000

根据表4-4中构成生活方式因子的题项，第一个因子的6个题项反映了个体对他人认可的关注，所以被命名为"社会认可"；第二个因子的3个题项反映了个人对家庭成员的关注，不喜欢被其他事情打扰，所以被命名为"家庭重心"；第三个因子的2个题项反映了个体对风险的规避，所以被命名为"风险规避"。

表4-4　　生活方式的探索性因子分析

	因子载荷	特征值	组合信度	解释变量(%)	累积解释变量(%)
因子1：社会认可		3.069	0.799 6	22.377	22.377
我绝不允许自己用的东西低于身边朋友的档次	0.653				
得到别人的认可对我来说很重要	0.641				
我希望别人认为我很有品位，眼光独到	0.646				
我喜欢充满变化的生活	0.584				
我经常通过花钱来奖励自己	0.625				
我喜欢用炫、酷、时尚的东西来表现自己	0.642				
因子2：家庭重心		1.511	0.737 8	16.122	38.500
我的生活重心全在小孩身上，对外面的一切都不关注	0.731				
家务对我完全是个负担，我总想用最快的速度做掉它	0.704				

续　表

	因子载荷	特征值	组合信度	解释变量（%）	累积解释变量(%)
工作/家务事占用了我太多时间,我很少有属于自己的时间	0.651				
因子 3：风险规避		1.090	0.702 7	13.046	51.546
只有在家里我才感到安全	0.729				
大家都在用的东西我才敢放心去买	0.743				

（二）数据可靠性分析

本章采用 Fornell 和 Larcker(1981)提出的方法,通过组合信度检验数据的可靠性。在本研究中,生活方式的三个因子的组合效度高于 Fornell 和 Larcker (1981)推荐的 0.70 的标准,显示出生活方式的三个因子和白电需求的三个因子具有理想的效度,具有一定的可靠性。

（三）变量描述统计

在 3 655 份有效样本中,男性编码为 1,女性编码为 0,性别的平均值为 0.428 7,女性比例稍高于男性比例。因变量“色相偏好”,偏好有色相编码为 1,偏好无色相编码为 0,平均值为 0.53,对于有无色相的偏好比例基本持平。被试年龄最小的是 22 岁,年龄最大的是 55 岁,这主要是考虑了白电产品有效需求客户的年龄范围再进行调查访问,被试的平均年龄为 37.48 岁。按照表 4－1 中的 7 个收入范围的划分,从小到大对其进行编码,被试的家庭收入平均在 8 万～10 万元。变量描述统计详见表 4－5。

表 4－5　　变量描述统计

	样本数量	最小值	最大值	平均值	标准差
性　别	3 655	0	1	0.428 7	0.494 96
色相偏好	3 655	0	1	0.53	0.499

续 表

	样本数量	最小值	最大值	平均值	标准差
年　龄	3 655	22	55	37.48	9.334
家庭收入	3 655	1	7	4.31	1.627

二、实证结果与讨论

在实证分析以前，为确保模型估计的一致性和有效性，本章参照主流文献（贺小刚等，2015）的做法，对数据做了如下处理：（1）对主要连续变量在1%的水平上进行缩尾处理；（2）对交互项变量进行中心化处理；（3）本章采用了考虑异方差的稳健标准误。

（一）总样本检验结果

表4-6为色相偏好的总样本检验结果。模型1为所有控制变量；模型2将控制变量与解释变量都纳入模型，汇报了生活方式的三个因子对色相偏好影响的结果；模型3汇报了性别调节效应的回归结果。

表4-6　Logit回归表

模　型	模型1	模型2	模型3
变　量	h	h	h
因子1(*yinzi1*)		0.002 21 (0.034 8)	−0.020 7 (0.054 0)
因子2(*yinzi2*)		0.083 2** (0.034 7)	0.101* (0.052 3)
因子3(*yinzi3*)		0.073 7** (0.034 4)	0.171*** (0.052 3)
性别(*gen1*)		0.144** (0.068 9)	0.139** (0.069 1)
因子1×性别(*yzgen1*)			0.035 8 (0.068 7)

续 表

模　型	模型 1	模型 2	模型 3
变　量	h	h	h
因子 2×性别（*yzgen2*）			−0.031 0 (0.068 8)
因子 3×性别（*yzgen3*）			−0.169** (0.069 1)
年龄（*age*）	−0.013 4*** (0.004 13)	−0.013 8*** (0.004 15)	−0.013 7*** (0.004 15)
受教育年限（*educa*）	−0.075 8*** (0.015 3)	−0.071 9*** (0.015 7)	−0.073 0*** (0.015 7)
婚姻状态（*marriage*）	−0.150 (0.115)	−0.189 (0.116)	−0.190 (0.116)
北部（*north*）	−0.334*** (0.098 4)	−0.318*** (0.101)	−0.319*** (0.101)
华东（*east*）	−0.565*** (0.100)	−0.531*** (0.102)	−0.525*** (0.102)
内陆（*inner*）	−0.310*** (0.095 6)	−0.293*** (0.096 9)	−0.290*** (0.096 9)
之前的色相选择（*buy_hue*）	0.509*** (0.078 2)	0.519*** (0.078 6)	0.524*** (0.078 7)
常数项（*Constant*）	1.915*** (0.293)	1.812*** (0.298)	1.830*** (0.299)
样本规模	3 636	3 636	3 636

注：① 括号中数字是稳健标准误；
② *** p<0.01，** p<0.05，* p<0.1。

1. 生活方式与色相偏好

模型 2 的结果表明，生活方式因子 1（社会认可）对消费者的色相偏好没有显著影响（$beta = 0.002$，$p > 0.1$），生活方式的因子 2（家庭重心）（$beta = 0.083$，$p < 0.05$）和因子 3（风险规避）（$beta = 0.074$，$p < 0.05$）显著正向影响消费者的色相偏好。生活方式因子 2 的影响在模型 3 中并不稳健（$beta = 0.101$，$p < 0.1$），

但生活方式因子 3 对色相偏好的影响仍旧稳健($beta = 0.171$, $p < 0.01$)。这表明,消费者风险规避的程度越高,其偏好有色相产品的可能性越大。H4-1 得到部分验证。

2. 性别与色相偏好

模型 2 中性别与色相偏好的关系显著为正($beta = 0.144$, $p < 0.05$),且该作用在模型 3 中仍旧稳健,这说明相较于男性,女性更偏好有色相的冰箱。H4-2 得到验证。

3. 性别的调节作用

模型 3 的结果显示,生活方式因子 3(风险规避)对色相偏好存在显著正向影响($beta = 0.171$, $p < 0.01$),性别与生活方式因子 3 的交互项对色相偏好存在显著负向影响($beta = -0.169$, $p < 0.05$),性别显著负向调节生活方式因子 3 对色相偏好的影响,即相对于女性,在同等风险规避程度下,男性偏好有色相产品的可能性更大。

研究还发现,年龄、受教育年限、地理区域、之前的色相选择均会显著影响消费者的色相偏好。模型 2 的结果表明,年龄越大的消费者越偏好无色相产品($beta = -0.0134$, $p < 0.01$);受教育年限越高的消费者越偏好无色相产品($beta = -0.072$, $p < 0.01$);与华南地区的被试相比,华东地区的消费者($beta = -0.525$, $p < 0.01$)、北部地区的消费者($beta = -0.319$, $p < 0.01$)和内陆地区的消费者($beta = -0.290$, $p < 0.01$)更偏好无色相的产品。以上结果在模型 3 中依旧稳健。这可能是因为与华东地区、北部地区和内陆地区相比,华南地区的植物色彩多样且四季可见。因此,生活在气候更为温暖的华南地区的消费者经常看到五颜六色的植被,华南地区的消费者对有色相的冰箱更为偏好;而相较于华南地区的消费者,华东地区、北部地区和内陆地区的消费者更偏好无色相的冰箱。

(二) 性别分样本检验结果

为了再次验证性别的调节作用,本章采用了分样本检验方法。根据性别对样本进行分组,然后对两组样本分别进行回归,结果如表 4-7 所示。结果表明,模型 5 中生活方式因子 3 的系数不再显著,但模型 7 中生活方式因子 3 仍旧显著为正($beta = 0.177$, $p < 0.01$)。综合以上结果可知,性别对生活方式因子 3 具有显著的负向调节作用,H4-3 得到验证。

表 4-7　　不同同期群的生活方式与色相偏好之间回归结果

	女　性		男　性	
模　型	模型 4	模型 5	模型 6	模型 7
变　量	h	h	h	h
因子 1(*yinzi1*)		0.013 9 (0.045 3)		−0.016 5 (0.055 0)
因子 2(*yinzi2*)		0.078 1* (0.046 5)		0.098 3* (0.052 6)
因子 3(*yinzi3*)		0.000 935 (0.046 2)		0.177*** (0.052 7)
年龄(*age*)	−0.016 0*** (0.005 45)	−0.016 3*** (0.005 47)	−0.009 78 (0.006 40)	−0.011 1* (0.006 42)
受教育年限(*educa*)	−0.077 1*** (0.020 4)	−0.076 9*** (0.021 0)	−0.073 0*** (0.023 3)	−0.071 1*** (0.023 7)
婚姻状态(*marriage*)	−0.270 (0.167)	−0.293* (0.169)	−0.077 9 (0.162)	−0.087 5 (0.163)
北部(*north*)	−0.308** (0.133)	−0.270** (0.136)	−0.387*** (0.148)	−0.389** (0.152)
华东(*east*)	−0.591*** (0.136)	−0.558*** (0.138)	−0.545*** (0.149)	−0.485*** (0.152)
内陆(*inner*)	−0.430*** (0.130)	−0.411*** (0.131)	−0.157 (0.142)	−0.126 (0.144)
之前的色相选择(*buy_hue*)	0.486*** (0.105)	0.491*** (0.106)	0.538*** (0.118)	0.559*** (0.119)
常数项(*Constant*)	2.246*** (0.396)	2.247*** (0.399)	1.547*** (0.444)	1.573*** (0.446)
样本规模	2 077	2 077	1 559	1 559

注：① 括号中数字是稳健标准误；
② *** p<0.01，** p<0.05，* p<0.1。

三、稳健性检验

为了进一步确保研究结果的可靠性与稳健性，本章将采用以下几种方法进行稳健性检验。

(一) 更换指标测量方法

考虑到指标测量方法的不同也可能会导致研究结果存在差异，本章对生活方式的三个因子重新进行计算，用题项平均分作为因子得分，并在此基础上，再次对前述的研究结果进行验证，检验方法与上述一样，得到表 4－8。结果显示，生活方式因子 3 与色相偏好显著正相关，性别的调节作用显著。上述检验结果表明，在更换社会经济地位指标的测量方法之后，本章的结论仍旧成立，所以本章的理论假设是可以接受的。

表 4－8　　更换生活方式测量方法的检验结果

模　型	模型 8	模型 9	模型 10
变　量	h	h	h
因子 1(*life1*)		−0.021 0 (0.070 9)	−0.022 3 (0.071 0)
因子 2(*life2*)		0.084 1 (0.061 4)	0.086 4 (0.061 5)
因子 3(*life3*)		0.146*** (0.055 8)	0.337*** (0.082 0)
性别(*gen1*)		0.143** (0.068 8)	1.088*** (0.304)
因子 3×性别(*lifegen3*)			−0.341*** (0.107)
年龄(*age*)	−0.013 4*** (0.004 13)	−0.014 0*** (0.004 14)	−0.013 8*** (0.004 15)
受教育年限(*educa*)	−0.075 8*** (0.015 3)	−0.072 3*** (0.015 7)	−0.073 5*** (0.015 7)
婚姻状态(*marriage*)	−0.150 (0.115)	−0.184 (0.116)	−0.187 (0.116)

续　表

模　型	模型 8	模型 9	模型 10
变　量	h	h	h
北部(*north*)	−0.334*** (0.098 4)	−0.322*** (0.100)	−0.322*** (0.100)
华东(*east*)	−0.565*** (0.100)	−0.530*** (0.102)	−0.521*** (0.102)
内陆(*inner*)	−0.310*** (0.095 6)	−0.292*** (0.096 9)	−0.286*** (0.096 8)
之前的色相选择(*buy_hue*)	0.509*** (0.078 2)	0.518*** (0.078 6)	0.522*** (0.078 7)
常数项(*Constant*)	1.915*** (0.293)	1.245*** (0.361)	0.729* (0.395)
样本规模	3 636	3 636	3 636

注：① 括号中数字是稳健标准误；
② *** $p<0.01$，** $p<0.05$，* $p<0.1$。

(二) 加入额外控制变量

为避免因控制变量选取问题致使研究结果出现偏误，本章在原模型中加入更多的控制变量：家庭收入、城市层级进行稳健性检验。其中，家庭收入取了对数，是连续型变量；城市层级是分类变量，共有一线城市、二线城市、三线城市、四线城市和农村五个等级。回归结果见表 4 - 9。生活方式因子 3 对色相偏好的影响及性别的调节作用假设仍然成立。

表 4 - 9　　加入更多控制变量后的回归结果

模　型	模型 11	模型 12	模型 13
变　量	h	h	h
因子 1(*yinzi1*)		0.022 3 (0.036 3)	0.021 3 (0.036 3)
因子 2(*yinzi2*)		0.082 1** (0.034 8)	0.082 1** (0.034 9)

续 表

模 型	模型 11	模型 12	模型 13
变 量	h	h	h
因子 3(*yinzi3*)		0.069 9** (0.034 4)	0.169*** (0.052 2)
因子 3×性别(*lifegen3*)			−0.173** (0.069 2)
性别(*gen1*)		0.147** (0.069 2)	0.143** (0.069 4)
年龄(*age*)	−0.012 3*** (0.004 21)	−0.012 2*** (0.004 24)	−0.012 0*** (0.004 24)
受教育年限(*educa*)	−0.060 3*** (0.017 6)	−0.054 5*** (0.017 7)	−0.055 2*** (0.017 7)
婚姻状态(*marriage*)	−0.161 (0.116)	−0.202* (0.116)	−0.204* (0.117)
北部(*north*)	−0.388*** (0.104)	−0.365*** (0.106)	−0.368*** (0.106)
华东(*east*)	−0.579*** (0.102)	−0.539*** (0.104)	−0.535*** (0.104)
内陆(*inner*)	−0.332*** (0.111)	−0.317*** (0.112)	−0.320*** (0.112)
之前的色相选择(*buy_hue*)	0.515*** (0.078 5)	0.522*** (0.078 8)	0.527*** (0.078 9)
家庭收入对数(*lninco*)	−0.227** (0.095 8)	−0.224** (0.097 0)	−0.226** (0.097 1)
一线城市(*c1*)	0.256 (0.175)	0.183 (0.177)	0.178 (0.177)
二线城市(*c2*)	0.213 (0.161)	0.165 (0.162)	0.170 (0.162)
三线城市(*c3*)	0.111 (0.149)	0.085 9 (0.150)	0.082 0 (0.150)
四线城市(*c4*)	0.484*** (0.168)	0.447*** (0.169)	0.447*** (0.169)

续 表

模 型	模型 11	模型 12	模型 13
变 量	h	h	h
常数项(*Constant*)	3.458*** (0.774)	3.325*** (0.786)	3.361*** (0.787)
样本规模	3 636	3 636	3 636

注：① 括号中数字是稳健标准误；
② *** $p<0.01$，** $p<0.05$，* $p<0.1$。

(三) 更改模型

本文的被解释变量是哑变量，对此类问题，通常采用 Logit 模型或 Probit 模型进行分析，因此本文进一步采用 Probit 模型进行稳健性检验，回归结果见表 4－10。结果表明，生活方式显著影响消费者的色相偏好，性别调节生活方式因子 3 对色相偏好的影响的假设都是成立的。

表 4－10　　Probit 模型回归结果

模 型	模型 14	模型 15	模型 16
变 量	h	h	h
因子 1(*yinzi1*)		0.001 52 (0.021 7)	0.000 773 (0.021 7)
因子 2(*yinzi2*)		0.051 8** (0.021 5)	0.051 7** (0.021 6)
因子 3(*yinzi3*)		0.045 8** (0.021 4)	0.106*** (0.032 4)
性别(*gen1*)		0.089 4** (0.042 8)	0.086 9** (0.042 9)
因子 3×性别(*yzgen3*)			−0.105** (0.042 8)
年龄(*age*)	−0.008 38*** (0.002 56)	−0.008 63*** (0.002 58)	−0.008 54*** (0.002 58)

续 表

模 型	模型 14	模型 15	模型 16
变 量	h	h	h
受教育年限(*educa*)	−0.047 1*** (0.009 48)	−0.044 8*** (0.009 71)	−0.045 5*** (0.009 71)
婚姻状态(*marriage*)	−0.094 1 (0.071 5)	−0.118 (0.071 9)	−0.118 (0.072 0)
北部(*north*)	−0.207*** (0.061 0)	−0.197*** (0.062 4)	−0.197*** (0.062 5)
华东(*east*)	−0.352*** (0.062 2)	−0.330*** (0.063 2)	−0.327*** (0.063 3)
内陆(*inner*)	−0.193*** (0.059 1)	−0.182*** (0.059 9)	−0.181*** (0.059 9)
之前的色相选择(*buy_hue*)	0.316*** (0.048 3)	0.322*** (0.048 5)	0.325*** (0.048 5)
常数项(*Constant*)	1.193*** (0.181)	1.129*** (0.184)	1.139*** (0.184)
样本规模	3 636	3 636	3 636

注：① 括号中数字是稳健标准误；
② *** $p<0.01$，** $p<0.05$，* $p<0.1$。

第五节 研究结论、启示与展望

本章研究了生活方式以及性别、年龄、地理区域、学历水平和收入水平等人口统计变量对消费者色彩色相偏好的影响。研究发现，生活方式显著影响消费者对色相的偏好，具体来讲，具有“风险规避”倾向的女性更偏好无色相的产品，对产品有“可靠耐用”需求的男性更偏好无色相的产品；相较于华南地区的消费者，北部地区、华东地区和内陆地区的消费者更偏好无色相的产品；高教育水平和高收入水平的消费者更偏好无色相的产品。相较于 49～55 岁的被试，22～27 岁的被试更偏好有色相的冰箱；相较于男性，女性更偏好有色相的冰箱。

本章的理论贡献在于：在全国范围内选取 18 个城市、4 个农村地区的样本，囊括了全国五个城市层级和四大地理区域，在研究了年龄、性别、地理区域、教育水平、收入水平、城市层级等人口统计变量对色彩偏好影响的基础上，将生活方式和白电需求两大内在特质变量引入到色彩偏好的研究中，进一步丰富了色彩偏好研究的理论框架；同时扩展了生活方式和白电需求的研究领域和营销应用。

本章的研究具有重要的实践意义。色彩对公司制定营销战略有着深远的影响，现实生活中不乏成功运用色彩制定企业战略的典型案例，如"Tiffany"蓝、YSL 的红底鞋等。企业在进行新产品着色前，需深入了解并分析目标市场人群对色彩的偏好差异，并根据研究结论将具有不同特征的消费者与色彩匹配起来以制定更有效的营销策略。例如，可以针对高收入人群、高教育水平人群以及风险规避倾向的女士推荐无色相的白电产品，针对年轻人和具有风险规避倾向的男士推荐有色相的白电产品。

本章的局限性在于只考虑了消费者对色彩色相的偏好差异，而未探索消费者对色彩另外两个属性——饱和度与值(亮度)的偏好差异。其次，除了人口统计变量之外，本章只研究了生活方式和白电需求这两个变量对消费者色彩偏好的影响，未来的研究可以进一步探索，在改变色彩的饱和度与值之后，其他心理层面的变量对色彩偏好的影响。此外，研究刺激物选取了冰箱，这在一定程度上限制了研究结论的普遍性，未来的研究可以拓展研究刺激物的范围以扩大研究结论的普适性。

参 考 文 献

[1] 董越，郑毓煌.调节定向类型对消费者色彩偏好的影响[J].JMS 论文集 2010：594 - 610.

[2] 符明秋.国内外生活方式研究的新进展[J].成都理工大学学报：社会科学版，2012，20(3)：1 - 6.

[3] 葛列众，刘少英，徐伟丹.抽象色彩偏好实验研究[J].心理科学，2005，28(4)：849 - 851.

[4] 揭水平.大学生服装色彩偏好研究[J].统计研究，2007，24(10)：85 - 86.

[5] 贺小刚，邓浩，吴诗雨等.赶超压力与公司的败德行为——来自中国上市公司

的数据分析[J].管理世界,2015(9):104-124.
[6] 孙青青,陈本友,赵伶俐.色彩偏好研究进展[J].心理科学,2011,34(6):1332-1337.
[7] 李京.色彩选择的毕生发展特点比较研究[J].心理科学,2007,30(4):891-894.
[8] 李文馥.中国城市人爱好色彩的特点——色彩爱好与几种因素的关系[J].心理科学,1990(5):15-21.
[9] 潘煜,高丽,王方华.中国消费者购买行为研究——基于儒家价值观与生活方式的视角[J].中国工业经济,2009(9):77-86.
[10] 王洋.当色彩赋予具体客体后个体对色彩偏好的变化——基于对偶比较法的研究[J].吉林省教育学院学报:下旬,2010(12).
[11] 徐展,闰丹.色彩偏好的性别差异研究进展[J].心理科学,2015,38(2):496-499.
[12] 晏维,柴俊武,倪得兵.自我概念和产品属性对消费者色彩偏好的影响[J].中国管理科学,2013(S2):412-419.
[13] Aaron Ahuvia,阳翼."生活方式"研究综述:一个消费者行为学的视角[J].商业经济与管理,2005(8):32-38.
[14] Aslam M. M.. Are you selling the right colour? A cross-cultural review of colour as a marketing cue [J]. Journal of Marketing Communications, 2006, 12(1): 15-30.
[15] Bakker I., Voordt T., Vink P., et al. Color preferences for different topics in connection to personal characteristics [J]. Color Research and Application, 2015, 40(1): 62-71.
[16] Baniani M., Yamamoto S.. A comparative study on correlation between personal background and interior color preference [J]. Color Research and Application, 2015, 40(4): 416-424.
[17] Dittmar M.. Changing colour preferences with ageing: A comparative study on younger and older native Germans aged 19-90 years [J]. Gerontology, 2001, 47(4): 219-226.
[18] Elliot A. J., Maier M. A. Colorpsychology: Effects of perceiving color on psychological functioning in humans [J]. Annual Review of Psychology, 2014, 65(1): 95-120.
[19] Fairchild M. D. Color appearance models [M]. New York: John Wiley & Sons, 2013.

[20] He W., Zhang Y., Zhu J., et al. Could sex difference in color preference and its personality correlates fit into social theories? Let Chinese university students tell you [J]. Personality and individual differences, 2011, 51(2): 154 - 159.

[21] Khouw N. The meaning of color for gender [J]. Colors Matters-Research, 2002.

[22] Kristjánsson Á., Vuilleumier P., Malhotra P., et al. Priming of color and position during visual search in unilateral spatial neglect [J]. Journal of cognitive neuroscience, 2005, 17(6): 859 - 873.

[23] Ling J., Blades M.. Incidental recall of colour information by children and adults [J]. Applied Cognitive Psychology, 1996, 10(2): 141 - 150.

[24] Manuela, D. Changing Color Preference with aging: A Comparative study on younger and older native Germans aged 19 - 90 years [J]. Gerontology, 2011, 47: 219 - 226.

[25] Patel H., Blades M., Andrade J. Children's incidental learning of the colors of objects and clothing [J]. Cognitive Development, 2001, 16(4): 965 - 985.

[26] Saito M. Comparative studies on color preference in Japan and other Asian regions, with special emphasis on the preference for white [J]. Color Research & Application, 1996, 21(1): 35 - 49.

[27] Schloss K. B., Nelson R., Parker L., et al. Seasonal Variations in Color Preference [J]. Cognitive Science, 2016.

[28] Silver N. C., Mc Culley W. L., Chambliss L. N., et al. Sex and racial differences in color and number preferences [J]. Perceptual and Motor Skills, 1988, 66(1): 295 - 299.

[29] Singh S. Impact of color on marketing [J]. Management Decision, 2006, 44(6): 783 - 789.

[30] Trinkaus J. Color preference in sport shoes: an informal look [J]. Perceptual and Motor Skills, 1991, 73(2): 613 - 614.

[31] Tang, Y. E., and Ingene C. Consumer Expenditure Patterns in China: Food Retailing in Shanghai [R]. Academy of Marketing Science, 2000.

[32] Valdez P., Mehrabian A. Effects of color on emotions [J]. Journal of Experimental Psychology: General, 1994, 123(4): 394.

[33] Zhang Z., Li Y., Gong C., et al. Casual wear product attributes: a Chinese consumers' perspective [J]. Journal of Fashion Marketing and Management: An International Journal, 2002, 6(1): 53 - 62.

第五章 孤独感对产品外观色相偏好影响研究

第一节 引言

孤独感是指个体期望的社会关系联系与实际的社会关系联系间的差值，是一种主观感知到的社会孤立(Peplau & Perlman, 1982)。孤独感与个体社会互动的实际数量和频率并不直接相关，与社会互动的质量更为相关。尽管互联网技术和社交平台的发展使得个体间的社会互动日益方便，但人们的孤独感并未下降。例如，McPherson, Smith-Lovin 和 Brashears(2006)调查发现，美国居民中孤独者的比例从 1985 年的 8.0%增加到 2004 年的 22.6%。同样的趋势也发生在中国，国家统计年鉴显示，近三十年来，家庭结构中一人户的比例不断上升，从 1990 年的 6.34%、2000 年的 8.57%，到 2010 年的 13.67%，再到 2019 年的 18.45%。2014 年我国有超过 6 600 万独居人口，一人户比例从 1990 年的 6%升至 15%。一线城市独居人口比例更高，上海达 1/4，北京达 1/5。自 2020 年初以来，全球绝大部分国家发生了大面积“新冠肺炎”疫情，各国为应对疫情采取的隔离和保持社交距离措施，进一步增加了个体的孤独感。可以预见，孤独的消费者会成为一个巨大的群体并且日益上升，但以往的研究多集中在探讨孤独感和其他心理因素之间的关系，关于孤独感对消费行为的影响的研究较少。在后疫情时代，研究者、公共政策制定者和营销者急需加强对有关孤独消费者的行为研究。

色彩是光波作用于人眼引起的视觉经验，色彩可以影响消费者的看法、感受和行为。许多学科(如神经系统科学、精神物理学、视觉认知、生物学等)利用新科技手段对色彩认知进行了研究，但在市场营销领域关于色彩的研究较少。另外研究发现人们对抽象色彩和具体物品的色彩的偏爱是不同的（Holmes & Buchanan，1984；Julia，2005），性别（Silver，et al.，1988）、文化（Satio，1996）、年龄（Manuela，2001）、性格（Rense，Sigmund，Dallas & Jason，2007）等因素会影响人们对色彩的偏好。回顾相关文献，很少有学者运用心理变量对消费者群体进行划分并探寻其色彩偏好，除此之外还没有学者使用孤独感来区分消费者群体对其进行色彩偏好研究。因此，本研究将尝试探讨孤独感对消费者色彩偏好的影响，并挖掘其背后的营销价值和实践意义。

本章主要分为以下几个部分：上述引言部分是对本章研究的内容、目的、意义的简单介绍；下述，首先回顾孤独感和色彩偏好影响因素两个领域的研究进展，并推导变量间可能的关系，提出研究假设与研究模型；其次将介绍实验设计和实验分析结果，并对研究结果进行解读；最后将综合探讨实验结果、研究的理论贡献和实践意义、研究局限性及进一步可供后续研究参考的问题。

第二节 相关文献综述

一、孤独感研究综述

孤独感是个体由于感觉到社会孤立而形成的一种不愉悦的主观感受（Peplau & Perlman，1982）。以往关于孤独感的研究集中在探讨孤独感对个体心理的负面影响，如抑郁（Weeks，Michela，Peplau & Bragg，1980）、低幸福感（Schumaker，Shea，Monfries & Groth-Marnat，1993）等，以及对个体的生理健康产生的危害，比如心血管疾病（Caspi，Harrington，Moffitt，Milne & Poulton，2006）、免疫力下降（Kiecolt-Glaser et al.，1984；Pressman et al.，2005）等。有少数研究开始探讨孤独感对消费行为的影响，Wang 等（2012）研究发现高孤独感的个体在私人场合下偏好小众的产品（Minority-endorsed），而低孤独感的个体偏好大众的产品（Majority-endorsed），因为这种选择与他们自身的孤独状态匹配；但是若消费产品是公共场合的商品，则高孤独感的个体会转而选择大众的商品，因为高孤独感的个体在公众场合下也喜欢迎合群体的意见以建立社会联结。还有研究发现高孤独感的个体有更强的物质主义追求（Pieters，2013），更偏好拟人化的享乐品（Feng，2016），孤独感会降低个体对含有功能风险的新产品、非透明包装的产品和概率促销的评价(陈瑞,郑毓煌,2015),高孤独感的个体更容易受到防御框架广告(强调"避害")的说服(文思思等,2017)等。此外,孤独感在一些研究中也起着重要的调节作用。例如 Orth, Cornwell, Ohlhoff 和 Naber(2017)发现,孤独感越高的个体,品牌视觉元素中出现人脸对其品牌喜爱度的影响越大。

以上研究主要从人际互动和感知控制感缺失的角度出发,但仍有一些重要的且可能被孤独感影响的消费者行为变量未被考虑,例如,色彩的选择。随着高孤独感个体数量的增多,哪类色彩对个体的孤独感有缓解作用,这是实务界非常关心,也是理论界有待回答的问题。

二、色彩偏好影响因素研究综述

20 世纪初期对于色彩偏好的研究多集中于调查人们的色彩偏好趋向,这个时期研究的对象只是抽象的色彩,方法多为调查法。1926 年今田先生以六枚色纸为实验材料,考察了青少年对色彩偏好的倾向(淹本孝雄,藤沢昭,1989)。Eysenck(1941)综合前人的研究,发现人们对色彩的偏好有着基本相同的顺序:蓝色、红色、绿色、紫色、橙色、黄色。随着对色彩研究的深入,研究对象从抽象色彩拓展为具体的物品色彩。研究发现性别、文化、年龄、性格等因素会影响人们对色彩的偏好。性别上,女孩比男孩更喜欢粉红色,而男孩比女孩更喜欢蓝色(Burkitt, 2003; Silver, et al., 1988);对于老年人来讲,女性比男性更喜欢黑色和紫色,男性喜欢红色胜过粉色,女性喜欢红色与粉色一样多(Silver & Ferrante, 1995)。文化上,研究发现文化影响色彩偏好,色彩偏好存在跨文化的差异性与一致性(张增慧等,1990;Satio, 1996; Thomas, 2000)。年龄上,人们在幼儿时期普遍偏好鲜艳的色彩,如红色、黄色,成年后最喜爱蓝色,最不喜爱黄色(Eysenck, 1941; Manuela, 2001),随着年龄的继续增大,对蓝色的喜爱会平稳地下降,对绿色、红色的喜爱逐渐增加(李京,2007; Manuela, 2001)。性格上,研究者从不同角度证明了色彩偏好能很好地反映一个人的性格(Rense, et al., 2007;徐爱兵,2009),有研究发现一些人格特质会影响色彩偏好(李吉品,2009;黎耀明,1995; Ling, Johnson & Hurlbert, 2007)。运用心理变量对人群进行划分并探寻其色彩偏好的研究较少,晏维等(2013)运用自我概念对人群进行划分并研究自我概念对消费者冷暖色调偏好的影响,发现独立自我群体相比互依自我群体更偏好有色相的产品,并且更偏好有暖色调的产品。除此之外,还没有学者使用孤独感来区分消费者群体并研究孤独感对消费者冷暖色调偏好的影响。

第三节 研究假设与研究模型

在色彩的三个属性——色相、明度和饱和度中，色相是色彩的首要特征，是区别各种不同色彩最准确的标准。在色相环上，红色、橙色、黄色常常使人联想到旭日东升和燃烧的火焰，有温暖的感觉，因此被归为暖色调；蓝色、青色常常使人联想到大海、晴空、阴影，有寒冷的感觉，因此被归为冷色调(Israel, 1997)。基于冷暖色彩给人的截然不同的感觉，之前的学者推断冷暖色彩会影响人们的心理状态和情绪。研究结果发现，暖色能增进人的兴奋感(Schaie & Heiss, 1964)，引向积极状态和外显倾向(Aaronson, 1997)；而冷色能够提高人们的安全感(Sharpe, 1997)。Walter 等(1982)的研究发现，长波长的色彩(如红色、橙色、黄色)具有更高的唤醒程度。本章将选择红色、橙色和黄色作为暖色调色彩的代表，绿色、蓝色和紫色作为冷色调色彩的代表来进行研究。

孤独感是指个体期望的社会关系联系与实际的社会关系联系间的差值，是一种主观感知到的社会孤立(Peplau & Perlman, 1982)。控制感是个体对自己的能力、努力等内在因素在影响和决定外部事物发展过程中的作用的认识和评价。以往的研究表明，孤独感将导致感知控制缺失，同时，较低的控制感会导致自我威胁的感知(郑晓莹，彭泗清，2014)；跨领域的补偿型消费理论表明，感受到自我威胁时，消费者更偏好高强度的感官消费(Batra & Ghoshal, 2017)，即孤独感较强的个体控制感较低，相较于冷色调，控制感低的个体更偏好高唤醒度的暖色调。因此，我们提出假设：

H5-1A：孤独感水平越高的个体越偏好暖色调的产品。

H5-2A：控制感水平越低的个体越偏好暖色调的产品。

然而，另有学者研究表明人们倾向于选择与自己的情绪相符合的色彩(Collier, 1996)。基于情感联觉理论，特定的感知刺激可以激发相应的情绪反应。色彩的直接心理效应来自色彩的物理光刺激对人的生理产生的影响，色彩不仅被视觉认知，而且会凭着这种认知产生一系列的生理、心理上的变化，这种变化还影响着人的情感波动、情绪变化，这是一种色彩联觉。红色常常被视为高唤醒的、令人激动的和兴奋的色彩(Bellizzi et al., 1983; Clarke & Costall, 2007; Crowley, 1993; Gorn et al., 1997, 2004; Murray & Deabler, 1957; Walter et al., 1982; Wexner, 1954; Wilson, 1966);橙色同样是高唤醒和令人激动的色彩,但程度比红色低(Wexner, 1954),同时橙色也是具有生机的、有活力的、外向的色彩(Mahnke, 1996);黄色象征着乐观、外向和友好(Fraser & Banks, 2004; Odbert et al., 1942; Wright, 1988);蓝色给人带来安全感(Murray & Deabler, 1957);绿色使人首先联想到自然,因此带来安全感(Kaya & Epps, 2004);紫色给人带来可靠的感觉(Mahnke, 1996)。因此,孤独感较强(控制感较低)的个体,相较于暖色调,更加偏好符合自己情绪的冷色调。根据上述不同的理论观点,我们提出与 H5 - 1A、H5 - 2A 相互竞争的假设:

H5 - 1B: 孤独感水平越高的个体越偏好冷色调的产品。

H5 - 2B: 控制感水平越低的个体越偏好冷色调的产品。

以往研究表明个体的孤独感越高,越感觉到自己对生活、外界事件发生缺乏控制。孤独感导致控制感缺失的原因可能是焦虑、抑郁和低自我效能(Moore & Schultz, 1987)。根据上述观点,我们提出假设:

H5 - 3: 孤独感水平越高的个体,其感知控制感越低。

H5 - 4: 控制感在孤独感对产品冷暖色调偏好的影响中起中介作用。

独处偏好可以反映孤独的人寻求社交链接的动机的强弱。孤独感水平高的人的特征之一是积极寻求重新建立社交联系。归属感与生活满意度正相关(Martin & Hill, 2012; Ryan & Deci, 2000),当归属感降低时,人们会感受到孤独并且会为减轻社会孤立的痛苦而付出努力。然而,由于曾经在人际交往中获得伤害,孤独感水平高的人往往对人际交往抱有消极态度,从而花费更多的时间独处(Cacioppo, Norris, Decety, Monteleone & Nusbaum, 2008)。当孤独的人在寻求归属感上重复失败时,寻求建立社交联系的动机将被减弱(Shaver & Mikulincer, 2006)。因此,孤独感将激发两种对立的需求: 寻求亲密关系的同时有避免人际交往的倾向(Turkle, 2011)。基于上述理论,本章将引入独处偏好作为调节变量,研究独处偏好的程度在孤独感对消费者冷暖色调偏好的影响中是否具有调节作用。根据上述内容,我们提出假设:

H5 - 5: 独处偏好调节孤独感对产品冷暖色调偏好的影响。

Weiss(1973)提出孤独感包括社交孤独和情感孤独两个维度。其中,社交孤独是由于缺乏社交网络,对目前的朋友关系、同事关系和同学关系等非亲密关系感到不满意而形成社交孤立的孤独；情感孤独是缺少一种相对持久的、能给予个体情感和安全的亲密关系（如恋人关系、知己关系和亲属关系等），或对已经存在的亲密关系感到不满意而导致的情感孤立的孤独。通常社会关系相对于亲密关系更加容易获得，因此亲密关系的缺失往往比社会关系的缺失更加令人痛苦。社交孤独和情感孤独在形成原因、对行为的预测等方面均存在差异，因此本章将在研究一般孤独感对消费者冷暖色调偏好影响的基础上，进一步将孤独感细分为社交孤独和情感孤独，研究其对消费者冷暖色调偏好的影响是否存在差异。

根据产品的某些特征可以将产品分为享乐型产品和实用型产品。享乐型产品强调体验过程，以产生快乐体验或者自我表现为主，但不是生活必需品（Hirshman & Holbrook，1982）。实用性产品强调功能或绩效，以带来实际功能价值为主，往往为生活必需品（Strahilevitz & Myers，1998）。晏维等（2013）的研究表明，消费者对产品的色彩偏好主要依赖其自我概念的特征，而受产品属性的影响不显著。因此，本研究将同时选择享乐品和实用品作为研究对象以期增加实验结果的普适性。

本章的研究内容主要包括：(1) 孤独感的水平对产品冷暖色调偏好和控制感水平的影响，其中孤独感细分为一般孤独感、社交孤独和情感孤独，产品类型分为享乐品和实用品；(2) 考察了控制感作为中介变量对于产品冷暖色调偏好的影响；(3) 研究独处偏好作为调节变量在这个过程中的调节作用。构建的模型如图 5-1 所示。

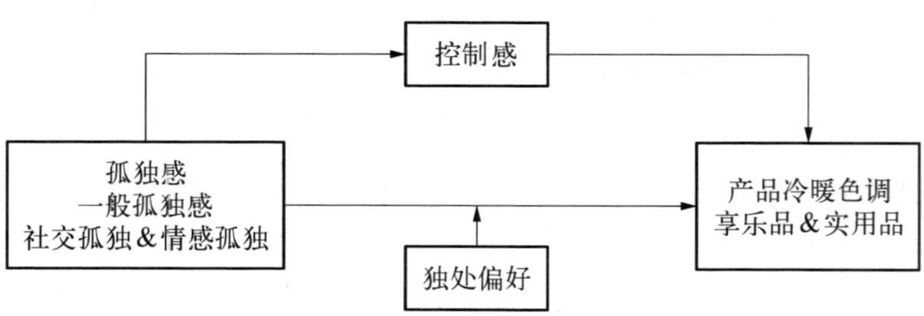

图 5-1　研究模型

本研究的假设归纳如下：

H5-1A：孤独感水平越高的个体越偏好暖色调的产品。

H5-1B：孤独感水平越高的个体越偏好冷色调的产品。

H5-2A：控制感水平越低的个体越偏好暖色调的产品。

H5－2B：控制感水平越低的个体越偏好冷色调的产品。

H5－3：孤独感水平越高的个体，其感知控制感越低。

H5－4：控制感在孤独感对产品冷暖色调偏好的影响中起中介作用。

H5－5：独处偏好调节孤独感对产品冷暖色调偏好的影响。

第四节 研究设计

首先，假设被试需要购买笔记本或音乐播放器，有6种不同外观色彩的笔记本和音乐播放器供被试选择。色彩分别为红色、橙色、黄色、绿色、蓝色和紫色，各色彩只有色相上的差别，饱和度和明度相同，且6种色彩出现顺序随机。笔记本作为实用型产品的代表，音乐播放器作为享乐型产品的代表。被试将看到描述"假设您现在看中一款笔记本，携带方便，纸质顺滑且不透墨，是学习和工作的必备之选"和"另外您现在还看中一款音乐播放器，音质完美，携带轻便，让您能够随时随地地沉浸在音乐世界"。被试在进行购买决策之后根据实用型产品和享乐型产品的定义对实验刺激物的产品类型进行评分。采用7级里克特量表，1表示完全实用型产品，7表示完全享乐型产品。之后测量被试对6种色彩冷暖的心理感知，采用两个7级里克特量表，描述分别为"这种色彩给我感觉很暖和，很热烈"和"这种色彩给我感觉很清冷，很宁静"。前者的分数为"暖和分数"，后者的分数为"清冷分数"，采用("暖和分数"－"清冷分数")/2来计算其结果。同时测量被试对这6种色彩的喜爱程度。

随后测量被试的孤独感、控制感和独处偏好。一般孤独感的测量采用UCLA孤独感量表中的8个题项，即ULS－8量表，Hay和DiMatteo(1987)检验了量表的信度和效度，王向东等(1999)对量表进行了翻译。将反向题项反向计分后，每个条目的得分相加，高分表示孤独程度高。同时测量被试的社交孤独和情感孤独，采用Wittenberg编制、王向东等翻译的感情与社交孤独量表，将反向题项反向计分后，分别相加社交孤独和情感孤独的题项得分，高分表示孤独程度高。控制感的测量采用李静(2012)修订的由Lachman和Weaver(1998)编制的控制感问卷。该量表包含个人控制感和限制感两个维度，将"限制感"分量表的所有题目进行反向计分，然后将被试在两个分量表中得到的得分分别标准化后再求和，得到控制感的标准分——得分越高，表示控制感水平越高。独处偏好的测量采用 Burger(1995)编制、陈晓等(2012)修订的独处偏好量表。该量表包括三个因子,分别是独处需要、独处价值和独处方式,12 个条目的总分代表个体的独处偏好高低。

最后让被试完成人口统计学题项,以测量被试的年龄和性别。

第五节 数据分析与研究发现

一、实验结果

(一) 产品属性感知操控检验

本研究使用 SPSS22.0 对问卷结果进行分析。本次调研共收到 105 份答卷,剔除一个具有色觉障碍的个体,剩 104 份有效答卷,其中男性 31 人,女性 73 人,91%的被试年龄为 18～25 岁。产品属性的心理感知检验显示,被试对于刺激物是属于享乐型产品还是实用型产品的心理感知符合预期假设。其中,笔记本属于实用型产品 ($M=3.11$, $Sd=1.230$, $N=104$),音乐播放器属于享乐型产品 ($M=4.65$, $Sd=1.378$, $N=104$)。且两刺激物的产品属性感知差异性显著 ($M_{笔记本}=3.11<M_{音乐播放器}=4.65$, $t=-8.378$, $P<0.05$)。结果表示被试对于笔记本属于实用型产品,音乐播放器属于享乐型产品都表示支持,符合预期。

(二) 色彩冷暖感知操控检验

被试对 6 种色彩的冷暖心理感知检验结果显示每种色彩的冷暖心理感知符合预期假设。其中,红色 ($M=1.81$, $N=104$),橙色($M=1.42$, $N=104$),黄色($M=1.07$, $N=104$),蓝色($M=-1.48$, $N=104$),绿色($M=-0.47$, $N=104$),紫色($M=-0.25$, $N=104$)。将红色、橙色和黄色归为暖色系,将蓝色、绿色和紫色归为冷色系。被试对冷色系和暖色系的心理感知差异显著($M_{暖色系}=1.43>M_{冷色系}=-0.73$, $t=16.927$, $P=0.000<0.05$),符合预期假设。

(三) 孤独感对产品冷暖色调偏好的影响

根据被试对 6 种色彩冷暖的心理感知,将实用型产品和享乐型产品的色彩选择进行编码,1=蓝色 ($M=-1.48$), 2=绿色($M=-0.47$), 3=紫色($M=-0.25$), 4=黄色($M=1.07$), 5=橙色($M=1.42$), 6=红色($M=1.81$)。色彩选择变为定序变量，数值越高越温暖。

首先检验被试对实用型产品（笔记本）和享乐型产品（音乐播放器）的冷暖色调偏好有无显著性差异。结果显示，被试在实用品和享乐品的冷暖色调的选择上差异显著（$M_{实用品}=2.95$，$M_{享乐品}=3.86$，$t=-3.76$，$P=0.000<0.05$），实用品倾向于选择冷色调，享乐品倾向于选择暖色调。与预期假设产品属性对于冷暖色调的偏好没有显著影响不符，因此后续分析将分别把实用品冷暖色调偏好和享乐品冷暖色调偏好作为因变量进行分析。

将自变量即一般孤独感、社会孤独和情感孤独分别与因变量即实用品冷暖色调偏好、享乐品冷暖色调偏好进行 Spearman 相关性分析。结果显示，一般孤独感与实用品冷暖色调偏好之间没有显著的相关性（Spearman 系数 $=-0.148$，$P=0.134$），一般孤独感与享乐品冷暖色调偏好显著负相关（Spearman 系数 $=-0.194$，$P=0.049<0.05$），孤独感水平越高，越偏好冷色调。社会孤独与实用品冷暖色调偏好选择之间没有显著的相关性（Spearman 系数 $=-0.118$，$P=0.233$），社会孤独与享乐品冷暖色调偏好选择显著负相关（Spearman 系数 $=-0.194$，$P=0.049<0.05$），社会孤独感水平越高越偏好冷色调。情感孤独与实用品冷暖色调偏好选择之间没有显著的相关性（Spearman 系数 $=-0.116$，$P=0.240$），情感孤独与享乐品冷暖色调偏好选择显著负相关（Spearman 系数 $=-0.224$，$P=0.023<0.05$），情感孤独感水平越高越偏好冷色调。相较于社会孤独，情感孤独水平与享乐品的冷暖色调偏好间的相关性更强。

综上所述，当产品属性为享乐型产品时，“H5 - 1B：孤独感水平越高的个体越偏好冷色调的产品”得到验证；当产品属性为实用型产品时，个体的孤独感水平与产品冷暖色调偏好间没有显著的相关性。

（四）控制感在孤独感对产品冷暖色调偏好影响中的中介作用

由于一般孤独感、社会孤独和情感孤独与实用品的冷暖色调偏好之间均没有显著的相关性，因此在分析控制感的中介作用时，仅分析控制感在一般孤独感、社会孤独和感情孤独对享乐品的冷暖色调偏好影响的中介作用。因变量享乐品的冷暖色调偏好为 6 项有序变量，根据刘红云等（2013）的研究，当因变量的类别数较多（5 及以上）时，可考虑使用通常线性回归的分析方法。本章应用温忠麟等人在 2004 年提出的方法来验证控制感的中介效应。

首先分析控制感在一般孤独感对享乐品冷暖色调偏好影响中的中介作用，

中介效应分析的结果如表 5－1 所示。

表 5－1　控制感在一般孤独感对享乐品冷暖色调偏好影响中的中介效应分析结果

自变量＼因变量	模型 1：$Y = cX + e_1$	模型 2：$M = aX + e_2$	模型 3：$Y = c'X + bM + e_3$
	享乐品冷暖色调偏好	控制感水平	享乐品冷暖色调偏好
截距项	5.084*** (0.697)	3.554*** (0.483)	4.238*** (0.855)
一般孤独感水平	$c = -0.044$* (0.024)	$a = -0.125$*** (0.016)	$c' = -0.014$ (0.029)
控制感水平	— —	— —	$b = 0.238$* (0.142)
N	104	104	104
R^2	0.032	0.365	0.058
F 统计量	3.373*	58.505***	3.128**

注：* 表示 $p<0.1$，** 表示 $p<0.05$，*** 表示 $p<0.01$；括号中为回归系数的标准误。

由表 5－1 可知，对于方程 $Y=cX+e_1$，c 值在 90％ 的置信区间上显著($t=-1.837$，$p=0.069<0.1$)，故 X 与 Y 存在较高的负相关，即一般孤独感水平越高，越偏好冷色调的享乐品，“H5－1B：孤独感水平越高的个体越偏好冷色调的产品”在产品类型为享乐品时得到验证。

对于方程 $M=aX+e_2$，a 值显著($t=-7.649$，$p=0.000<0.01$)，故 X 与 M 存在较高的负相关，即一般孤独感水平越高，感知控制感越低，“H5－3：孤独感水平越高的个体，其感知控制感越低”得到验证。

根据温忠麟等(2014)的验证模型，b 值在 90％的置信区间上也显著($t=1.680$，$p=0.096<0.1$)，“H5－2B：控制感水平越低的个体越偏好冷色调的产品”在产品类型为享乐品时得到验证，同时可以得知控制感确实起到了一定的中介效应。通过对 c' 显著性的检验，发现 c' 值并不显著($t=-0.463$，$p=0.664$)，故控制感起到了完全中介效应的作用，即一般孤独感通过控制感来影响享乐品冷暖色调的偏好。“H5－4：控制感在孤独感对产品冷暖色调偏好的影响中起中介作用”在产品类型为享乐品时得到验证。

之后分析在社会孤独对享乐品冷暖色调偏好的影响中控制感的中介作用，中介效应分析的结果如表 5－2 所示。

表 5－2　　控制感在社会孤独对享乐品冷暖色调偏好影响中的中介效应分析结果

自变量＼因变量	模型 1：$Y = cX + e_1$	模型 2：$M = aX + e_2$	模型 3：$Y = c'X + bM + e_3$
	享乐品冷暖色调偏好	控制感水平	享乐品冷暖色调偏好
截距项	5.166^{***} (0.689)	2.884^{***} (0.522)	4.532^{***} (0.778)
社会孤独水平	$c = -0.085^{**}$ (0.043)	$a = -0.185^{***}$ (0.032)	$c' = -0.044$ (0.049)
控制感水平	— —	— —	$b = 0.220$ (0.130)
N	104	104	103
R^2	0.037	0.245	0.064
F 统计量	3.942^{**}	33.060^{***}	3.446^{**}

注：* 表示 $p<0.1$，** 表示 $p<0.05$，*** 表示 $p<0.01$；括号中为回归系数的标准误。

由表 5－2 可知，对于方程 $Y=cX+e_1$，c 值显著（$t=-1.986$，$p=0.050$），故 X 与 Y 存在较高的负相关，即社会孤独水平越高，越偏好冷色调的享乐品，“H5－1B：孤独感水平越高的个体越偏好冷色调的产品”在孤独感的类型为社会孤独、产品类型为享乐品时得到验证。

对于方程 $M=aX+e_2$，a 值显著（$t=-5.750$，$p=0.000<0.05$），故 X 与 M 存在较高的负相关，即社会孤独水平越高，感知控制感越低，“H5－3：孤独感水平越高的个体，其感知控制感越低”在孤独感类型为社会孤独时得到验证。

根据温忠麟等（2014）的验证模型，b 值在 90%的置信区间上也显著（$t=1.696$，$p=0.093<0.1$），“H5－2B：控制感水平越低的个体越偏好冷色调的产品”在产品类型为享乐品时得到验证，同时可以得知控制感确实起到了一定的中介效应。通过对 c' 显著性的检验，发现 c' 值并不显著（$t=-0.902$，$p=0.369$），故控制感起到了完全中介作用，即社会孤独通过控制感来影响享乐品冷暖色调的偏好。“H5－4：控制感在孤独感对产品冷暖色调偏好的影响中起中介作用”在孤独感类型为社会孤独、产品类型为享乐品时得到验证。

最后分析控制感在情感孤独对享乐品冷暖色调偏好影响中的中介作用，中介效应分析的结果如表 5－3 所示。

表 5－3　控制感在情感孤独对享乐品冷暖色调偏好影响中的中介效应分析结果

自变量＼因变量	模型 1：$Y=cX+e_1$	模型 2：$M=aX+e_2$	模型 3：$Y=c'X+bM+e_3$
	享乐品冷暖色调偏好	控制感水平	享乐品冷暖色调偏好
截距项	5.195*** (0.637)	1.627*** (0.531)	4.833*** (0.657)
情感孤独水平	$c=-0.072$** (0.033)	$a=-0.087$*** (0.027)	$c'=-0.053$ (0.034)
控制感水平	— —	— —	$b=0.222$* (0.117)
N	104	104	104
R^2	0.046	0.091	0.079
F 统计量	4.889**	10.223***	4.307**

注：* 表示 $p<0.1$，** 表示 $p<0.05$，*** 表示 $p<0.01$；括号中为回归系数的标准误。

由表 5－3 可知，对于方程 $Y=cX+e_1$，c 值显著（$t=-2.211$，$p=0.029<0.05$），故 X 与 Y 存在较高的负相关，即情感孤独水平越高，越偏好冷色调的享乐品，“H5－1B：孤独感水平越高的个体越偏好冷色调的产品”在孤独感的类型为情感孤独、产品类型为享乐品时得到验证。

对于方程 $M=aX+e_2$，a 值显著（$t=-3.197$，$p=0.002<0.05$），故 X 与 M 存在较高的负相关，即情感孤独水平越高，感知控制感越低，“H5－3：孤独感水平越高的个体，其感知控制感越低”在孤独感类型为情感孤独时得到验证。

根据温忠麟等（2014）的验证模型，b 值在 90% 的置信区间上也显著（$t=1.897$，$p=0.061<0.1$），“H5－2B：控制感水平越低的个体越偏好冷色调的产品”在产品类型为享乐品时得到验证，同时可以得知控制感确实起到一定的中介效应。通过对 c' 显著性的检验，发现 c' 值并不显著（$t=-1.562$，$p=0.121$），故控制感起到完全中介效应的作用，即一般孤独感通过控制感来影响享乐品冷暖色调的偏好。“H5－4：控制感在孤独感对产品冷暖色调偏好的影响中起中介作用”在孤独感类型为情感孤独、产品类型为享乐品时得到验证。

综上所述，当产品属性为享乐型产品时，H5－1B、H5－2B、H5－3 和 H5－4 均得到验证，即控制感在孤独感对享乐品色彩冷暖色调偏好的影响中起到了完全中介作用，且孤独感水平越高，控制感水平越低，越偏好冷色调的享乐型产品。“H5－1A：孤独感水平越高的个体越偏好暖色调的产品”和“H5－2A：控制感水平越低的个体越偏好暖色调的产品”没有得到验证。

(五) 独处偏好在孤独感对产品冷暖色调偏好影响中的调节作用

由于一般孤独感、社会孤独和情感孤独与实用品的冷暖色调偏好之间均没有显著的相关性，因此在分析独处偏好的调节作用时，仅分析独处偏好对一般孤独感、社会孤独和情感孤独对享乐品的冷暖色调偏好影响的调节作用。

首先，分析在一般孤独感对享乐品冷暖色调偏好的影响中独处偏好的调节作用。将自变量一般孤独感和调节变量独处偏好进行中心化，调节效应分析的结果如表 5－4 所示。

表 5－4　在一般孤独感对享乐品冷暖色调偏好的影响中独处偏好的调节效应分析结果

自变量 \ 因变量	模型 1	模型 2
	享乐品冷暖色调偏好	享乐品冷暖色调偏好
截距项	3.856* (0.199)	3.873* (0.210)
一般孤独感中心化	−0.048 (0.025)	−0.048 (0.025)
独处偏好中心化	0.037 (0.073)	0.035 (0.074)
一般孤独感中心化 * 独处偏好中心化	— —	−0.002 (0.008)
N	104	104
R^2	0.034	0.035
F 统计量	1.802	1.213

注：* 表示 $p<0.1$，** $p<0.05$，*** 表示 $p<0.01$；括号中为回归系数的标准误。

由上述分析结果可知，模型 1 的测定系数 $R1^2=0.034$，模型 2 的测定系数

$R2^2=0.035$，因为$R2^2$没有显著大于$R1^2$，且因子一般孤独感中心化×独处偏好中心化的 P 值为 0.793，所以独处偏好没有显著的调节效应。“H5－5：独处偏好调节孤独感对产品冷暖色调偏好的影响”在产品类型为享乐型产品时没有得到验证。

其次，分析在社会孤独对享乐品冷暖色调偏好的影响中独处偏好的调节作用。将自变量社会孤独和调节变量独处偏好进行中心化，调节效应分析的结果如表 5－5 所示。

表 5－5　在社会孤独对享乐品冷暖色调偏好的影响中独处偏好的调节效应分析结果

自变量 \ 因变量	模型 1	模型 2
	享乐品冷暖色调偏好	享乐品冷暖色调偏好
截距项	3.856* (0.198)	3.855* (0.208)
社会孤独中心化	−0.091* (0.045)	−0.091* (0.046)
独处偏好中心化	0.033 (0.072)	0.033 (0.073)
社会孤独中心化×独处偏好中心化	— —	0.000 (0.015)
N	104	104
R^2	0.039	0.039
F 统计量	2.060	1.360

注：* 表示 $p<0.1$，** 表示 $p<0.05$，*** 表示 $p<0.01$；括号中为回归系数的标准误。

由上述分析结果可知，模型 1 的测定系数 $R1^2=0.039$，模型 2 的测定系数 $R2^2=0.039$，因为$R2^2$没有显著大于$R1^2$，且因子社会孤独中心化×独处偏好中心化的 P 值为 0.989，所以独处偏好没有显著的调节效应。“H5－5：独处偏好调节孤独感对产品冷暖色调偏好的影响”在孤独感类型为社会孤独、产品类型为享乐型产品时没有得到验证。

最后，分析在情感孤独对享乐品冷暖色调偏好的影响中独处偏好的调节作用。将自变量情感孤独和调节变量独处偏好进行中心化，调节效应分析的结果如表 5 - 6 所示。

由上述分析结果可知，模型 1 的测定系数 $R1^2=0.047$，模型 2 的测定系数 $R2^2=0.050$，因为 $R2^2$ 没有显著大于 $R1^2$，且因子情感孤独中心化×独处偏好中心化的 P 值为 0.616，所以独处偏好没有显著的调节效应。“H5 - 5：独处偏好调节孤独感对产品冷暖色调偏好的影响”在孤独感类型为情感孤独、产品类型为享乐型产品时没有得到验证。

综上所述，当产品属性为享乐型产品时，独处偏好在孤独感对享乐品冷暖色调的偏好的影响中没有显著的调节作用，即 H5 - 5 没有得到验证。

表 5 - 6　情感孤独对享乐品冷暖色调偏好的影响中独处偏好的调节效应分析结果

自变量 \ 因变量	模型 1	模型 2
	享乐品冷暖色调偏好	享乐品冷暖色调偏好
截距项	3.856* (0.197)	3.877* (0.203)
情感孤独中心化	−0.076* (0.034)	−0.073* (0.034)
独处偏好中心化	0.028 (0.071)	0.024 (0.071)
情感孤独中心化 * 独处偏好中心化	— —	−0.005 (0.010)
N	104	104
R^2	0.047	0.050
F 统计量	2.502	1.740

注：* 表示 $p<0.1$，** 表示 $p<0.05$，*** 表示 $p<0.01$；括号中为回归系数的标准误。

二、实验结果讨论

实验结果显示，被试在实用型产品和享乐型产品的冷暖色调偏好上存在显著性差异，选择实用型产品时更偏好冷色调，选择享乐型产品时更偏好暖色调。控制感在孤独感对享乐品冷暖色调偏好的影响中起到了完全中介作用，且孤独感水平越高，控制感水平越低，越偏好冷色调的享乐品。相较于社会孤独，情感孤独与享乐品冷暖色调偏好间的相关性更强。孤独感与实用品冷暖色调偏好间没有显著的相关性。独处偏好在孤独感对产品冷暖色调偏好的影响中没有起到显著的调节作用。

被试在实用型产品和享乐型产品的冷暖色调偏好上存在显著性差异，选择实用型产品时更偏好冷色调，选择享乐型产品时更偏好暖色调，与预期假设不符。马京晶等(2008)研究发现消费者对于不同属性(享乐性或实用性)的产品会存在不同的评价及态度。Dhar 和 Wertenbroch(2008)发现消费者会受到刺激、体验、愉悦和追求身份地位等因素的驱动购买享乐型产品，他们更看重带来的心理感受，暖色能够激发人的兴奋、积极进取的愉悦情绪(Schaie & Heiss, 1964)，因此对于享乐型产品来说消费者更容易选择暖色调的产品。后续研究可将产品属性作为调节变量，研究不同的产品属性对于消费者的冷暖色调偏好是否有影响。

孤独感与享乐型产品的冷暖色调偏好间存在显著的相关性，与实用型产品的冷暖色调偏好间没有显著的相关性。根据产品属性的定义——享乐型产品以产生快乐体验为主而实用型产品以带来实际功能价值为主，可推断享乐型产品与人的情绪和情感状态联系更加紧密，因此作为情绪状态之一的孤独感对享乐型产品的冷暖色调偏好存在影响，而对实用型产品的冷暖色调偏好没有显著影响。同时社会关系相对于亲密关系更加容易获得，因此亲密关系的缺失往往比社会关系的缺失更加令人痛苦，即情感孤独相对于社交孤独是一种更深层次的情绪，所以情感孤独对人的行为可能产生更大的影响。

第六节 研究结论、启示与展望

本研究重点探讨了孤独感对产品冷暖色调偏好的影响，并将孤独感进一步细分为一般孤独感、社交孤独和情感孤独，将产品根据属性分为实用型产品和享乐型产品，同时探讨了控制感的中介效应和独处偏好的调节效应。研究结论发现：对于享乐型产品，孤独感水平高的个体更偏好冷色调的产品，控制感起完全中介作用，独处偏好没有显著的调节效应。对于实用型产品，孤独感与产品的冷暖色调偏好间没有显著的相关性。

本研究的理论贡献在于：一方面，以往学者关于孤独感的研究多集中在研究孤独感和其他心理因素间的关系，而关于孤独感对消费行为影响的研究较少。另一方面，以往学者对于色彩偏好的研究通常是依据年龄、性别等外在特征变量进行群体区分，而依据心理变量区分消费者群体进而研究不同群体的消费行为的研究较少。本研究将孤独感与色彩冷暖色调偏好联系起来，弥补了相关的理论缺陷。同时，本研究也具有一定的实践意义：企业在进行产品色彩的选择时，应综合考虑产品的属性和目标消费群体的孤独感水平，在满足目标消费者对产品的功能需求的同时满足消费者购买和使用产品时的心理需求。

此外，本研究还存在着较大的局限性及后续研究问题：第一，样本的普适性问题。本研究的样本数量较少(104 份有效答卷)，并且主要年龄段为 18～25 岁，样本的代表性有限，后续研究可以扩充样本量和增加其他年龄阶层，甚至研究不同年龄阶层是否在孤独感对色彩冷暖色调偏好的影响上存在差异；同时考虑到文化会影响色彩偏好，后续研究可以增加来自不同文化背景的被试。第二，产品的代表性问题。虽然本研究中被试对刺激物的产品属性感知符合预期，但实用型产品的平均感知分数为 3.11，接近中间值 3.5，后续研究可以选用多种其他产品来代表实用型产品和享乐型产品，以增加研究结论的稳定性。第三，本研究仅通过改变产品色彩的色相来改变色彩冷暖感知，没有研究明度和饱和度是否会影响孤独感对产品冷暖色调的偏好，后续研究可以纳入明度和饱和度这两个维度进行更加全面的探讨。第四，仅将孤独感作为一种个体特征来研究。Young(1982)认为孤独感有三个维度：长期性孤独、情境性孤独和暂时性孤独。孤独感可以是个体特征，也可以是一种临时的情景状态，本研究仅将孤独感作为一种个体特征来研究，后续研究可以进一步探索作为个体特征的孤独感和作为临时的情景状态的孤独感是否在对色彩冷暖色调偏好的影响上存在差异。

参 考 文 献

[1] 陈瑞，郑毓煌.孤独感对不确定消费偏好的影响：新产品、产品包装和概率促销中的表现[J].心理学报，2015，47(8)：1067－1076.

[2] 陈晓，宋欢庆，黄昕.中文版《独处偏好量表》的信效度检验[J].中国健康心理学杂志，2012，20(2)：307－310.

[3] 黎耀明，陈进贵，薛龙增，李宏建.个性与色彩爱好的差异[J].海军医高专学，1995，17(4)：265.

[4] 李京.色彩选择的毕生发展特点比较研究[J].心理科学，2007，30(4)：891－894.

[5] 李静.不同社会阶层对贫富差距的归因倾向研究[D].华中师范大学博士学位论文,2012.

[6] 李吉品.高校女教师着装特点及其与人格特征的关系研究[D].东北师范大学硕士学位论文.

[7] 刘红云,骆方,张玉,张丹慧.因变量等级变量的中介效应分析[J].心理学报,2013,45(12):1431-1442.

[8] 马京晶,马欣昕,张黎。选择与放弃中队产品使用和享乐性的不同偏好——以电脑光盘和音乐CD为例[J].营销科学学报,2008,4(1):87-107.

[9] 王向东,王希林,马弘主编.心理卫生评定量表手册(增订版)[M].北京:中国心理卫生杂志出版社,1999.286-287.

[10] 文思思,李东进,郑晓莹.广告信息框架与消费者孤独感交互影响广告说服力的研究[J].管理学报,2017,14(12):1819-1828.

[11] 徐爱兵.色彩与人格——人工神经网络在心理测验中的应用研究[D].苏州大学硕士学位论文,2009.

[12] 淹本孝雄,藤英昭.色彩心理学(成同社,区和坚编译)[M].北京:科学技术文献出版社,1989.

[13] 晏维,柴俊武,倪得兵.自我概念和产品属性对消费者色彩偏好的影响[J].中国管理科学,2013,21(11):412-419.

[14] 张增慧,林仲贤.3～6岁壮族儿童色彩命名及色彩爱好的实验研究[J].心理科学,1990,13:48-49.

[15] 郑晓莹,彭泗清.补偿型消费行为:概念、类型与心理机制[J].心理科学进展,2014,22(9):1513-1520.

[16] Aaronson B.. Some affective stereotypes of color [J]. International Journal of Symbology, 1997, 2: 15-27.

[17] Batra R. K., T. Ghoshal, R. Raghunathan. You are what you eat: An empirical investigation of the relationship between spicy food and aggressive cognition [J]. Journal of Experimental Social Psychology, 2017, 71: 42-48.

[18] Burger J. M.. Individual differences in preference for solitude [J]. Journal of Research in Personality, 1995, 29(1): 85-108.

[19] Burkitt, E., Barrett, M., & Davis, A.. Children's color choices for completing drawings of affectively characterized topics [J]. Journal of Child Psychology and Psychiatry, 2003, 44: 445-455.

[20] Caspi, A., Harrington, H., Moffitt, T. E., Milne, B. J., & Poulton, R.. Socially isolated children 20 years later: Risk of cardiovascular disease

[J]. Archives of Pediatric and Adolescent Medicine, 2006, 160: 805-811.
[21] Bellizzi, J. A., Crowley, A. E., & Hasty, R. W.. The effects of color in store design [J]. Journal of Retailing, 1983, 59(1): 21-45.
[22] Cacioppo, J. T., Norris, C. J., Decety, J., Monteleone, G., & Nusbaum, H.. In the eye of the beholder: Individual differences on perceived social isolation predict regional brain activation to social stimuli [J]. Journal of Cognitive Neuroscience, 2008, 21: 83-92.
[23] Clarke, T., & Costall, A.. The emotional connotations of color: a qualitative investigation [J]. Color Research and Application, 2007, 33(5): 406-410.
[24] Crowley, A. E.. The two-dimensional impact of color on shopping [J]. Marketing Letters, 1993, 4(1): 59-69.
[25] Collier, G. L.. Affective synaesthesia: extracting emotion space form simple perceptual stimuli [J]. Motivation and Emotion, 1996, 20: 1-32.
[26] Dhar R., WertenbrochK.. Consumer choice between hedonic and utilitarian goods [J]. Journal of Marketing Research, 2000, 37(2): 20-71.
[27] Eysenck, H. J.. A critical and experimental study of color preference [J]. American Journal of Psychology, 1941, 54: 385-391.
[28] Fraser, T., & Banks, A.. Designer's color manual: The complete guide to color theory and application [M]. San Francisco: Chronicle Books, 2004.
[29] Feng, Wenting. When lonely people encounter anthropomorphic products [J]. Social Behavior and Personality, 2016, 44(10): 1649-1660.
[30] Gorn, G. J., Chattopadhyay, A., Yi, T., & Dahl, D. W.. Effects of color as an executional cue in advertising: they're in the shade [J]. Management Science, 1997, 43(10): 1387-1400.
[31] Gorn, G. J., Chattopadhyay, A., Sengupta, J., & Tripathi, S.. Waiting for the web: how screen color affects time perception [J]. Journal of Marketing Research, 2004, 41(2): 215-225.
[32] Hays, RD, DiMatteo MR. A short-form measure of loneliness [J]. J Pers Access, 1987, 51(1): 69-81.
[33] Hirshman E. C., Holbrook M. B.. Hedonic consumption: emerging concepts, methods and propositions [J]. Journal of Marketing, 1982, 46(6): 92-101.
[34] Holmes, C. B., & Buchanan, J.. Color preference as a function of the object described [J]. Bulletin of the Psychonomic Society, 1982, 22: 423-425.
[35] Israel A.. "Physiological mechanisms of color vision" in color categories in

thought and language [M]. Hardin CL, Maffi L, Cambridge, 1997, Cambridge University Press.

[36] Julia, O.. Color preference as a Function of Context [J]. Final Project, 2005, 13: 1 - 19.

[37] Kaya, N., & Epps, H. H.. Color-emotion associations: past experience and personal preference [A]. AIC 2004 Color and Paints, Interim Meeting of the International Color Associations, Proceedings, 2004: 31 - 34.

[38] Kiecolt-Glaser, J. K., Ricker, D., George, J., Messick, G., Speicher, C. E., Garner, W., & Glaser, R.. Urinary cortisol levels, cellular immunocompetency, and loneliness in psychiatric inpatients [J]. Psychosomatic Medicine, 1984, 46: 15 - 23.

[39] Lachman ME, Weaver SL. The sense of control as a moderator of social class differences in health and well-being [J]. Journal of Personality & Social Psychology, 1998, 74(3): 763 - 773.

[40] Ling, Y., Johnson, N., & Hurlbert, A.. Colour preference and personality [J]. Perception ECVP Abstract Supplement, 2007, 36: 195 - 201.

[41] Mahnke, F. H.. Color, environment, and human response [M]. New York: Reinhold, 1996.

[42] Manuela, D.. Changing Color Preferences with ageing: A Comparative study on younger and older native Germans aged 19 - 90 years [J]. Gerontology, 2001, 47: 219 - 226.

[43] Martin, K. D., & Hill, R. P.. Life satisfaction, self-determination, and consumption adequacy at the bottom of the pyramid [J]. Journal of Consumer Research, 2012, 38: 1155 - 1168.

[44] McPherson, Miller, Lynn Smith-Lovin, and Matthew E. Brashears.. Social Isolation in America: Changes in Core Discussion Networks over Two Decades [J]. American Sociological Review, 2006, 71(3): 353 - 375.

[45] Moore, D. W., & Schultz, N. R.. Loneliness among the elderly: The role of perceived responsibility and control [J]. Journal of Social Behavior & Personality, 1987, 2(2): 215 - 224.

[46] Murray, D. C., & Deabler, H. L.. Colors and mood-tones [J]. Journal of Applied Psychology, 1957, 41(5): 179 - 283.

[47] Odbert, H. S., Karwoski, T. F., & Eckerson, A. B.. Studies in synesthetic thinking: 1. Musical and verbal associations of color and mood [J]. Journal of

General Psychology, 1942, 26: 153 - 173.

[48] Orth, U. R. ;Cornwell, T. B. ;Ohlhoff, J. ;Naber, C. Seeing faces: The role of brand visual processing and social connection in brandliking [J]. European Journal of Social Psychology. 2017, 47(3): 348 - 361.

[49] Perlman AD.. Perspectives on loneliness. In L. A. Peplau & D. Perlman (Eds.), Loneliness: A sourcebook of current theory, research and therapy [M]. New York: Wiley. 1982.

[50] Pieters, R.. Bidirectional dynamics of materialism and loneliness: Not just a vicious cycle [J]. Journal of Consumer Research, 2013, 40(4): 615 - 631.

[51] Pressman, S. D., Cohen, S., Miller, G. E., Barkin, A., Rabin, B. S., & Treanor, J. J.. Loneliness, social network size, and immune response to influenza vaccination in college freshmen [J]. Health Psychology, 2005, 24 (3): 297 - 306.

[52] Rense L., Sigmund T., Dallas, T. X., & Jason, R.. Color and Personality: Strong's Interest Inventory and Cattell's 16PF [J]. North American Journal of Psychology, 2007, 11: 1 - 8.

[53] Ryan, R. M., & Deci, E. L.. Self-determination theory and the facilitation of intrinsic motivation, social development, and well-being [J]. American Psychologist, 2000, 55: 68 - 78.

[54] Satio, M.. Comparative Studies on Color Preference in Japan and Other Asian Regions, with Special Emphasis on the Preference for White [J]. COLOR research and application, 1996, 21: 35 - 49.

[55] Schaie K. W., HeissR.. Color and personality. Berne [M]. Switzerland: Hans Huber, 1964.

[56] Schumaker, J. F., Shea, J. D., Monfries, M. M., & Groth-Marnat, F. Loneliness and life satisfaction in Japan and Australia [J]. Journal of Psychology, 1993, 127: 65 - 71.

[57] Sharpe D T.. The psychology of color and design [M]. Chicago: Nelson-Hall, 1997.

[58] Shaver, R. P., & Mikulincer, M.. A behavioural systems approach to romantic love relations: Attachment, caregiving, and sex [A]. In R. J. Sternberg & K. Weiss (Eds.), The new psychology of love [C]. New Haven, CT: Yale University Press, 2006.

[59] Silver, N. C., & Ferrante, R.. Sex differences in color preferences among an

elderly sample [J]. Percept Mot Skills, 1995, 80: 920 - 922.

[60] Silver, M. C., McCulley, W. L., Chambliss, L. N., Charles, C. M., Smith, A. A., waddell, W. M., et al.. Sex and racial in differences in color and number prefereness [J]. Percept Mot Skills, 1988, 66: 295 - 299.

[61] Strahilevitz M. A., Myers J. G.. Donations to charity as purchase incentives: How well they work may depend on what you are trying to sell [J]. Journal of Consumer Research, 1998, 24(3): 434 - 446.

[62] Thomas, J. M., Kelly, H., & Martin, S. R.. Managing Images in Different Cultures: A Cross-National Study of Color Meanings and Preferences [J]. Journal of International Marketing, 2000, 8: 90 - 107.

[63] Turkle, S.. Alone together: Why we expect more from technology and less from each other [M]. Philadelphia, PA: Basic Books, 2011.

[64] Walters, J., Apter, M. J., & Svebak, S.. Color preference, arousal, and the theory of psychological reversals [J]. Motivation and Emotion, 1982, 6(3): 193 - 215.

[65] Wang, J., Zhu, R., & Shiv, B.. The lonely consumer: Loner or conformer? [J]. Journal of Consumer Research, 2012, 38: 1116 - 1128.

[66] Weeks, D. G., Michela, J. L., Peplau, L. A., & Bragg, M. E. Relation between loneliness and depression: A structural equation analysis [J]. Journal of Personality and Social Psychology, 1980, 39: 1238 - 1244.

[67] Weiss, R. S.. Loneliness: The experience of emotional and social isolation [M]. Cambridge, MA: MIT Press, 1973.

[68] Weiss, R. S.. Reflections on the present state of loneliness research [J]. Journal of Social Behavior and Personality, 1987, 2: 1 - 16.

[69] Wexner, L. B.. The degree to which colors (hues) are associated with mood-tones [J]. Journal of Applied Psychology, 1954, 38(6): 432 - 435.

[70] Wilson, G. D.. Arousal properties of red versus green [J]. Perceptual and Motor Skills, 1966, 23: 947 - 949.

[71] Wright, A.. The beginner's guide to colour psychology [M]. London: Colour Affects Ltd., 1988.

[72] Young, J. E.. Loneliness, Depression and Cognitive Therapy: Theory and Application [M]. New York: Jones Wiley & Sons, 1982.

附录 研究问卷

消费者产品选择研究问卷调查

假设您现在看中一款笔记本，携带方便，纸质顺滑且不透墨，是学习和工作的必备之选。请从下列选项中选择您最想购买的一款。

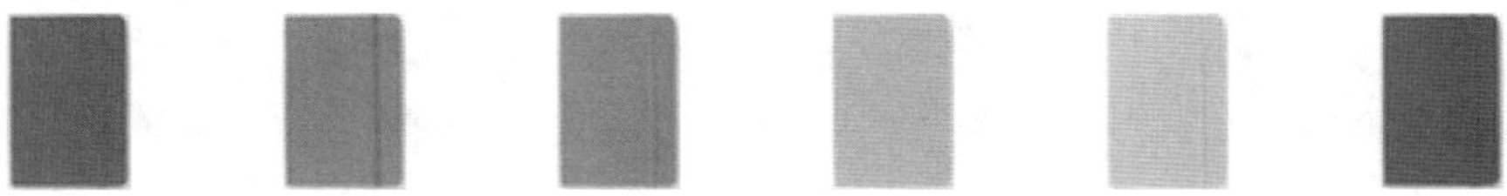

○红色 ○蓝色 ○橙色 ○绿色 ○黄色 ○紫色

假设您现在看中一款音乐播放器，音质完美，携带轻便，让您能够随时随地地沉浸在音乐世界。请从下列选项中选择您最想购买的一款。

○蓝色 ○黄色 ○绿色 ○红色 ○紫色 ○橙色

享乐型产品定义：强调体验过程，以产生快乐体验或自我表现为主，但不是生活必需品。

实用性产品定义：强调功能或绩效，以带来实际功能价值为主，往往为生活必需品。

请您根据享乐型产品和实用型产品的定义，对刚刚出现的笔记本的属性进行评价。

1 代表完全实用型产品，7 代表完全享乐型产品。

	1	2	3	4	5	6	7	
完全实用型产品	○	○	○	○	○	○	○	完全享乐型产品

请您根据享乐型产品和实用型产品的定义，对刚刚出现的音乐播放器的属性进行评价。

1 代表完全实用型产品，7 代表完全享乐型产品。

	1	2	3	4	5	6	7	
完全实用型产品	○	○	○	○	○	○	○	完全享乐型产品

对于**红色**■，请根据您的实际情况选择最符合的项：1→7 表示完全不同意→完全同意。

	完全不同意	不同意	有点不同意	不确定	有点同意	同意	完全同意
这种颜色给我感觉很暖和、很热烈	○	○	○	○	○	○	○
这种颜色给我感觉很清冷、很宁静	○	○	○	○	○	○	○
我喜欢这种颜色	○	○	○	○	○	○	○

对于**橙色**■，请根据您的实际情况选择最符合的项：1→7 表示完全不同意→完全同意。

	完全不同意	不同意	有点不同意	不确定	有点同意	同意	完全同意
这种颜色给我感觉很暖和、很热烈	○	○	○	○	○	○	○
这种颜色给我感觉很清冷、很宁静	○	○	○	○	○	○	○
我喜欢这种颜色	○	○	○	○	○	○	○

对于**黄色**■，请根据您的实际情况选择最符合的项：1→7 表示完全不同意→完全同意。

	完全不同意	不同意	有点不同意	不确定	有点同意	同意	完全同意
这种颜色给我感觉很暖和、很热烈	○	○	○	○	○	○	○
这种颜色给我感觉很清冷、很宁静	○	○	○	○	○	○	○
我喜欢这种颜色	○	○	○	○	○	○	○

对于**蓝色**■，请根据您的实际情况选择最符合的项：1→7 表示完全不同意→完全同意。

	完全不同意	不同意	有点不同意	不确定	有点同意	同意	完全同意
这种颜色给我感觉很暖和、很热烈	○	○	○	○	○	○	○
这种颜色给我感觉很清冷、很宁静	○	○	○	○	○	○	○
我喜欢这种颜色	○	○	○	○	○	○	○

对于**绿色**■，请根据您的实际情况选择最符合的项：1→7 表示完全不同意→完全同意。

	完全不同意	不同意	有点不同意	不确定	有点同意	同意	完全同意
这种颜色给我感觉很暖和、很热烈	○	○	○	○	○	○	○

续　表

	完全不同意	不同意	有点不同意	不确定	有点同意	同意	完全同意
这种颜色给我感觉很清冷、很宁静	○	○	○	○	○	○	○
我喜欢这种颜色	○	○	○	○	○	○	○

对于**紫色**▇，请根据您的实际情况选择最符合的项：1→7 表示完全不同意→完全同意。

	完全不同意	不同意	有点不同意	不确定	有点同意	同意	完全同意
这种颜色给我感觉很暖和、很热烈	○	○	○	○	○	○	○
这种颜色给我感觉很清冷、很宁静	○	○	○	○	○	○	○
我喜欢这种颜色	○	○	○	○	○	○	○

下列是人们有时出现的一些感受。对每项描述，请选择与您符合的程度①。

	完全不符合	比较不符合	基本不符合	不清楚	基本符合	比较符合	完全符合
我常常感到缺少伙伴	○	○	○	○	○	○	○
我常常感到没人可以信赖	○	○	○	○	○	○	○

① “一般孤独感”测量量表。

续　表

	完全不符合	比较不符合	基本不符合	不清楚	基本符合	比较符合	完全符合
我常常感到想要与人来往、结交朋友	○	○	○	○	○	○	○
我常常感到被人冷落	○	○	○	○	○	○	○
我常常感到与别人隔开了	○	○	○	○	○	○	○
我常常感到当我愿意时就能找到伙伴	○	○	○	○	○	○	○
我常常感到羞怯	○	○	○	○	○	○	○
我常常感到人们围着我但并不关心我	○	○	○	○	○	○	○

这些问题涉及您对您的社交质量的体验。按下述标准选择在最近一年内您出现以下每种情况的频度：1→7 表示从无→很经常[①]。

	1 从无	2	3	4	5	6	7 很经常
(SL) 我周围的每个人似乎都像陌生人	○	○	○	○	○	○	○
(SL) 我从我所参加的集体中不能获得很多满足	○	○	○	○	○	○	○

① 标有 EL(Emotional Loneliness)的为情感孤独测量题项，标有 SL(Social Loneliness)的为社会孤独测量题项；标有 * 的为反向题项。在面向消费者的问卷中，EL，SL 和 * 号均不出现。

续　表

	1 从无	2	3	4	5	6	7 很经常
(SL)* 我周围有不少人理解我的看法与信仰	○	○	○	○	○	○	○
(EL)没有任何人能在很长时间里让我感到亲密无间	○	○	○	○	○	○	○
(EL)* 我有心上人(爱人、恋人、情人),他(她)能给我支持与鼓励	○	○	○	○	○	○	○
(SL)* 我属于朋友当中的一员	○	○	○	○	○	○	○
(SL)* 有人可以与我相伴	○	○	○	○	○	○	○
(EL)没有人与我保持使我感到相互理解的特殊关系	○	○	○	○	○	○	○
(EL)* 我对于另一个人的感情能产生重大影响	○	○	○	○	○	○	○
(EL)我没有特殊的爱情关系	○	○	○	○	○	○	○

下面是一些关于对生活感受的句子,请阅读每个句子并选择您同意或者不同意的程度①。

	完全不同意	不同意	有点不同意	不确定	有点同意	同意	完全同意
任何我决心要做的事情,我几乎都能做到	○	○	○	○	○	○	○
* 我能做什么和不能做什么多半是由他人决定的	○	○	○	○	○	○	○

① 标有 * 的为“限制感”测量题项,在计算“控制感”得分时反向计分。在面向消费者的问卷中,* 号不出现。

续　表

	完全不同意	不同意	有点不同意	不确定	有点同意	同意	完全同意
我要是真想做一件事情，一般都能够找到成功的办法	○	○	○	○	○	○	○
*对于我生活中很多重要的事情，我都无法改变	○	○	○	○	○	○	○
我能否得到我想要的东西，在我的掌控之中	○	○	○	○	○	○	○
*在处理生活中的一些问题时，我常感到无助	○	○	○	○	○	○	○
我的未来如何，主要取决于我自己	○	○	○	○	○	○	○
*我生活中所发生的事情常常在我的掌控之外	○	○	○	○	○	○	○
*当我想要去做某件事情时，总会受到其他事情的干扰	○	○	○	○	○	○	○
*我几乎不能控制发生在我身上的事情	○	○	○	○	○	○	○
*我真的没有办法来解决我所有的问题	○	○	○	○	○	○	○
*有时我感到在生活中我被别人支使来、支使去	○	○	○	○	○	○	○

下列每题中都包含一对描述，从中选择与您情况最相符的一项。答案无所谓对错，您只需选出最能恰当描述自身情况的句子①。

1. 我享受与人在一起的感觉。

   我享受独自一人。

2. 我试图安排好每一天，以便有时间与他人一起做事情。

   我试图安排好每一天，以便有自己单独的时间。

3. 我做某件事情的条件之一是：有机会和有趣的人相处。

   我做某件事情的条件之一是：有自己独处的机会。

4. 在和一大群人相处了几个小时之后，我常常感到精神振奋、充满活力。

   在和一大群人相处了几个小时之后，我常常渴望独自待一会。

5. 对我而言，独自一个人常常是浪费时间的。

   对我而言，独自一个人常常是有价值的。

6. 我很少有想要"独自一个人"的强烈愿望。

   我常常有想要"独自一个人"的强烈愿望。

7. 我喜欢去人多、活动多的地方玩耍。

   我喜欢去人少且安静和平的地方玩耍。

8. 当我不得不独自一个人待几个钟头时，我感到这段时间是无聊且不愉快的。

   当我不得不独自一个人待几个钟头时，我感到这段时间是有价值且愉快的。

9. 如果我要乘坐几个小时的汽车，我愿意坐在可以愉快交谈的人旁边。

   如果我要乘坐几个小时的汽车，我愿意安静地度过这段时间。

10. 独自一人通常是无聊和无趣的。

    与他人在一起通常是无聊和无趣的。

11. 很少有时候，我不得不离开且独自待着。

    很多时候，我都不得不离开且独自待着。

您的性别

○男　　○女

---

① "独处偏好"测量量表。

您的年龄段

○18 岁以下　○18～25 岁　○26～30 岁　○31～40 岁　○41～50 岁　○51～60 岁　○60 岁以上

您是否有色觉障碍

○是　○否

第六章 产品外观色彩选择的本命年效应及其影响因素研究

第一节 引　言

科学是一种永远处于探索中的事业，科学认识是有限的，所以，现实生活中，"迷信"便时常打着"探索科学奥秘"的名义来混世欺俗。随着信息时代的来临，消费者的迷信信念和迷信消费行为依然随处可见（郭昱琅，张攀，2016），以锦鲤文化等为代表的"电子巫术"甚至成为现象级互联网文化（朱霜，2020）。本命信仰是一类古老的民间信仰[①]，即使在当代社会仍然有着大批忠实的信众。从图 6 - 1 中可知，每当岁末年初，"本命年"的搜索量就呈现井喷，2018 年至 2021 年 6 月间，"本命年"的搜索量在元旦期间和春节期间出现双峰值，"犯太岁"的搜索量在春节期间出现峰值。元旦和春节期间有关"本命年"的搜索量是整体日均值的 3～6 倍。

民间流行的本命年习俗是扎红、穿红和戴红，这是一种吉利消费行为，即消费者认为通过消费某些与事件本身没有因果联系的产品或服务，可以直接影响所发生的事件，从而得到希望的结果（趋吉）或避免不想要的结果（避凶）而实施的消费行为（Carlson et al.，2009）。对比吉利消费在社会生活、流行文化以及商业领域所产生的普遍和强烈的影响，目前对于吉利消费的研究少得令人惊讶（Kramer & Block，2008）。

① 在中国，个体都有本命年穿红、戴红以辟邪的习俗，这来源于古人对红色的崇拜，其中又综合体现了人们对太阳、火和血液的崇拜。本命年辟邪所用之红，也融合了阳气、火和血液多种含义。本命年是充满凶灾的一年，是人的生命受到威胁的一年，用红色来辟邪，实际上是通过红色来增强自己的阳气和生命力，以此来达到辟邪的目的。

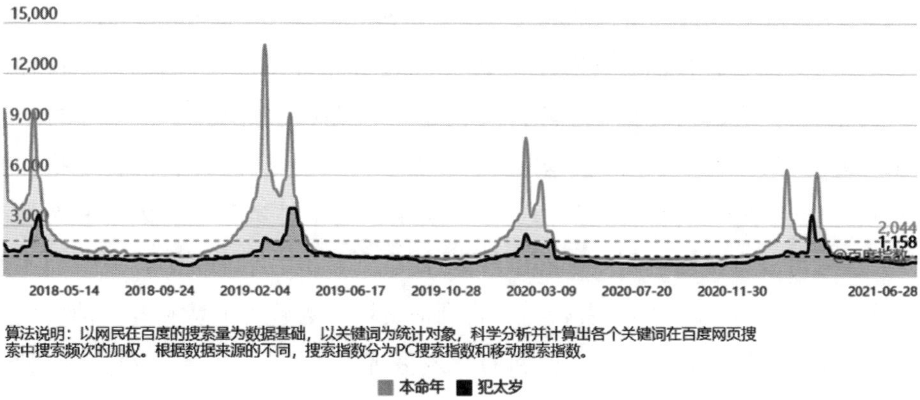

注：图中虚线为样本期间搜索量平均值。

图 6-1 "本命年"和"犯太岁"百度搜索指数变化趋势图(2018.01.01—2021.06.30)

对于本命年的消费者，除了前述的习俗，是否会更倾向于选择外观为红色的产品呢？这是一个有趣却缺乏研究的问题。本章将运用独特的个体购买汽车和汽车色彩选择数据，探究本命年效应在产品外观色彩选择上是否存在，同时，探讨性别和突发灾难事件对本命年效应的调节作用。有研究认为，有中国文化背景的消费者更容易展现迷信行为(Simmons & Schindler，2003；Tsang，2004)。而中国学者对吉利(迷信)消费的研究却是零星的(董俊武等，2010；王静一和王海忠，2011；周懿瑾和佘青，2013)，本章的研究是对这一消费行为领域的重要补充。

此外，目前的相关研究都是基于实验室实验或小样本问卷调查的数据，只有一篇是基于真实交易数据的研究(Shum et al.，2014)，并且有关吉利消费的研究主要着重于吉利数字和吉利名称，对于吉利色彩的研究是缺乏的。本章结合客观数据，从更大的样本范围研究中国消费者的吉利消费行为，从而为企业的营销决策提供更有针对性的建议。

第二节 相关文献综述

一、吉利消费研究述评

趋吉避凶的消费倾向在中外的社会生活中普遍存在，如大中华地区的消费者对红色(Block & Kramer, 2009)和数字 8(Simmons & Schindler, 2003)的偏爱,以及西方消费者在消费过程中对数字 13(Palazzolo, 2005)的回避。这种消费倾向根植于原始初民的自然信仰,也是个体在社会化过程中习得的结果(Kramer & Block, 2011)。根据 Carlson 等(2009)的定义,吉利消费是指在特定科技知识水平下,消费者因认为通过消费某些与事件本身没有因果联系的产品或服务,可以直接影响所发生的事件,从而得到希望的结果(趋吉)或避免不想要的结果(避凶)而实施的消费行为。吉利消费可分为趋吉消费和避凶消费两大类(Kramer & Block, 2008)。吉利消费还呈现多种形式,如吉利数字、吉利色彩、吉利字母等,其中有关消费者对吉利数字偏好的探讨最多(Shum, Sun & Ye, 2014; Simmons & Schindler, 2003;黄滕和金雪军,2014)。

吉利消费属于狭义迷信的范畴(Jiang et al.,2009),因此吉利消费产生的心理动机和影响因素与迷信一致。

归因观和动机观在迷信产生的心理机制中经常被提及,可以用来解释吉利消费的心理动机。持归因观的学者认为迷信观念的建立往往是由于人们在复杂事物之间建立起荒谬的胡乱联系或错误的因果关系。有研究发现,具有超自然信念①的人心里归因更倾向于将普通经历归因为超自然原因(Watt, Watson & Wilson, 2007)。支持动机观的学者又从两个方面探究迷信的心理机制:寻求心理安慰和个人对控制感的需要。对于寻求心理安慰,有学者指出迷信有其特定的心理安慰功能,它降低人们的心理失调程度,减轻心理焦虑,成为人们适应社会,求得生存的一种途径(王淑娟和李朝旭,2005)。对于后者,Jahoda(1969)提出,迷信是在个体感到其对自己的生活环境无法控制时产生的。

影响吉利消费的因素众多,总体看来,大致可分为三大类,分别为人口统计变量、个人特质以及外部环境因素。第一,研究表明,年轻人、女性、贫困人群、失业人群更可能寻求吉利消费(Torgler, 2007)。第二,学习需求低、冲动型个体更多进行吉利消费(Mowen & Carlson, 2003),参与竞争、关注当下、依赖直觉思维的个体更偏好吉利消费(Carlson, Mowen & Fang, 2009)。第三,就环境因素而言,教育、不确定性情境和经济环境均被证明对迷信和吉利消费有影响。在有关教育程度对迷信的影响上,目前的研究尚未得出一致的结论。Aarnio 和

① 在西方学界,“迷信”这个词属于超自然信念(Paranormal Belief),并等同于狭义的超自然信念。而所谓的超自然信念就是那些违背基本科学原理的信念(Diaz-Vilela & Alvarez-Gonzalez 2004)。

Lindeman(2005)指出职业学校的学生比大学生有更强的超自然信念，但是Aarnio 和 Lindeman(2005)在同一篇文章中又指出前人的研究证实高等教育的几年中超自然信念保持相对稳定，Farha 和 Steward(2006)得出随着受教育水平的提高，对超自然信念的相信程度会增加。关于不确定性的影响，Dudley(2000)发现暴露在不能解决的问题情境中的被试会报告有更强的迷信信念。Ng 等(2010)发现，宏观经济越糟糕，人们越依赖吉利信念进行消费。

尽管迷信在社会学和心理学中已经有广泛的研究，系统地研究迷信在营销领域和其对消费者决策的影响在营销研究中仅仅处于起步阶段(Kramer & Block, 2008)，吉利消费行为研究正是迷信研究在营销领域的体现。比如，在探索中国消费对字母数字品牌名称的感知时，Ang(1997)发现那些具有幸运数字和字母(如 A8)的品牌相比具有不幸运的数字和字母(如 F4)的品牌被消费者更加喜欢。一项相关的关于中国广告的研究表明，不幸运的数字 4 在中国的价格中远远少于幸运数字 8(Simmons & Schindler, 2003)。Shum, Sun 和 Ye(2014)在研究中国成都的房产交易数据时发现，二手房中位于 8 楼的公寓单价比其他楼层平均要高 235 元，新房中位于 8 楼的公寓比其他楼层平均要快 6.9 天卖出，购房者手机号中包含的数字 8 越多，越可能购买位于 8 楼的公寓。黄滕和金雪军(2014)通过天猫商场商品定价数据分析发现，商家最偏好的是 8 尾数定价，同时回避 4 尾数定价，且 8 尾数定价的价格黏性更强。

与人口统计变量有关的吉利消费研究及主要研究发现如表 6－1 所示。

表 6－1　　人口统计变量对吉利消费偏好的影响

影响因素	作者(年份)	研 究 发 现
性别	Randall 和 Desrosier(1980)；Gallup 和 Newport(1991)	女性比男性更喜欢超自然，更迷信
	Mowen 和 Carlson(2003)	没有发现性别对迷信的显著影响
	Voracek(2009)	女性更迷信，是由生理决定的，受出生前激素的影响
年龄	Vyse(1997)	老年人比年轻人更有怀疑精神，更不容易迷信
	Gallup 和 Newport(1991)	30 岁以下的成年人比老年人更迷信

续 表

影响因素	作者(年份)	研 究 发 现
年龄	Torgler(2007)	年轻人更有可能接受非常规的想法,也可能更愿意相信迷信。他们面临着更大的未来不确定性和缺乏控制,这可能会导致有更强烈的动机去寻找替代品。迷信帮助他们解决不确定性和焦虑
	Irwin(1999)	超自然信念在成年后期往往较弱
地理区域	Simmons 和 Schindler(2003);	中国人是世界上最迷信的人
	Tsang(2004)	中国商界的不确定性较高,吉利消费在中国商人群体中特别普遍
受教育程度	Smith, Foster 和 Stovin(1998)	在人文学术领域工作的人比其他学术领域工作的人相对更加迷信
	Otis 和 Alcock(1982)	个人怀疑水平与迷信呈负相关,而自然科学领域的人比其他人有更高的怀疑水平
	Aarnio 和 Lindeman(2005)	职业学校的学生比大学生更迷信,因为大学生更偏分析性思维
	Farha 和 Steward(2006)	随着受教育水平的提高,对超自然信念增加
其他(个人特质)	Kang, Park 和 Kim(2018)	实体论者(相比渐变论者)倾向于将他们的成功归因于他们的迷信消费
	Hamerman 和 Morewedge (2015)	绩效目标比学习目标更有可能引发迷信行为
	Mowen 和 Carlson(2003)	学习需求低的个体较多进行吉利消费
	Carlson 等(2009)	冲动型的个体较多进行吉利消费
	Kramer 和 Block(2008); Carlson, Mowen 和 Fang(2009)	越依赖直觉思维的消费者,越可能进行吉利消费
	Torgler(2007)	贫困、失业、离异人群由于处于困境,更可能将寻求吉利作为一种“精神救赎”,因此更可能进行吉利消费
	Barro 和 McCleary(2002)	无信仰人士比宗教人士更可能将吉利信念作为一种精神寄托,从而会更多地进行吉利消费
	Huang 和 Whitson(2020)	身心失调的人有更强烈的迷信信仰

续 表

影响因素	作者(年份)	研究发现
其他 (个人特质)	Carlson, Mowen 和 Fang (2009)	参与竞争和关注当下的消费者更可能进行吉利消费
	Liu 等(2021)	当以红色为底色而不是其他色彩时,人们的风险承受能力低;当参与者感到幸运或来自亚洲华裔背景时,效果就会相反,他们在用红色打底时会冒更多的风险

资料来源:由作者自行整理而得。

迷信与社会文化紧密相关。文化能在无意识中对人产生影响,个体的迷信信念也在社会化的过程中产生(Kramer & Block, 2008; 2011)。因此,中国消费者的迷信消费行为大多是基于特定社会背景的。

首先,中国民间崇尚生肖文化,本命年作为中国特色文化则受到消费者的密切关注并影响消费者的迷信消费行为。民间将个人的出生年份划分为十二生肖,当个体与生肖重合时则将本年度定义为本命年,因此每十二年则会有一个轮回。民间认为个体在本命年更容易遭遇厄运,甚至在本命年时,人们愿意增加对人寿保险的支出(Liu et al., 2021)。

本命年逆境作为一个普遍存在迷信信念,人们也更容易采取迷信行为去趋吉避凶。根据 Ng 等(2010)的研究,人们对迷信的重视程度是受到宏观环境影响的。当人们处在逆境中,人们会更加迷信。比如当经济不景气时,消费者对车牌数字“8”的感知价值更高,而车牌数字“4”的感知价值更低。因此,当消费者感知自己会受到来自本命年的不幸影响时,则更容易产生迷信行为。

其次,当个体处于本命年时,消费者由于控制感缺失也会导致迷信行为。这是因为本命年不幸的信念增加了个人的风险认知,使人们对自己未来的结果产生更多的不可控感知。当控制感缺乏时,个体容易产生幻觉(Whitson & Galinsky, 2008)。而迷信则可以让个体产生控制幻觉,增加了个体对未来结果把控的信心(Langer, 1975; Hamerman & Johar, 2013)。迷信行为可以分为正面迷信和负面迷信。正面迷信是个体认为某些行为或征兆能够带来好的结果,如四叶草、幸运符等;负面迷信是指个体认为某些行为或征兆与不幸的结果存在关联,如打破镜子不吉利等(Wiseman & Watt, 2004)。本命年主张趋利避害,当人们想要规避本命年的灾厄风险时,则主要通过正面迷信采用积极的手段来达到自己理想的结果。因此，当个体处于本命年时，消费者可以通过迷信消费来获取自己的控制感（Hamerman & Johar, 2013）。

二、红色消费研究述评

吉利消费与红色密切有关。在本命年时，人们多采用系红绳、红腰带等方式规避风险和祈求平安。因此，在吉利消费中应关注红色消费行为。

红色常常被视为高唤醒、令人激动和兴奋的色彩（Labrecque & Milne, 2012; Andersson et al., 2002; Cuthill et al., 1997; Bagchi & Cheema, 2013）。人们对红色刺激的感知敏感，一般将其与愤怒、危险和失败等负面信息相关联（Pontes & Williams, 2021; Fetterman, Robinson & Meier, 2012），增加了焦虑感、引起自我保护（Elliot & McGregor, 1999），从而产生回避行为（Elliot et al., 2007）。虽然在浪漫关系背景下红色会使人们产生接近动机（Elliot & Niesta, 2008），但是总体来看红色一般是与负面意象相关联的。

与西方的认知相反，在中国文化背景中，红色是一种与吉利相关的意象，代表幸运（Block & Kramer, 2009）。红色在中国传统中与繁荣和好运联系在一起（Wiseman & Watt, 2004）。感觉幸运会增加人们的自信心（Mayo & Mallin, 2014），并增加他们对积极结果的期望（Darke & Freedman, 1997）。

消费者选择偏好通常取决于他们认为幸运的色彩（Kramer & Block, 2008; Saito, 1999），当产品与“吉利”相联系时，消费者的购买意愿更强烈。因此，红色作为一种中国背景下公认的幸运色可以使消费者降低自己对本命年风险的估计（Hamerman & Johar, 2013; Pontes & Williams, 2021），并增加消费者的购买。

第三节 研究模型与研究假设

关于控制感补偿理论（Kay et al., 2009）的研究发现，吉利（迷信）消费是控制感补偿的重要途径（Rudski, 2001）。当个体在本命年时，其控制感受到威胁并减弱，会力图通过各种方式重建控制感（Whitson & Galinsky, 2008），吉利（迷信）消费正是重建控制感的重要方式。即使个体很清楚这种控制是非理性的，也依然会依赖它，这种幻觉又称为控制幻觉。对于消费者来说，汽车的色彩有着丰富的文化内涵和社会意义，因此，当个体处于本命年时，汽车购买者会通过汽车色彩的吉利消费重建控制感。

基于此，本研究提出如下假设：

H6－1：本命年会导致消费者对外观为吉利色彩（红色）的汽车的购买量增加。

性别是一个与迷信有关的重要个体特征。Voracek（2009）从生理角度解释了性别差异和个体差异与超自然信念的关系。个体的超自然信念程度与其产前性激素的水平有关，个体的产前女性激素比例越高，其超自然信念就越强。因此有理由认为在女性群体中，具有超自然信念的个体的比例更高。Mowen 和 Carlson（2003）则是从行为角度对性别差异做出了解释。他们的研究表明，女性更相信占星术，而男性更相信虚构的怪兽。相信占星术是一种迷信行为，这表明女性的迷信行为更多。此外，生肖迷信作为一种东方占星术（Wu，2005），也有理由认为女性在本命年吉利消费的效应上更加显著。因此，当个体处于本命年时，女性个体更可能会通过汽车色彩的吉利消费重建控制感。

基于此，本研究提出如下假设：

H6－2：性别在本命年效应中起调节作用，也就是说，相对于男性，女性消费者在本命年对外观为吉利色彩（红色）的汽车的购买量增加更多。

除了个体特征以外，外部环境的变化也会影响消费者的迷信行为。突发灾难会导致严重的人员死亡，对社会情绪和消费者心理造成重大冲击，相应地，也会对个体的色彩吉利消费行为产生影响。当个体遭遇重大自然灾害后，其控制感和安全感受到极大威胁和减弱，从而会相信超自然力量的存在，甚至顺从这种超自然力量（方文和王淼，2008）。Stephens 等（2013）研究发现，在经历不可预测的、破坏性的和无法控制的自然灾害时，人们往往会将事件解释为超自然力量所为，而灾难的相关事件的程度如目睹死亡更能够影响人们的超自然信念。著名的心理学家费斯廷格在 1934 年印度大地震后发现，在大的自然灾害过后，由于认知失调，人们会倾向于接受各种超自然信念（Festinger，1956）。

从文化进化理论的角度来看（Boyd & Richerson，2015；Henrich & Boyd，2001），外部威胁使得人们更多地遵守社会规范，包括他们的宗教信仰和实践（Henrich et al.，2019）。文化进化模型显示，当人们面对强大的外部威胁如群体冲突和自然灾害时，为了增强自身对外部威胁的任意性或发展性（Henrich，2015），他们会更加遵守社会规范，对规范违反者也会产生更强的惩罚意愿，人们对超自然信念的信仰增加。此外，自然灾害给人们带来的巨大的生存威胁也会影响人们的精神状态。在灾难发生时为了自我保护，个体的神经交感系统被激活并产生应激反应，人们对周围环境过度唤醒，对未来产生强烈的不确定性，并产生巨大的焦虑或压力等(Captari et al., 2019)。甚至在灾难发生后的几周内，幸存者仍难以集中注意力或休息，并且沉浸在痛苦之中(North & Pfefferbaum, 2013)。而仪式或宗教信仰则可以帮助人们缓解这种困难的心理状态，减轻创伤经历对幸福的影响(Ruffle & Sosis, 2007; Barber, 2008; Pargament et al., 1998)。因此，在这种情况下，人们会通过增强自身的超自然信念以及迷信仪式行为来摆脱应对灾害带来的冲击。

综上所述，本章认为发生重大自然灾害后，身处灾区的个体，其超自然信念会增强，从而增加色彩吉利消费行为，因此，我们提出如下假设：

H6-3A：相对于非受灾城市，受灾城市消费者在本命年对外观为吉利色彩(红色)的汽车的购买量在灾后增加更多。

然而，根据色彩情境理论，红色在不同的情境中有不同的意义和联想。在中国，红色一方面被认为是幸运的象征(Schmitt, 1995; Neal et al., 2004)、新婚的象征(Neal et al., 2004)，同时代表了爱(Jacobs et al., 1991)。另一方面，在与个体健康有关的情境中，红色意味着危险。因为流血、受伤都与红色相关，与身体危险的警告牌或信号，如警示牌、交通信号灯也都用红色表示。事实上，已经有研究表明与威胁最相关的色彩是红色(Wogalter, Conzola & Smith-Jackson, 2002)，在生物界，红色在本能上是危险逼近的信号(Setchell & Wickings, 2005)。因此，文化习得和生物本能都表明红色是身体受到威胁的信号。无论是红色的积极联想，还是消极联想，都是灾难亲历者所试图回避的，因此，我们认为个体在经历大灾难之后，会降低对红色车的偏好，进而削弱灾难亲历者的本命年选择红色的效应。因此，我们提出如下相反的竞争假设：

H6-3B：相对于非受灾城市，受灾城市消费者在本命年对外观为吉利色彩(红色)的汽车的购买量在灾后反而下降。

第四节 本命年对个体红色汽车选择的影响研究

本节将运用个体层面的数据用 Logit 模型分析本命年对个体红色汽车选择的影响效应，并验证 H6-1 和 H6-2。

一、数据、变量与模型

（一）数据

本章通过第三方研究公司获得 2007—2009 年三年全国各地级市个人非营运购买汽车的月度牌照登记数据，由于各地政府对汽车牌照注册时间有严格的规定：买车后 15 天之内，跨省份最多延迟至 30 天，因此本章将把该牌照数据视为月度销售的代理变量。每条数据包括时间（以月为单位）、所在城市、车型、品牌、排量、色彩，以及销量登记人个人信息（含出生年、性别等）等字段，样本中共有 13 943 691 辆乘用车①，其中银（灰）色车占 39.2%，黑色车占 30.8%，白色车占 8.9%，红色车占 8.0%，其他色彩占 13.0%。

（二）变量

本节的被解释变量为红色汽车选择（*RED*），这是一个虚拟变量，如果个体购买的汽车为红色，则赋值为 1，否则为 0。研究一的解释变量有个体特征变量，即本命年虚拟变量（*BMN*，如果处于本命年，则赋值为 1）和年龄（*AGE*），还包括汽车特征变量，即排量。研究一的调节变量是性别（女性赋值为 1）。

（三）模型设定

为检验前述的 H6－1，本研究构建如模型（6－1）所示的 Logit 模型。

$$P_r(RED_i = 1) = G(\beta_0 + \beta_1 BMN_i + \gamma X_i) \qquad (6-1)$$

其中，*RED* 代表消费者是否选择红色汽车，*RED*＝1 代表消费者选择了红色汽车；*BMN* 是个体是否处于本命年的虚拟变量；*X* 是控制变量。

为检验前述中的 H6－2，本研究在模型（6－2）中引入经过中心化处理的本命年和性别的交互项。构建的调节效应模型如下：

$$P_r(RED_i = 1) = G(\beta_0 + \beta_1 BMN_i + \beta_2 Gender + \beta_3 BMN\_z_i \times Gender\_z_i + \gamma X_i) \qquad (6-2)$$

① 根据中国汽车工业协会提供的统计数字，2007—2009 年三年全国乘用车销售量为 2 124.01 万辆，由于乘用车中还有相当一部分车用于营运用途，如出租客运、警用和租赁等，有一部分车为单位所购买，因此，本样本中的乘用车数量已经基本接近真实的个人非营运乘用车销售量。

二、实证结果与讨论

(一) 总样本检验结果

表 6-2 为本命年和性别对选择红色车影响的总样本检验结果。模型 1 为所有控制变量；模型 2 将控制变量、解释变量、解释变量与控制变量的交互项都纳入模型；模型 3 将本命年和性别的交互项加入模型。

表 6-2　　本命年和性别对选择红色车影响的 Logit 模型分析结果

变量＼模型	模型 1	模型 2	模型 3
	选择红色车	选择红色车	选择红色车
本命年		0.035*** (0.004)	0.021*** (0.005)
性　别		1.184*** (0.002)	1.184** (0.002)
本命年×性别			0.063*** (0.007)
本命年×年龄		−0.001*** (0.000)	−0.001*** (0.000)
本命年×排量		0.064*** (0.010)	0.058*** (0.011)
年　龄	0.127*** (0.003)	0.079*** (0.004)	0.079*** (0.004)
年龄^2	−0.005*** (0.000)	−0.003*** (0.000)	−0.003*** (0.000)
年龄^3	0.000 047*** (0.000)	0.000 035*** (0.000)	0.000 035*** (0.000)
排　量	−1.347*** (0.003)	−1.400*** (0.003)	−1.400*** (0.003)
Constant	−0.754*** (0.043)	−0.715*** (0.045)	−0.717*** (0.045)
N	13 943 691	13 943 691	13 943 691
Pseudo R^2	0.059	0.112	0.112
Wald chi^2	357 939.141***	684 474.274***	684 545.508***

注：* 表示 $p<0.10$，** 表示 $p<0.05$，*** 表示 $p<0.01$；括号内为系数的估计标准误。

表 6 - 2 中模型 3 分析结果表明，是否本命年对红色车选择存在显著正向影响（*beta* = 0.021，$p < 0.01$），这表明 H6 - 1 得到证实。本命年与性别的交互项对红色车选择存在显著正向影响（*beta* = 0.063，$p < 0.01$），也就是说，相对于男性，女性消费者在本命年对外观为吉利色彩（红色）的汽车的购买量增加更多，这表明 H6 - 2 得到证实。具体的影响效应如图 6 - 2 所示，女性在非本命年购买红色车的比例为 15.72%，在本命年购买红色车的比例上升到 17.03%，相应地，男性在本命年购买红色车的比例也比非本命年高，但这种差异不如女性差异大。

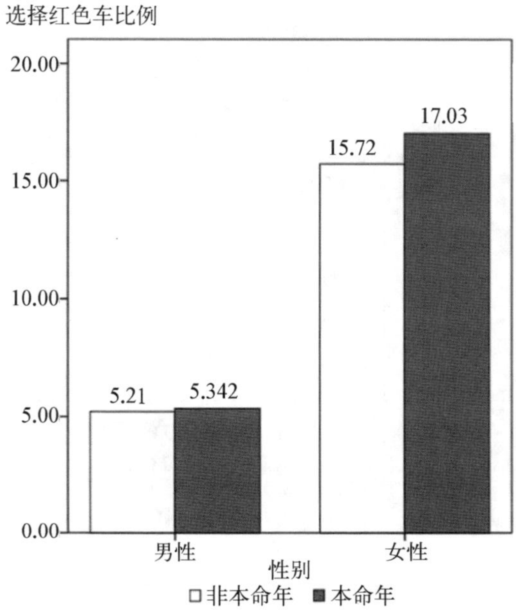

图 6 - 2　不同性别在本命年时选择购买红色车的比例(2007—2009 年)

(二) 分样本检验结果

为了进一步确保研究结果的可靠性与稳健性，本章按年度将总样本分为 3 个子样本。此外，由于 2008 年发生了汶川地震，这种突发自然灾害有可能对本命年效应产生冲击，因此，本章还将 2008 年的样本分为地震前和地震后 2 个子样本，这样共有 5 个子样本。分析结果如表 6 - 3 所示。

表 6 - 3　本命年和性别对选择红色车影响的 Logit 模型分析结果(分样本检验)

模　型	模型 1	模型 2	模型 3	模型 4	模型 5
样本期间	2007 年	2008 年	2009 年	2008.02—2008.04	2008.08—2008.10
变　量	选择红色车	选择红色车	选择红色车	选择红色车	选择红色车
本命年	0.050*** (0.010)	0.002 (0.009)	0.027*** (0.007)	0.040** (0.018)	−0.020 (0.019)

续　表

模　型	模型 1	模型 2	模型 3	模型 4	模型 5
样本期间	2007 年	2008 年	2009 年	2008.02—2008.04	2008.08—2008.10
变　量	选择红色车	选择红色车	选择红色车	选择红色车	选择红色车
性　别	1.126*** (0.004)	1.233*** (0.004)	1.182*** (0.003)	1.146*** (0.008)	1.312*** (0.008)
本命年×性别	0.060*** (0.016)	0.071*** (0.015)	0.061*** (0.010)	0.028 (0.029)	0.093** (0.030)
本命年×年龄	−0.001 (0.001)	−0.002** (0.001)	−0.001 (0.001)	−0.003 (0.002)	−0.006** (0.002)
本命年×排量	0.086*** (0.021)	0.056** (0.020)	0.057*** (0.016)	0.032 (0.040)	0.104* (0.042)
年　龄	0.51*** (0.008)	0.052*** (0.007)	0.113*** (0.005)	0.093*** (0.014)	0.028* (0.016)
年龄^2	−0.003*** (0.000)	−0.002*** (0.000)	−0.004*** (0.000)	−0.004*** (0.000)	−0.002*** (0.000)
年龄^3	0.000*** (0.000)	0.000*** (0.000)	0.000*** (0.000)	0.000*** (0.000)	0.000*** (0.000)
排　量	−1.581*** (0.006)	−1.641*** (0.006)	−1.160*** (0.004)	−1.584*** (0.011)	−1.659*** (0.012)
Constant	−0.239 (0.095)	−0.257** (0.091)	−1.349*** (0.061)	−0.672*** (0.176)	−0.098 (0.193)
N	3 556 260	4 035 499	6 351 932	974 112	959 645
Pseudo R^2	0.120	0.123	0.102	0.120	0.126
Wald chi^2	170 732.384 8***	205 187.059***	306 188.306***	49 222.951***	49 382.001***

注：* 表示 $p<0.10$，** 表示 $p<0.05$，*** 表示 $p<0.01$；括号内为系数的估计标准误。

通过表 6－3 可知，本命年对红色汽车的选择存在显著的正向影响，只有模型 2 的结果不显著，这是由于在 2008 年发生了汶川地震，这种突发自然灾害可能对本命年效应产生冲击。具体来看，在模型 4 中地震发生前本命年效应仍然显著，只是在地震发生后本命年效应发生了改变，这证实了 H6－1 的稳定性，同时也说明了自然灾害对本命年效应可能存在冲击性，本书将在下一节对这一冲击效应展开实证研究。从表 6 - 3 可知，本命年与性别的交互项对红色车选择仍存在显著正向影响，H6 - 2 得到证实。具体影响如图 6 - 3 和图 6 - 4 所示。

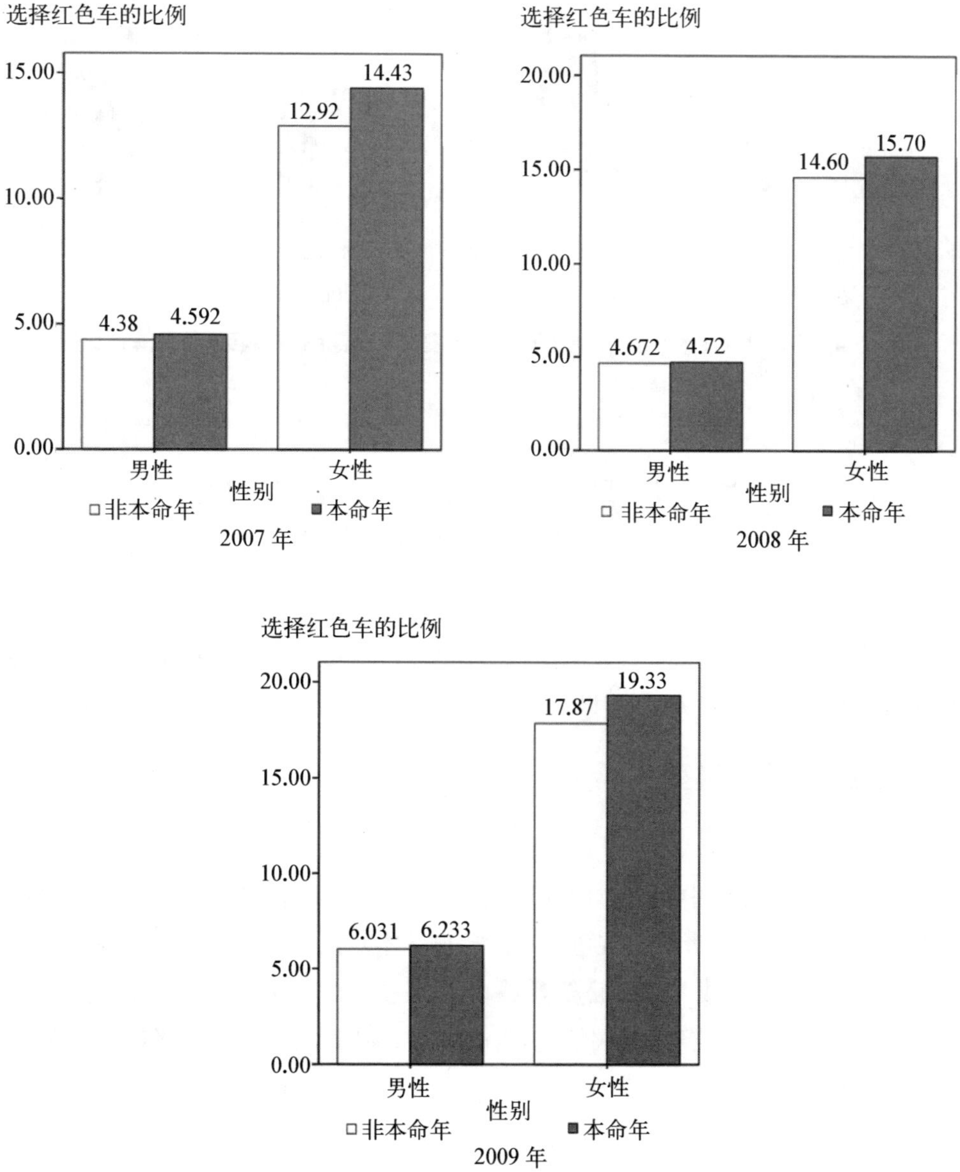

图 6 - 3　不同性别在本命年时(以 2007 年、2008 年和 2009 年为例)选择购买红色车的比例

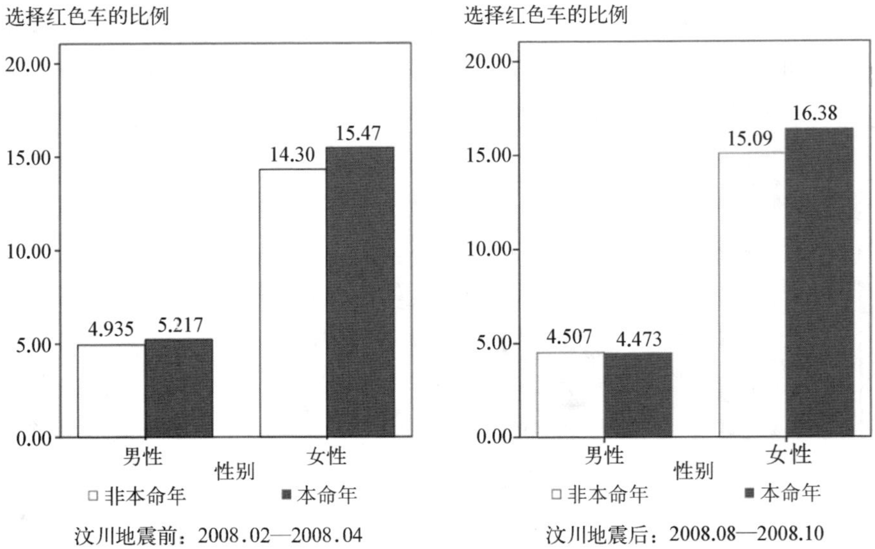

图6-4　不同性别在本命年时(2008年)汶川地震前和地震后选择购买红色汽车的比例

第五节　突发自然灾害对本命年效应的影响研究

本节将运用城市层面的数据用自然实验法-双重差分法分析突发自然灾害对本命年效应的影响，并验证H6-3A和H6-3B。

一、数据、变量与模型

(一) 数据

本章先将第四节中的个体层面数据汇总到城市层面，得到每个月每个城市中处于本命年的消费者购买红色汽车的比例。本章从中国统计年鉴中收集了城市人均GDP、人口数、平均工资等城市特征变量。本章根据民政部公布的2008年四川汶川地震各地受灾情况，将阿坝州、绵阳市等28个地级市设定为地震灾区(实验组)，其他城市为非灾区(对照组)。

(二) 变量

本节的被解释变量为某个城市某个月度本命年买车的车主选择红色车的比

例，本节的解释变量为灾难发生时间前后、是否受灾地区，以及两者的交互项。为了控制可能影响轿车购买的其他因素，本章在模型中引入多个重要变量：员工的平均工资(RMB)、每万人拥有的公共交通数、失业人数、地区 GDP 和城市出租车的数量。本章还控制了可能影响城市拥挤程度的变量，包括人口数、人均道路铺装面积和人口密度。表 6－4 描述了控制变量及相关统计信息。本章对偏度较大的变量，即平均工资、人口数、出租车数量和人口密度等，进行了对数转换。

表 6－4　　控制变量的描述性统计

变量符号	变量名称及单位	观测值	均　值	标准差	最小值	最大值
WAGE	职工平均工资(元)	841	24 483.28	6 901.499	9 523	63 549
LWAGE	log(*WAGE*)	841	10.07	0.263	9.162	11.06
BUS	每万人拥有的公共汽电车(辆)	845	6.807	4.855	0	51
POP	年平均人口(万人)	849	428.462	302.484	18	3 276
LPOP	log(*POP*)	849	5.846	0.694	2.944	8.095
ROAD	人均铺装道路面积(平方米)	845	9.301	5.331	0	44
GDP	地区生产总值(万元)	849	1 218.532	1 672.2	61.835 2	17 165.98
LGDP	log(*GDP*×10 000)	849	15.814	0.943	13.335	18.961
UNEM	年末城镇登记失业人数(人)	846	24 739	27 566.53	1 716	306 802
LUNEM	log(*UNEM*)	846	9.791	0.773	7.448	12.634
TAXI	年末实有出租汽车(辆)	848	2 916.203	5 813.664	98	66 646
LTAXI	log(*TAXI*)	848	7.318	1.048	4.595	11.107
DENS	人口密度(人/平方千米)	847	421.249	317.67	5	2 474
LDENS	log(*DENS*)	847	5.729	0.89	1.792	7.814

资料来源：由作者自行整理而得。

（三）模型设定

本章采用自然实验法中的倍差法进行分析。自然实验指由于某些并非为了实验目的而发生的外部突发事件，使得个体仿佛被随机地分在了实验组和控制组，汶川地震这一突发灾难事件，使得受灾地区和非受灾地区被随机分到了实验组和控制组。

因地震灾情导致的汽车供应链受到影响，可能会出现某些色彩的车型无法及时供应，从而导致消费者无法自由选择汽车色彩，因此，本章将地震灾后的观测期设定为 2009 年，同时将地震灾前的观测期设定为 2007 年。同时，在稳健性检验中，将地震前后半年和一年设定为外部事件发生前后的观测期。

为了研究突发灾难对个体本命年选择红色汽车的影响，模型设定如下：

$$\boldsymbol{Y_{it} = \alpha + \beta_1 TD_t \times CD_i + \theta_i + \delta_i + \varepsilon_{it}}$$

其中，i 代表特定城市，t 代表时间；Y 为本命年选择红色车的比例（即本命年买车的车主选择红色车的比例，此处考虑按照农历新年为计算标准）；TD 表示灾难前后的时间虚拟变量，1 为灾后，0 为灾前；CD 表示该地区是否发生地震的虚拟变量，1 为受灾地区，0 为非受灾地区；$TD \times CD$ 代表大灾难对汽车色彩选择本命年效应影响的净效应；θ_i ，δ_i 分别代表城市固定效应和时间固定效应；ε_{it} 为残差项。

本章通过使用倾向性得分匹配（PSM）方式，选择了与受灾地区在经济发展水平（地区 GDP、平均工资）、人口数量（地区人口数、在职员工数）、道路面积、公共汽车数量、出租车数量等各方面相近的城市，同时还考虑了地理位置，并排除了距离较远的地区（海南省、黑龙江省），共 69 个（一比四有放回匹配）。在比较了不同的匹配方法（NNM，半径匹配，卡尺内的最近邻居匹配和内核匹配）之后，结果依然稳定。

二、实证结果与讨论

（一）双重差分模型回归结果

表 6－5 为逐步引入控制变量的双重差分模型回归结果，$TD \times CD$ 的系数均显著为负，且非常稳健。这表明，受灾地区相对于非受灾地区，在地震发生后，其本命年买车的车主选择红色车的比例下降更多。这一发现证实了 H6－3B，不支持 H6－3A。

表 6－5　突发灾难对个体本命年选择红色车影响的双重差分模型分析结果

变量＼序号	(1)	(2)	(3)	(4)	(5)	(6)	(7)	(8)	(9)
TD×CD	NS	-0.033^{***} (0.008)	-0.033^{***} (0.008)	-0.033^{***} (0.008)	-0.033^{***} (0.008)	-0.034^{***} (0.008)	-0.032^{***} (0.008)	-0.033^{***} (0.008)	-0.032^{***} (0.009)
LWAGE		-0.13^{***} (0.048)	-0.132^{**} (0.050)	-0.168^{***} (0.054)	-0.152^{***} (0.050)	-0.138^{***} (0.044)	-0.137^{***} (0.045)	-0.136^{***} (0.044)	-0.138^{***} (0.045)
BUS			0.002 (0.003)	0.004^{**} (0.002)	0.001 (0.002)	0.002 (0.002)	0.002 (0.002)	0.003 (0.002)	0.003 (0.003)
LPOP				-1.063^{***} (0.372)	-0.947^{***} (0.334)	-0.827^{***} (0.275)	-0.782^{**} (0.345)	-0.762^{**} (0.346)	−0.931 (0.795)
ROAD					0.009^{**} (0.004)	0.008^{**} (0.004)	0.008^{**} (0.004)	0.008^{**} (0.004)	0.008^{**} (0.004)
LGDP						-0.28^{***} (0.105)	-0.279^{**} (0.108)	-0.282^{**} (0.109)	-0.281^{**} (0.111)
LUNEM							0.005 (0.020)	0.005 (0.020)	0.004 (0.020)
LTAXI								−0.014 (0.028)	−0.013 (0.028)
LDENS									0.186 (0.861)
N	1 728	1 560	1 558	1 558	1 558	1 558	1 548	1 548	1 548
组内 R^2	0.021	0.033	0.033	0.039	0.043	0.048	0.049	0.049	0.049

从图 6－5 可知，灾区城市本命年买车的车主选择红色车的比例显著高于非受灾区城市，这或许是因为灾区地处欠发达地区，受经济发展和教育程度的影响，这些区域的消费者的吉利消费行为倾向更强，本命年选择红色车的比例更高。非受灾区在灾难前后的本命年效应未发生显著变化，车主选择红色车的比例几乎是相同的，但是，受灾区在灾难后的本命年效应减弱了，即受灾区消费者本命年选择红色车的比例在灾后下降了，这说明个体在亲历大灾难后，红色的负面联想更多，因此，本命年选择红色汽车以辟邪的行为反而有所减弱。另外，这或许与国家在汶川地震发生后投入大量人力物力进行灾后重建有关，许多心理工作者奔赴地震灾区对受灾群众进行心理健康辅导和科学知识普及，地处灾区的个体在灾后反而更加理性，这一点在相关的调查研究中也得到了证实(韦嘉等，2012)。

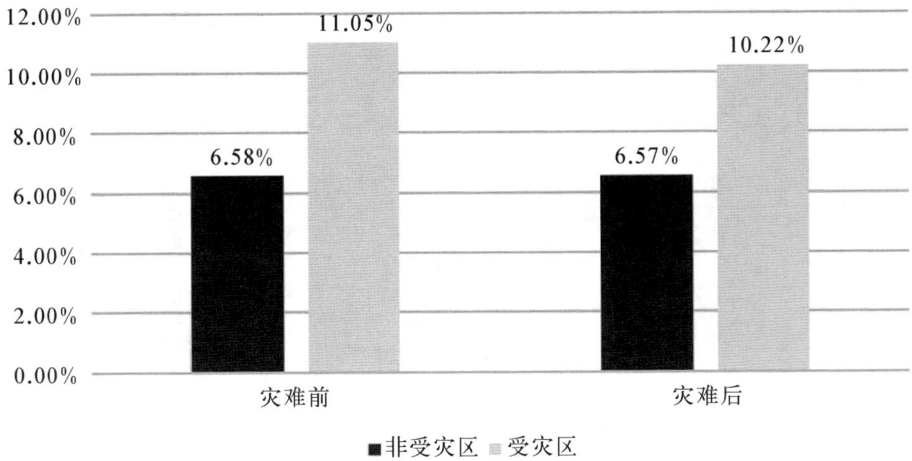

图 6－5　灾难前后不同区域本命年买车的车主选择红色车的比例

(二) 稳健性检验

为进一步保证研究结果的可靠性与稳健性。本章将受灾地区根据灾情严重程度，再细分出重灾区，同时，将事件前后观测期改为地震发生时间的前后六个月。从表 6－6 可知，不论是全部灾区与匹配的非受灾地区对比，还是重灾区与匹配的非受灾地区对比，无论是剔除 2008 年 5 月的数据，还是剔除 5 月和 6 月数据或剔除 5～7 月数据，双重差分模型中 $TD \times CD$ 的系数均显著为负。这进一步证实了 H6－3B。

表 6－6　突发灾难对个体本命年选择红色车影响的双重差分模型分析结果（实验组新增重灾区，观测期为事件前后 6 个月）

因变量	本命年效应(本命年买车的车主选择红色车的比例)					
实验组	全　部　灾　区			重　　灾　　区		
对照期	剔除 5/6 月：灾前(2007.11—2008.4)vs.灾后(2008.7—2008.12)	剔除 5 月：灾前(2007.11—2008.4)vs.灾后(2008.6—2008.11)	剔除 5～7 月：灾前(2007.11—2008.4)vs.灾后(2008.8—2009.1)	剔除 5/6 月：灾前(2007.11—2008.4)vs.灾后(2008.7—2008.12)	剔除 5 月：灾前(2007.11—2008.4)vs.灾后(2008.6—2008.11)	剔除 5～7 月：灾前(2007.11—2008.4)vs.灾后(2008.8—2009.1)
DISASTER	−0.032*** (0.009)	−0.032*** (0.008)	−0.024*** (0.008)	−0.036*** (0.013)	−0.027** (0.012)	−0.029** (0.011)

续　表

因变量	本命年效应（本命年买车的车主选择红色车的比例）					
实验组	全部灾区			重灾区		
对照期	剔除5/6月：灾前（2007.11—2008.4）vs.灾后（2008.7—2008.12）	剔除5月：灾前（2007.11—2008.4）vs.灾后（2008.6—2008.11）	剔除5～7月：灾前（2007.11—2008.4）vs.灾后（2008.8—2009.1）	剔除5/6月：灾前（2007.11—2008.4）vs.灾后（2008.7—2008.12）	剔除5月：灾前（2007.11—2008.4）vs.灾后（2008.6—2008.11）	剔除5～7月：灾前（2007.11—2008.4）vs.灾后（2008.8—2009.1）
LWAGE	−0.138*** (0.045)	−0.121*** (0.046)	−0.103*** (0.038)	−0.095** (0.039)	−0.075* (0.040)	−0.067** (0.032)
BUS	0.003 (0.003)	0.003 (0.003)	0.003 (0.002)	0.003 (0.003)	0.003 (0.003)	0.004** (0.002)
LPOP	−0.931 (0.795)	−1.174 (0.897)	−0.391* (0.209)	−0.268 (1.327)	0.025 (1.443)	−0.099 (0.247)
ROAD	0.008** (0.004)	0.009** (0.004)	0.004 (0.003)	0.007 (0.005)	0.007 (0.005)	0.002 (0.004)
LGDP	−0.281** (0.111)	−0.355** (0.136)	−0.078 (0.081)	−0.222* (0.120)	−0.232* (0.129)	−0.062 (0.082)
LUNEM	0.004 (0.020)	0.003 (0.023)	−0.007 (0.020)	−0.007 (0.025)	−0.009 (0.028)	−0.025 (0.021)
LTAXI	−0.013 (0.028)	−0.025 (0.028)	−0.005 (0.013)	0.004 (0.034)	−0.004 (0.034)	0.005 (0.020)
LDENS	0.186 (0.861)	0.454 (0.972)	−0.022* (0.011)	0.122 (1.311)	−0.004 (1.432)	−0.023** (0.011)
N	1 548	1 548	1 543	1 224	1 224	1 223
组内 R^2	0.049	0.052	0.031	0.035	0.027	0.030

由于汽车销售可能存在淡季和旺季，只用地震前后半年的对照期，汽车销量可能受到季节性因素影响，因此，本章又将对照期扩大到地震前后各一年时间，事件前后的对照期均能涵盖销售淡季和旺季。由表 6－7 可知，双重差分模型中 $TD \times CD$ 的系数均显著为负。这进一步证实了 H6－3B。

表 6-7　突发灾难对个体本命年选择红色车影响的双重差分模型分析结果（实验组新增重灾区，观测期为事件前后 6 个月或 1 年）

因变量	本命年效应（本命年买车的车主选择红色车的比例）			
实验组	全 部 灾 区		重 灾 区	
对照期	前后半年：灾前（2007.11—2008.4）vs. 灾后（2008.7—2008.12）	前后一年：灾前（2007.5—2008.4）vs. 灾后（2008.7—2009.6）	前后半年：灾前（2007.11—2008.4）vs. 灾后（2008.7—2008.12）	前后一年：灾前（2007.5—2008.4）vs. 灾后（2008.7—2009.6）
DISASTER	−0.032*** (0.009)	−0.028*** (0.006)	−0.036*** (0.013)	−0.026** (0.011)
LWAGE	−0.138*** (0.045)	−0.04* (0.023)	−0.095** (0.039)	−0.036 (0.024)
BUS	0.003 (0.003)	0 (0.001)	0.003 (0.003)	0.001 (0.001)
LPOP	−0.931 (0.795)	−0.101 (0.116)	−0.268 (1.327)	−0.083 (0.120)
ROAD	0.008** (0.004)	0.002 (0.001)	0.007 (0.005)	0.002 (0.001)
LGDP	−0.281** (0.111)	0.074** (0.033)	−0.222* (0.120)	0.076** (0.032)
LUNEM	0.004 (0.020)	−0.002 (0.008)	−0.007 (0.025)	−0.001 (0.009)
LTAXI	−0.013 (0.028)	0.002 (0.005)	0.004 (0.034)	−0.004 (0.009)
LDENS	0.186 (0.861)	0.011 (0.007)	0.122 (1.311)	0.011 (0.007)
N	1 548	3 064	1 224	2 440
组内 R^2	0.049	0.030	0.035	0.027

第六节 研究结论、启示与展望

一、研究结论

本章运用二手数据，从更大的样本范围研究了吉利消费行为，将吉利消费的研究从数字、名称等方面拓展到色彩领域，分析了本命年个体的色彩吉利消费偏好，进而证实了本命年效应的存在，同时又分析了性别和突发自然灾害对本命年效应的调节作用。通过 logit 模型和双重差分法分析得到以下结论：

第一，在中国消费者的汽车消费中存在本命年效应。本命年对红色汽车的选择存在显著的正面影响，在本命年情境下，消费者倾向于选择购买红色的车辆以求消灾。

第二，性别在本命年效应中起调节作用。相较于男性，女性消费者在本命年对红色汽车的购买量增加更多，这是因为女性更加迷信。

第三，自然灾害对个体的吉利消费行为会产生影响。突发自然灾害导致灾区消费者对红色车辆的购买量下降，本命年效应减弱，而非灾区的消费者的本命年效应仍存在。这一结论在不管是将灾区划分为轻/重灾区还是将观测时间改变为发生前后半年或一年的情况下均是成立的。这是因为红色能够产生负面的联想，当人经历灾难后，他们会尽量回避负面信息，因此在个体经历大灾难之后，会降低对红色车的偏好。同时，国家在地震发生后对灾民进行的科学指导也降低了灾区消费者的超自然信念。

二、营销管理启示

汽车外观是汽车制造商重点关注的领域，美观的汽车涂装可以吸引更多的消费者购买该产品。本章研究表明本命年对消费者的色彩偏好有影响，本命年时消费者更喜欢购买红色的汽车，特别是女性消费者的吉利消费会更多；而发生自然灾害时，红色车辆的本命年效应则会减弱，特别是灾区的红色车辆消费量会减少，因此，汽车的制造商和经销商则需要考虑不同情境下消费者的偏好以实现更好的竞争。

汽车制造商在外形设计时应充分考虑不同色彩给消费者带来的印象。通常，对于红色车辆进行设计时应加强其吉利印象，顺应消费者对运气的需求，从而吸引更多追求吉利的消费者购买本企业的产品。此外，在产品生产时，则需要注意自然灾害事件，据此对产品的产量进行调整。自然灾害发生时，灾区对红色车辆的购买量下降，因此在这时企业需要对红色汽车的产量进行下调，适应消费者的需求。

汽车经销商也应将本命年效应纳入考虑，对不同色彩的车辆采取不同的宣传策略，对红色车辆宣传时应当顺应消费者追求吉利的意图，可以针对女性消费者特别强调其好运意象，以增加红色车辆的销量。在备货时，欠发达地区的经销商也可以增加对红色车辆的订货量，因为欠发达地区的吉利消费需求较高。而当自然灾害发生时，处于灾区的经销商应减少对红色车辆的订购，此时销售顾问向潜在消费者推荐新车时也应避免推荐红色车辆。

三、研究不足与展望

本章的研究还存在如下不足，而这也是未来有待进一步探索的方向。

第一，中国消费者的本命年红色消费一般是由他人购买，而本研究则证明个人的车辆购买行为中仍然存在本命年效应，因此对于消费者本命年的吉利消费心理仍然值得进一步研究，未来还需要通过实验法来确认消费者对吉利消费的心理认知。

第二，受数据可得性限制，本章只研究了地震这一自然灾害对消费者汽车色彩选择的影响，未来还需进一步研究不同类型的突发事件，如公共卫生事件和群体冲突事件等对消费者汽车色彩选择又会有怎样的影响，并比较其不同。

参 考 文 献

[1] 董俊武，湛锐章，刘靖梅.吉利性偏好对中国消费者决策的影响：以品牌名为中介的研究[J].现代管理科学，2010(7)：101-103.

[2] 方文，王淼.论灾后迷信危机与信仰体系的重建：以汶川地震为例[J].福建论坛：社科教育版，2008，10：44-47.

[3] 郭昱琅，张攀.消费者迷信研究综述与展望[J].外国经济与管理，2016，38(10)：117-128.

[4] 黄滕，金雪军.吉利数字偏好、尾数定价与价格粘性——来自互联网的证据

[J].财贸经济,2014(12).

[5] 韦嘉,龚勋,张春雨,张进辅.四川地区震后 2 年初中生超自然信念水平分析[J].中国学校卫生,2012,33(3):344 - 346.

[6] 王静一,王海忠.基于控制幻觉的消费者幸运迷信决策研究[J].营销科学学报,2011,(3):51 - 58.

[7] 王淑娟,李朝旭.迷信的信息加工机制和心理安慰功能[J].赣南师范学院学报,2005,26(2):41 - 45.

[8] 周懿瑾,蒋廉雄,郝佳.吉利消费研究述评[J].外国经济与管理,2011,33(3):43 - 49.

[9] 周懿瑾,余青.能力 vs. 运气:暗示性品牌名称对消费者品牌认知的影响[J].营销科学学报,2013(4):61 - 74.

[10] 朱霜.仪式象征与符号崇拜——“电子巫术”的批判性分析研究[D].南京师范大学硕士毕业论文,2020.

[11] Aarnio K., Lindeman M. Paranormal beliefs, education, and thinking styles [J]. Personality and Individual Differences, 2005, 39(7): 1227 - 1236.

[12] Andersson S., Pryke S. R., Örnborg J., et al. Multiple receivers, multiple ornaments, and a trade-off between agonistic and epigamic signaling in a widowbird[J]. The American Naturalist, 2002, 160(5): 683 - 691.

[13] Ang S. H.. Chinese consumers' perception of alpha-numeric brand names [J]. Journal of Consumer Marketing, 1997.

[14] Bagchi R., Cheema A.. The effect of red background color on willingness-to-pay: the moderating role of selling mechanism [J]. Journal of Consumer Research, 2013, 39(5): 947 - 960.

[15] Barber B. K.. Contrasting portraits of war: Youths' varied experiences with political violence in Bosnia and Palestine [J]. International Journal of Behavioral Development, 2008, 32(4): 298 - 309.

[16] Block L., Kramer T.. The effect of superstitious beliefs on performance expectations [J]. Journal of the Academy of Marketing Science, 2009, 37(2): 161 - 169.

[17] Bosnia and Palestine [J]. International Journal of Behavioral Development, 2008, 32(4): 298 - 309.

[18] Boyd R., Richerson P. J.. The Origin and Evolution of Cultures [M]. Oxford University Press, 2005.

[19] Captari L. E., Hook J. N., Aten J. D., et al. Embodied spirituality following

disaster: exploring intersections of religious and place attachment in resilience and meaning-making [J]. The Psychology of Religion and Place. Palgrave Macmillan, Cham, 2019: 49 - 79.

[20] Carlson B. D., Mowen J. C., Fang X.. Trait superstition and consumer behavior: Re-conceptualization, measurement, and initial investigations [J]. Psychology & Marketing, 2009, 26(8): 689 - 713.

[21] Cuthill I. C., Hunt S., Cleary C., et al. Colour bands, dominance, and body mass regulation in male zebra finches (Taeniopygia guttata)[J]. Proceedings of the Royal Society of London. Series B: Biological Sciences, 1997, 264(1384): 1093 - 1099.

[22] Darke P. R., Freedman J. L.. Lucky events and beliefs in luck: Paradoxical effects on confidence and risk-taking [J]. Personality and Social Psychology Bulletin, 1997, 23(4): 378 - 388.

[23] Dudley R. T.. The relationship between negative affect and paranormal belief [J]. Personality and Individual Differences, 2000, 28(2): 315 - 321.

[24] Elliot A. J., Maier M. A., Moller A. C., et al. Color and psychological functioning: the effect of red on performance attainment [J]. Journal of Experimental Psychology: General, 2007, 136(1): 154.

[25] Elliot A. J., McGregor H. A.. Test anxiety and the hierarchical model of approach and avoidance achievement motivation [J]. Journal of Personality and social Psychology, 1999, 76(4): 628.

[26] Elliot A. J., Niesta D.. Romantic red: red enhances men's attraction to women [J]. Journal of Personality and Social Psychology, 2008, 95(5): 1150.

[27] Farha B., Steward G.. An Analysis of College Students [J]. Skeptical Inquirer, 2006, 30(1): 37.

[28] Festinger L.. When Prophecy Fails [M]. Minneapolis, US: University of Minnesota Press, 1956.

[29] Fetterman A. K., Robinson M. D., Meier B. P.. Anger as "seeing red": Evidence for a perceptual association [J]. Cognition & Emotion, 2012, 26(8): 1445 - 1458.

[30] Gallup, G.. H.. & Newport, F.. Belief in paranormal phenomena among adult Americans [J]. Skeptical Inquirer, 1991, 15: 137 - 146

[31] Hamerman E. J., Johar G. V.. Conditioned superstition: Desire for control and consumer brand preferences [J]. Journal of Consumer Research, 2013, 40(3):

428 - 443.

[32] Hamerman E. J., Morewedge C. K.. Reliance on luck: Identifying which achievement goals elicit superstitious behavior [J]. Personality and Social Psychology Bulletin, 2015, 41(3): 323 - 335.

[33] Henrich J.. The secret of our success [M]. Princeton University Press, 2015.

[34] Henrich J., Bauer M., Cassar A., et al. War increases religiosity [J]. Nature Human Behaviour, 2019, 3(2): 129 - 135.

[35] Henrich J., Boyd R.. Why people punish defectors: Weak conformist transmission can stabilize costly enforcement of norms in cooperative dilemmas [J]. Journal of Theoretical Biology, 2001, 208(1): 79 - 89.

[36] Huang L., Whitson J.. Organizational costs of compensating for mind-body dissonance through conspiracies and superstitions [J]. Organizational Behavior and Human Decision Processes, 2020, 156: 1 - 12.

[37] Irwin H. J.. Age and sex differences in paranormal beliefs: a response to Vitulli, Tipton, and Rowe (1999)[J]. Psychological Reports, 2000, 86(2): 595 - 596.

[38] Jacobs L., Keown C., Worthley R., et al. Cross-cultural colour comparisons: Global marketers beware! [J]. International Marketing Review, 1991.

[39] Jahoda G.. The psychology of superstition [M]. Harmondsworth: Penguin. 1970.

[40] Jiang Y., Cho A., Adaval R.. The unique consequences of feeling lucky: Implications for consumer behavior [J]. Journal of Consumer Psychology, 2009, 19(2): 171 - 184.

[41] Kang J., Park J. K., Kim H.. The Influence of Implicit Self-Theories on Causal Inferences about Superstitions and Consequences on Subsequent Tasks [J]. Journal of the Association for Consumer Research, 2018, 3(4): 477 - 489.

[42] Kay A. C., Whitson J. A., Gaucher D., et al. Compensatory control: Achieving order through the mind, our institutions, and the heavens [J]. Current Directions in Psychological Science, 2009, 18(5): 264 - 268.

[43] Kramer T., Block L.. Conscious and Nonconscious Components of Superstitious Beliefs in Judgment and Decision Making [J]. Journal of Consumer Research, 2008, 34(6): 783 - 793.

[44] Kramer T., Block L.. Nonconscious effects of peculiar beliefs on consumer psychology and choice [J]. Journal of Consumer Psychology, 2011, 21(1):

101－111.

[45] Labrecque L. I., Milne G. R.. Exciting red and competent blue: the importance of color in marketing [J]. Journal of the Academy of Marketing Science, 2012, 40(5): 711－727.

[46] Langer E. J.. The illusion of control [J]. Journal of Personality and Social Psychology, 1975, 32(2): 311.

[47] Liu Y., Zhang Y., Chen X., et al. Superstition and farmers' life insurance spending [J]. Economics Letters, 2021: 109－975.

[48] Mayo M., Mallin M.. Antecedents and anticipated outcomes of superstitious behavior among professional salespeople [J]. Journal of Business & Industrial Marketing, 2014.

[49] McCleary R. M., Barro R. J.. Religion and political economy in an international panel [J]. Journal for the Scientific Study of Religion, 2006, 45(2): 149－175.

[50] Mowen J. C., Carlson B.. Exploring the Antecedents and Consumer Behavior Consequences of the Trait of Superstition [J]. Psychology and Marketing, 2003, 20(12): 1045－1065.

[51] Neal C. M., Quester P. G., Hawkins D. I.. Consumer behaviour: Implications for marketing strategy [M]. McGraw-Hill Irwin, 2004.

[52] Ng T., Chong T., Du X.. The value of superstitions [J]. Journal of Economic Psychology, 2010, 31(3): 293－309.

[53] North C. S., Pfefferbaum B.. Mental health response to community disasters: a systematic review [J]. Jama, 2013, 310(5): 507－518.

[54] Otis L. P., Alcock J. E.. Factors affecting extraordinary belief [J]. The Journal of Social Psychology, 1982, 118(1): 77－85.

[55] Palazzolo R.. Is Friday the 13th a Reason to Stay in Bed? [EB/OL]. ABC News, (2005－05－13)[2006－01－06]. http: //abcnews. go. com/Health/story? id=751011 & page=1.

[56] Pargament K. I., Smith B. W., Koenig H G, et al. Patterns of positive and negative religious coping with major life stressors [J]. Journal for the Scientific Study of Religion, 1998: 710－724.

[57] Pontes N., Williams L. K.. Feeling red lucky? The interplay between color and luck in gambling settings [J]. Psychology & Marketing, 2021, 38(1): 43－55.

[58] Randall T. M., Desrosiers M.. Measurement of supernatural belief: Sex differences and locus of control [J]. Journal of Personality Assessment, 1980,

44(5): 493 - 498.

[59] Rudski J.. Competition, superstition and the illusion of control [J]. Current Psychology, 2001, 20(1): 68 - 84.

[60] Ruffle B. J., Sosis R.. Does it pay to pray? Costly ritual and cooperation [J]. The BE Journal of Economic Analysis & Policy, 2007, 7(1).

[61] Saito M.. "Blue and seven phenomena" among Japanese students [J]. Perceptual and Motor Skills, 1999, 89(2): 532 - 536.

[62] Schmitt B. H.. Language and visual imagery: Issues of corporate identity in East Asia [J]. The Columbia Journal of World Business, 1995, 30 (4): 28 - 36.

[63] Setchell J. M., Jean Wickings E.. Dominance, status signals and coloration in male mandrills (Mandrillus sphinx)[J]. Ethology, 2005, 111(1): 25 - 50.

[64] Shum M., Sun W., Ye G.. Superstition and "lucky" apartments: Evidence from transaction-level data [J]. Journal of Comparative Economics, 2014, 42(1): 109 - 117.

[65] Simmons L. C., Schindler R. M.. Cultural Superstitions and the Price Endings Used in Chinese Advertising [J]. Journal of International Marketing, 2003, 11(2): 101 - 111.

[66] Smith M. D., Foster C. L., Stovin G. Intelligence and paranormal belief: Examining the role of context [J]. The Journal of Parapsychology, 1998, 62(1): 65.

[67] Stephens N. M., Fryberg S. A., Markus H. R., et al. Who explains Hurricane Katrina and the Chilean earthquake as an act of God? The experience of extreme hardship predicts religious meaning-making [J]. Journal of Cross-Cultural Psychology, 2013, 44(4): 606 - 619.

[68] Torgler B.. Determinants of superstition [J]. The Journal of Socio-Economics, 2007, 36(5): 713 - 733.

[69] Tsang E. W. K.. Superstition and decision-making: Contradiction or complement? [J]. Academy of Management Perspectives, 2004, 18 (4): 92 - 104.

[70] Voracek M.. Who wants to believe? Associations between digit ratio (2D: 4D) and paranormal and superstitious beliefs [J]. Personality and Individual Differences, 2009, 47(2): 105 - 109.

[71] Vyse S. A.. Believing in magic: The psychology of superstition-updated edition

[M]. Oxford University Press, 2013.

[72] Watt C., Watson S., Wilson L. Cognitive and psychological mediators of anxiety: Evidence from a study of paranormal belief and perceived childhood control [J]. Personality and Individual Differences, 2007, 42(2): 335 - 343.

[73] Whitson J. A., Galinsky A. D.. Lacking control increases illusory pattern perception [J]. Science, 2008, 322(5898): 115 - 117.

[74] Wiseman R., Watt C.. Measuring superstitious belief: Why lucky charms matter [J]. Personality and Individual Differences, 2004, 37(8): 1533 - 1541.

[75] Wogalter M. S., Conzola V. C., Smith-Jackson T L. based guidelines for warning design and evaluation [J]. Applied Ergonomics, 2002, 33 (3): 219 - 230.

[76] Wu S.. Chinese astrology: Exploring the Eastern zodiac [M]. Red Wheel/Weiser, 2005.

第七章
突发自然灾害对产品外观色彩选择影响研究

第一节 引　言

地球上的自然灾害会时不时地出现，例如，美国的卡特里娜飓风(2005)、中国的汶川地震(2008)等。突发灾难会导致严重的人员死亡，对社会情绪和消费者心理造成重大冲击，还会引起人们的恐慌性购买。个体经历灾难后会瞬间丧失大量资源，失去控制感和安全感，同时会有一些应激反应，例如，在情绪上感到恐惧、焦虑。这些感受和情绪会对个体产品外观色彩选择产生影响吗？这个问题在色彩研究领域鲜有涉及。笔者认为，由于每种色彩有着特定的隐喻和心理功能，当个体的情绪因灾难事件冲击产生波动时，必然会影响个体对色彩的偏好与选择。

我国是世界上自然灾害最为严重的国家之一，灾害种类多、发生频率高，这是基本国情。如果自然灾害会对个体的色彩偏好产生影响，那么研究个体在自然灾害发生后更偏好哪些色彩，更回避哪些色彩，这既能帮助我们理解情绪状态对色彩偏好的预测作用，也能帮助我们通过色彩引起的情绪反应合理引导个体的情绪。在汽车外形日趋类同化的今天，色彩已经成为购车的关键要素之一，本章拟具体研究个体在自然灾害后更偏好哪种色彩的私家车，这在理论上可以进一步拓展死亡凸显对消费行为的影响，抛开传统的基于认知的恐惧管理理论，从情绪角度解释个体的应激行为反应和消费偏好，有较大的创新性；在实践方面，对品牌的产品外观设计、对经销商的订购决策和销售顾问的适应性销售方式均有重要的参考价值。

第二节 相关文献综述

一、死亡凸显的二元认知模型与恐怖管理理论

死亡信息对个体的提醒(即死亡凸显,Mortality Salience)会激发个体对防御性心理结构(Protection Psychological Structure)的需求,借以抵御死亡信息带来的焦虑或恐惧情绪(Harmon-Jones et al.,1997)。根据个体对死亡感知的不同程度,防御性心理结构可分为表层意识防御和潜意识防御。当死亡思维的感知程度较高、受到个体的表层意识注意时,理性的近端防卫会启动,这种防卫机制尝试使用与引发防卫机制威胁的抽象程度相近的概念来解除威胁,如否认个体当前的死亡可能性或将死亡的威胁转移至遥远的未来,从而抑制死亡引起的恐惧;当死亡相关概念感知程度较低,仅在潜意识层面存在但不受个体注意(如死亡思维受到近端防卫的抑制后)时,启动的则是远端防卫,这种防卫机制会尝试使用与引发防卫机制威胁的抽象程度差别较大的概念来解除威胁,如通过加强自尊、世界观抵抗等来缓冲死亡思维带来的焦虑(Greenberg et al., 1986; Greenberg et al., 1994; Pyszczynski et al., 1999; Greenberg et al., 2000)。

心理学领域的恐怖管理理论对死亡凸显的潜意识防御做出了具体解释。恐怖管理理论认为,当个体接收到一些与死亡相关的信息时,必然会在潜意识里对死亡恐怖或焦虑进行心理防御(Pyszczynski et al., 1997)。这种心理防御主要包括两种动机。第一种心理防御动机是抵抗动机,即个体会在潜意识里求助于特定的文化世界观。其中,文化世界观是指一系列社会大众比较认可以使他们能够感觉到自身生存与生活的意义或者得到自己在精神上不会死亡的暗示。第二种心理防御动机是印象动机,个体会在认知和行为上尽量提高自己的自尊。具体来说,自尊是对个人价值的评价,当个体认为某些观点或行为是其自尊的来源时,死亡凸显会让个体遵从这些观点或行为(Pyszczynski et al., 1997)。

在第一种心理防御动机下,Cozzolino 等(2004)发现,当个体意识到自己会死亡时,他们更关注对物质的拥有(Arndt et al., 2004)。更有学者指出,当消费者意识到自己不可能永生时,他们会购买更多的食物(Mandel Smeesters, 2008),会对未来薪水或者资产有更高的期望,同时对奢侈品的购买有更大兴趣,而且更有可能为了追求自己的短期目标而牺牲自己的长远利益(Kasser & Sheldon,

2000)。个体在死亡凸显时会更喜欢与自己有相同宗教信仰(Greenberget al.,1990)或相同价值观的人和物(Jain & Maheswaran, 2000)。

在第二种心理防御机制下,Mandel 和 Heine(1999)研究发现,当被试意识到自己会死亡的时候,他们更加青睐高端品牌的产品(如劳力士手表),借此彰显个人品位。Routledge 等(2004)也指出,尽管个体知道多晒太阳有损皮肤健康(皮肤癌),但在死亡凸显的场景下,他们还是愿意多晒太阳以改变他们的肤色,从而提高自我形象,同时增加购买一些与享受日光浴有关的产品或者服务。Ben-Ari 等(1999)认为,对于把驾驶技能作为自尊来源的个体,当他们意识到自己会死亡时,他们的驾驶行为更加冒险。

死亡凸显对消费行为的影响如表 7-1 所示。

表 7-1　　死亡凸显对消费行为的影响

作者(年份)	研究发现	使用方法	作用机制
Greenberg 等(1990)	死亡凸显会让个体更喜欢和自己有相同宗教信仰的人	行为实验	抵抗动机
Harmon-Jones 等(1997)	自尊可以降低死亡凸显产生的世界观抵抗心理,高自尊的个体可以抑制死亡凸显带来的焦虑感	行为实验	抵抗动机
Triandis 和 Gelfand(1998)	死亡凸显会让个体愿意通过更高的地位提升自尊,会增加个体对地位性产品的消费	行为实验	印象动机
Ben-Ari 等(1999)	通常认为自己的驾驶技术很好的个体,会在死亡凸显的场景下有更多的危险驾驶行为,因为他们认为驾驶技术和自尊有关	行为实验	印象动机
Routledge 等(2003)	死亡凸显让个体更关注自己的外表是否具有吸引力	行为实验	印象动机
Kasser 和 Sheldon(2004)	死亡凸显会让个体的物质主义消费观念更强,同时更偏好令人愉悦的产品,如衣服和娱乐活动	行为实验	印象动机
Pyszczynski 等(2006)	死亡凸显会增加对武装进攻或自杀式抵抗行为的支持	行为实验	抵抗动机
柯学(2009)	死亡凸显减少个体多样化寻求行为	行为实验	情感依赖动机

续　表

作者(年份)	研　究　发　现	使用方法	作用机制
Schmeichel 等(2009)	内隐型自尊较低时,死亡凸显造成的世界观抵抗动机较强;随着内隐型自尊的提升,个体的抵抗动机渐弱	行为实验	抵抗动机
Jain 和 Maheswaran (2000)	死亡凸显让个体更喜欢与自己的信念保持一致的产品描述或产品广告	行为实验	抵抗动机
Fransen 等(2011)	死亡凸显会让个体表现出更强烈的奢侈品购买意愿	行为实验	抵抗动机/印象动机
柳武妹等(2014)	死亡凸显会增加发展中国家个体对国货的选择	行为实验	人际归属感防御
Jia 等(2014)	灾难发生后,增加娱乐行为可以降低个体的感知风险	二手数据/调查问卷数据	厌恶刺激的补偿机制

资料来源：由作者自行整理而得。

通过对以上文献的分析,可以发现相关研究尚存以下不足：第一,已经有研究发现死亡凸显能引起显著的情绪变化,单纯基于认知的恐怖管理模型已经无法很好地解释个体的应激行为反应。第二,目前绝大多数研究(共有 106 篇研究论文)是在行为实验中,通过"死亡信息"文本提示等方式操纵被试产生死亡焦虑,鲜少有研究是在真实的灾难背景下用真实的消费行为数据分析消费者行为变化;通过对研究对象的国籍统计发现：美国有 67 篇;日本有 7 篇;中国仅有 5 篇(内地和香港),探究灾难对中国人乃至亚洲人的消费观念和消费行为的影响的研究(占 5%)。

二、情绪与色彩偏好

关于色彩和心理功能的理论陈述大多数是直接或者间接地基于 Goldstein (1942)提出的生理模型。Goldstein(1942)认为色彩引发人体的生理反应,表现在情绪体验、认知焦点和运动动作。

已经有一些研究发现环境色彩会对个体的情绪产生影响。例如,有研究发现红色与活跃相关,也与愤怒和烦躁相关(Levy, 1984),还与激动、刺激和愉快相关(Plack & Shick, 1974)。蓝色或蓝绿色与放松相关(Levy, 1984),也与舒适、安全、安静和平静相关(Plack & Shick, 1974)。色彩和情绪的关系是复杂的,受不同国籍、文化和传统的影响(Hsiao, 1995; Crozier, 1996)。例如,黑色在西方社会与哀悼相关,但在中国并非如此。

关于情绪对个体色彩偏好的影响,目前的研究较为零星。例如,章月(2015)发现悲痛的情绪状态显著地负向预测绿色/紫色偏好、显著地正向预测蓝色/灰色偏好,焦虑的情绪状态显著地负向预测白色偏好、显著地正向预测灰色/黄色偏好。而这也是实验室的发现,在真实世界中,个体的情绪对色彩偏好会产生怎样的影响,这是值得探索的问题。

第三节 研究模型与研究假设

以往的研究表明,色彩会对个体的情绪产生影响,而本章认为,个体的情绪反过来会影响其色彩偏好。近年来,理论界有关情绪对决策影响的研究日益增加,学者们提出了不同的理论学说。例如,Lerner 和 Keltner(2000, 2001)提出了评价倾向框架(Appraisal Tendency Framework, ATF)理论,认为情绪是在个体对相关事件进行认知评价后产生的,每种情绪都有其特定的认知评价维度,其中发挥主导作用的评价维度是特定情绪的核心评价主题。Forgas(1995)的情感渗透模型(the Affect Infusion Model)认为,情感渗透到决策中的程度与环境有关,在复杂性和出乎预料的情形中,情感对决策的影响程度最强。毋庸置疑,当个体面临自然灾害时,会产生一系列的消极情绪,如不安全感、缺乏控制感、悲伤、恐惧和焦虑等。目前已经有文献探讨这些情绪对消费行为的影响。例如,近年来有关悲伤情绪对消费行为的影响发现被称为"悲伤消费效应",这是指消费者在悲伤情绪下消费的种类更多、消费的数量也更多(Garg & Lerner,2013),同时会购买更多的享乐型食物等(Raghunathan & Corfman, 2004)。有少数研究已经开始探讨突发事件下情绪对决策的影响,Sayegh 等(2004)从理论上指出了突发事件中情绪的影响。吴静杰等(2016)通过实验研究发现,突发事件引致的焦虑情绪使得个体偏好风险规避,悲伤情绪使得个体偏好风险寻求,悲伤情绪增加了框架效应,焦虑情绪对其无显著影响。

在西方,白色意味着幸福和纯洁(Neal et al., 2002),白色的隐喻为积极、道德(Banerjee,2012; Chiou & Cheng, 2013),白色代表奢华(Prasetyo et al., 2015),但在亚洲大部分国家,白色象征着服丧和哀悼(Ricks, 1983),例如,汉语中的白事指丧事。汶川地震造成了重大的人员伤亡,经历地震的个体会被悲伤和恐惧的情绪所笼罩，为了摆脱这些负面情绪，个体会回避选择白色汽车，从而回避因白色产生的负面联想。因此，我们认为个体在经历大灾难之后，会降低对白色车的偏好。

H7－1：突发自然灾害会降低消费者对白色车的偏好。

红色在不同的情境中有不同的意义和联想。在成就情境中，红色是被假设有负面意义（失败）和厌恶的含义（回避动机），但它在求偶情境中，是被假设有积极意义（性感受或性状态）和有欲望的（性欲）（Elliot & Maier，2014）。在中国，红色一方面被认为是幸运的象征（Schmitt，1995；Neal et al.，2002）、新婚的象征（Neal et al.，2002），同时代表了爱（Jacobs et al.，1991）。另一方面，在与个体健康有关的情境中，红色意味着危险。因为流血、受伤都与红色相关，与身体危险的警告牌或信号，如警示牌、交通信号灯也都用红色表示。事实上，已经有研究表明与威胁最相关的色彩是红色（Wogalter et al.，2002），在生物界，红色在本能上是危险逼近的信号（Setchell & Wickings，2005）。因此，无论是文化还是生物本能，都表明红色是身体受到威胁的信号。无论是红色的积极联想，还是消极联想，都是灾难亲历者所试图回避的，因此，我们认为个体在经历大灾难之后，会降低对红色车的偏好。

H7－2：突发自然灾害会降低消费者对红色车的偏好。

无论东西方，黑色均象征着死亡、罪恶和不幸。但是，黑色也代表成熟和魅力（Fraser，T.，Banks，2004），黑色是一个非常强大的暗示力量、威严和尊严的信号（Odbert et al.，1942）。在中国文化背景下，黑色还意味着权势、昂贵、可靠性、可信度、高品质（Jacobs et al.，1991），在汉语中，黑色还有着高贵、正直和健康的隐喻（顾真，2017）。我们预期消费者对白色汽车的偏好会下降，而黑色车更为中性，且有着可靠和可信的联想与隐喻，因此，我们认为个体在经历大灾难之后，会增加对黑色车的偏好。

H7－3：突发自然灾害会增加消费者对黑色车的偏好。

有研究表明，灰色能传达优雅和质感的形象（Choo & Kim，2010）。因此，灰色一直是最受欢迎的汽车色彩之一，有统计数据表明，无论是全球市场还是亚太市场，灰色车在不同时代都能进入排名前五的流行色（艾仕得，2014）。章月（2015）发现，焦虑和悲痛的情绪状态可以正向预测灰色偏好。因此，我们认为个体在经历大灾难之后，会增加对灰色车的偏好。

H7－4：突发自然灾害会增加消费者对灰色车的偏好。

第四节 研 究 设 计

一、数据

本章分别从第三方咨询机构、中国统计年鉴官方网站、中国地震局官方网站和民政部相关网站收集了数据。本章选取 2007—2009 年 350 个地级城市的车辆牌照登记信息为研究样本，每个登记信息包括时间(以月为单位)、所在城市、车型、品牌、排量、色彩，以及销量登记人个人信息等。由于各地政府对汽车牌照注册时间有严格的规定：买车后 15 天之内，跨省份最多延迟至 30 天，因此本章将把该上牌数据视为月度销售的代理变量。同时，本章从中国统计年鉴中收集了人均 GDP、人口数、平均工资等城市属性变量。

本章仅保留了非营运的轿车和运动型汽车(SUV)，并未使用用于营运、军事或政府用车等目的的数据。同时，为控制异常值的影响，本章剔除了市场份额不足千分之一的 67 个轿车品牌(平均每个城市月销售不足 2 辆)，以及三年内总销量低于 1 000 辆的 29 个 SUV 品牌(平均每个城市月销售不足 0.01 辆)。

经数据验证，地震灾区仅 2008 年 5 月当月出现汽车上排量骤降现象，6 月即恢复正常，由于多数震区的汽车经销商认为地震造成的后续影响会持续两三个月(司康，2008)，所以本章以 2008 年 5 月和 6 月为地震事件发生期，后续处理时剔除这两个月的数据，并在稳健性检验中剔除了 5～7 月的数据。此外，来自中央、其他省政府或其他国家的援助，均被直接用于修复受损房屋、发放食品或搭建临时帐篷，该资金不会对消费行为产生太大影响。并无汽车制造商处于震区。四川省仅有六家汽车厂商有震感，仅占全国汽车总产量的 0.4%，两周内即恢复正常生产(司康，2008)。

本章将 2008 年 5 月 12 日 14:28:04 发生的汶川地震视为自然实验中的外部事件，其震中位于四川省汶川县映秀镇与宣口镇交界处，震级为 8.0 级，地震波及大半个中国及亚洲多个国家和地区，是中华人民共和国成立以来破坏力最大的地震。据民政部报告，截至 2008 年 9 月 25 日 12 时，四川汶川地震已确认有 69 227 人遇难，374 644 人受伤，17 923 人失踪。根据中国民政部在 2008 年发布的灾情统计文件，通过计算与(汶川地震)震源的距离以及死亡人数和财产受损数量，共25个城市为受灾区，作为本研究的实验组。

本章通过使用倾向性得分匹配（PSM）方式，选择了与受灾地区在经济发展水平（地区GDP、平均工资）、人口数量（地区人口数、在职员工数）、道路面积、公共汽车数量、出租车数量等各方面相近的城市，同时还考虑了地理位置，并排除了距离较远的地区（海南省、黑龙江省），共90个（一比四有放回匹配）。在比较了不同的匹配方法（NNM，半径匹配，卡尺内的最近邻居匹配和内核匹配）之后，结果依然稳定。

二、变量

被解释变量为某个城市某个月度买车的车主选择黑/白/灰/红色车的比例，解释变量为灾难发生时间前后、是否受灾地区，以及两者的交互项。被解释变量的相关统计信息如表7-2所示。为了控制可能影响乘用车购买的其他因素，本章在模型中引入多个重要变量：员工的平均工资，每万人拥有的公共交通数、失业人数、地区GDP和城市出租车的数量。本章还控制了可能影响城市拥挤程度的变量，包括人口数、人均道路铺装面积和人口密度。表7-3描述了控制变量及相关统计信息。本章对偏度较大的变量，如平均工资、人口数、出租车数量和人口密度等，进行了对数转换。

表7-2　　被解释变量的描述性统计

红色车销售比例	观测值	均　值	标准差	最小值	最大值
全部城市	12 246	0.070	0.038	0	0.500
处理组：灾区	900	0.101	0.051	0	0.449
对照组：非灾区	3 204	0.064	0.030	0	0.333
白色车销售比例	**观测值**	**均值**	**标准差**	**最小值**	**最大值**
全部城市	12 246	0.103	0.067	0	1
处理组：灾区	900	0.105	0.047	0	0.386
对照组：非灾区	3 204	0.099	0.055	0	0.667

续　表

黑色车销售比例	观测值	均值	标准差	最小值	最大值
全部城市	12 246	0.325	0.094	0	1
处理组：灾区	900	0.292	0.076	0.088	0.561
对照组：非灾区	3 204	0.339	0.097	0	1
灰色车销售比例	观测值	均值	标准差	最小值	最大值
全部城市	12 246	0.373	0.072	0	1
处理组：灾区	900	0.354	0.055	0.136	0.493
对照组：非灾区	3 204	0.369	0.071	0	0.667

表 7 - 3　　控制变量的描述性统计

变量符号	变量名称及单位	观测值	均　值	标准差	最小值	最大值
wage	职工平均工资(元)	321	22 714.1	5 326.92	12 162	46 972
lwage	log(*wage*)	321	10.006	0.222	9.406	10.757
bus	每万人拥有的公共汽电车(辆)	323	5.334	4.017	0	42
pop	年平均人口(万人)	324	488.009	363.423	48	3 276
lpop	log(*pop*)	324	6.009	0.603	3.892	8.095
road	人均铺装道路面积(平方米)	323	7.26	3.508	0	23
gdp	地区生产总值(亿元)	324	722.071	751.795	84.818	6 500
lgdp	log(*gdp*×10 000)	324	15.491	0.745	13.651	17.99
unem	年末城镇登记失业人数(人)	321	21 666.969	20 129.699	2 023	141 256
lunem	log(*unem*)	321	9.705	0.726	7.613	11.858
taxi	年末实有出租汽车(辆)	324	1 906.404	2 615.492	98	17 208

续　表

变量符号	变量名称及单位	观测值	均　值	标准差	最小值	最大值
ltaxi	log(*taxi*)	324	7.036	0.946	4.595	9.753
dens	人口密度（人/平方千米）	322	404.134	323.216	21	2 474
ldens	log(*dens*)	322	5.724	0.79	3.091	7.814

资料来源：由作者根据本章计算整理而得。

三、计量模型

本章采用面板数据的双重差分法，探索汶川地震引致的消费者对汽车色彩选择的影响，其模型设定如下：

$$\boldsymbol{Y_{it} = \alpha + \beta TD_t \times CD_i + \gamma Controls_{it} + \theta_i + \delta_t + \varepsilon_{it}} \qquad (7-1)$$

其中，i 代表特定城市，t 代表时间；Y 为被解释变量（黑/白/灰/红色车的销售比例）；TD 表示地震前后的虚拟变量，1 为地震后，0 为地震前；CD 表示该地区是否发生地震的虚拟变量，1 为受灾地区，0 为其他地区；两个变量的交互项代表地震对销量影响的净效应；$Controls$ 为控制变量；θ_i、δ_t 分别代表城市固定效应和时间固定效应；ε_{it} 为残差项；β 用来衡量灾难产生影响的净效应。本章使用在城市的聚类标准误差来处理潜在的异方差问题。

第五节　数据分析与研究发现

一、双重差分析模型分析结果

表 7－4 为包含或不包含控制变量的双重差分模型回归结果，因变量为红/白色车比例时，双重差分模型中 $TD \times CD$ 的系数显著为负，因变量为黑/灰色车比例时，双重差分模型中 $TD \times CD$ 的系数显著为正。这表明，受灾地区相对于非受灾地区，在地震发生后，其购买红色车或白色车的比例显著下降，购买黑色车或灰色车的比例显著上升。这一发现在观测期为 6 个月水平上证实了 H7－1 至 H7－4。

表 7-4　突发灾难对个体选择黑/白/灰/红色车影响的双重差分模型分析结果

因变量	红色车比例		白色车比例		黑色车比例		灰色车比例	
	(1)	(2)	(3)	(4)	(5)	(6)	(7)	(8)
TD×*CD*	−0.015** (0.006)	−0.018*** (0.007)	−0.005 (0.005)	−0.007† (0.004)	0.015** (0.006)	0.014** (0.006)	0.013** (0.006)	0.015** (0.006)
wage		−0.070* (0.039)		−0.026 (0.018)		0.027 (0.044)		0.054 (0.054)
bus		0.001 (0.001)		0.000 (0.001)		0.002 (0.002)		−0.003* (0.002)
pop		0.356 (0.394)		−0.568 (0.409)		−0.372 (0.652)		0.066 (0.602)
road		−0.002** (0.001)		−0.001 (0.001)		−0.001 (0.002)		0.004* (0.002)
gdp		0.036 (0.062)		−0.007 (0.048)		0.010 (0.080)		−0.017 (0.077)
unem		0.005 (0.011)		−0.000 (0.006)		0.013 (0.014)		−0.002 (0.011)
taxi		0.001 (0.010)		−0.012 (0.022)		0.009 (0.028)		0.005 (0.028)
dens		−0.554* (0.373)		0.680 (0.476)		−0.020 (0.600)		0.435 (0.622)
时间固定效应	控制	控制	控制	控制	控制	控制	控制	控制
城市固定效应	控制	控制	控制	控制	控制	控制	控制	控制
n	1 368	1 284	1 368	1 284	1 368	1 284	1 368	1 284
组内 R^2	0.073	0.090	0.288	0.314	0.316	0.320	0.022	0.029

注：① † 表示 $p<0.15$、* 表示 $p<0.10$、** 表示 $p<0.05$、*** 表示 $p<0.01$；括号内为系数的估计标准误。

② 处理组是全部灾区城市，控制组是 PSM 匹配城市。对照期是地震发生前后 6 个月，并剔除 2008 年的 5/6 月，即灾前(2007.11—2008.4)和灾后(2008.7—2008.12)。

灾难前后不同区域买车的车主选择红/黑/白/灰色车的比例如图 7-1 所示。

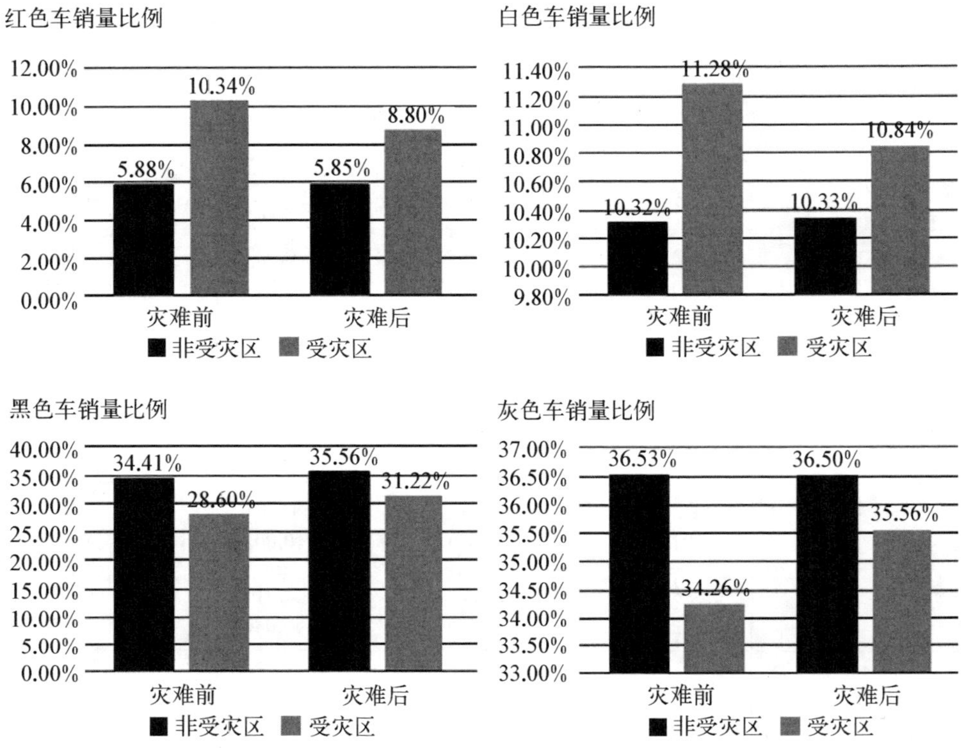

图 7-1　灾难前后不同区域买车的车主选择红/黑/白/灰色车的比例

二、稳健型检验

为进一步保证研究结果的可靠性与稳健性。本章将受灾地区根据灾情严重程度，再细分出重灾区，同时，将事件发生时间再多剔除 1 个月，即剔除 2008 年 5～7 月的数据。对照期仍是地震发生前后 6 个月。

结合表 7-4 与表 7-5 可知，由于因变量为白色车比例和灰色车比例的双重差分模型中 $TD \times CD$ 的系数只在全部灾区与非受灾区对比中显著，因此，H1 和 H4 得到部分证实。不论是全部灾区与匹配的非受灾地区对比，还是重灾区与匹配的非受灾地区对比，无论是剔除 2008 年 5/6 月数据或剔除 5～7 月数据，因变量为红色车比例的双重差分模型中 $TD \times CD$ 的系数均显著为负，因变量为黑色车比例的双重差分模型中 $TD \times CD$ 的系数均显著为正。这进一步证实了 H7-2 和 H7-3。

表 7-5　突发灾难对个体选择黑/白/灰/红色车影响的双重差分模型分析结果（实验组新增重灾区，灾难后观测期延后 1 个月）

因变量	红色车比例		白色车比例	
实验组	全部灾区	重灾区	全部灾区	重灾区
$TD \times CD$	−0.019*** (0.007)	−0.025** (0.010)	−0.007* (0.004)	−0.006 (0.004)
控制变量	控制	控制	控制	控制
固定效应	控制	控制	控制	控制
N	1 281	1 163	1 281	1 163
组内 R^2	0.095	0.100	0.405	0.393
因变量	黑色车比例		灰色车比例	
实验组	全部灾区	重灾区	全部灾区	重灾区
$TD \times CD$	0.015*** (0.005)	0.021*** (0.006)	0.014** (0.006)	0.011 (0.009)
控制变量	控制	控制	控制	控制
固定效应	控制	控制	控制	控制
N	1 281	1 163	1 281	1 163
组内 R^2	0.346	0.330	0.034	0.028

注：① * 表示 $p<0.10$、** 表示 $p<0.05$、*** 表示 $p<0.01$；括号内为系数的估计标准误。
② 处理组分全部灾区城市和重灾区城市，控制组是 PSM 匹配城市。对照期是地震发生前后六个月，并剔除 2008 年的 5～7 月，即灾前(2007.11—2008.4)和灾后(2008.8—2009.1)。

为进一步考察研究结果对观测期的敏感性。本章将对照期调整为地震发生前后 3 个月或 1 年。分析结果见表 7-6。

由于因变量为白色车比例的双重差分模型中 $TD \times CD$ 的系数只在观测期一年才显著为负，结合前面的发现，可以说明 H1 得到部分证实，即突发自然灾害导致白色车购买比例下降这一效应只在地震发生后较长时期才存在(1 年)。

由表 7-6 可知，如果观测期为 3 个月，因变量为红色车比例的双重差分模型中 $TD \times CD$ 的系数均显著为负，如果观测期为一年且实验组为重灾区时，因变量为红色车比例的双重差分模型中 $TD \times CD$ 的系数不再显著，这表明突发自然灾害导致红色车购买比例下降，在地震发生后较短时期内（3 或 6 个月）是显著的，在较长时间内（1 年）这一效应只在全部灾区显著。

表 7-6　突发灾难对个体选择黑/白/灰/红色车影响的双重差分模型分析结果（实验组新增重灾区，观测期为事件前后 3 个月或 1 年）

因变量	红色车比例				白色车比例			
实验组	全部灾区		重灾区		全部灾区		重灾区	
观测期	前后 3 个月	前后一年	前后 3 个月	前后一年	前后 3 个月	前后一年	前后 3 个月	前后一年
$TD \times CD$	−0.021** (0.010)	−0.013* (0.007)	−0.031** (0.015)	*NS*	*NS*	−0.011*** (0.003)	*NS*	−0.011** (0.004)
控制变量	未控制	控制	未控制	控制	未控制	控制	未控制	控制
固定效应	控制	控制	控制	控制	控制	控制	控制	控制
N	642	2 550	582	2 322	642	2 550	582	2 322
组内 R^2	0.081	0.094	0.099	0.106	0.328	0.386	0.318	0.372
因变量	黑色车比例				灰色车比例			
实验组	全部灾区		重灾区		全部灾区		重灾区	
观测期	前后 3 个月	前后一年	前后 3 个月	前后一年	前后 3 个月	前后一年	前后 3 个月	前后一年
$TD \times CD$	*NS*	0.026*** (0.005)	0.016* (0.009)	0.031*** (0.006)	0.016* (0.009)	*NS*	0.021* (0.012)	*NS*
控制变量	未控制	控制	未控制	控制	未控制	控制	未控制	控制
固定效应	控制	控制	控制	控制	控制	控制	控制	控制
N	642	2 550	582	2 322	642	2 550	582	2 322
组内 R^2	0.402	0.308	0.385	0.295	0.014	0.088	0.012	0.084

注：① * 表示 $p<0.10$、** 表示 $p<0.05$、*** 表示 $p<0.01$；括号内为系数的估计标准误。
② 处理组分全部灾区城市和重灾区城市，控制组是 PSM 匹配城市。对照期是地震发生前后三个月或一年，并剔除 2008 年的 5/6 月。

如果观测期为 3 个月，则因变量为黑色车比例的双重差分模型中 $TD \times CD$ 的系数只在重灾区显著为正，如果观测期为一年则因变量为黑色车比例的双重差分模型中 $TD \times CD$ 的系数均显著为正，这表明突发自然灾害导致黑色车购买比例上升，在地震发生后较长时期内（6 个月或 1 年）是显著的，在短时期内（3 个月)这一效应只在重灾区显著。

由于因变量为灰色车比例的双重差分模型中 $TD \times CD$ 的系数仅在观测期3个月时显著,因此,H4的效应只在地震发生后较短时期才存在(3～6个月)。

第六节 研究结论、启示与展望

一、研究结论

本章运用独特的二手数据,基于自然实验法原理,分析了发生突发自然灾害后,受灾城市消费者在恐惧和悲伤情绪笼罩下,购买乘用车时对汽车外观色彩的选择是否发生显著变化。通过双重差分模型分析得到如下研究结论:

第一,突发自然灾害导致灾区消费者白色车购买比例下降,但这一效应只在重灾区发生,且是在地震发生后较长观测期才存在(1年)。

第二,突发自然灾害导致灾区消费者红色车购买比例显著下降,在地震发生后较短观测期内(3或6个月)是显著的,在较长观测期内(1年)这一效应不再显著。这表明,消费者在经历恐惧和悲伤这类负面情绪体验后,对红色外观产品的偏好会下降,这一效应的持续时间不会太长,超过半年之后,这一效应就不再显著。这一发现与之前有关战争创伤的影响效应是一致的。Jasminka等(2007)对在战争中留下心理创伤的188名男性进行了色彩偏好的测量,结果发现他们对红色的偏好显著下降。

第三,突发自然灾害导致灾区消费者黑色车购买比例上升,在地震发生后较长观测期内(6个月或1年)是显著的,在较短观测期内(3个月)这一效应只在重灾区显著。这表明,消费者在经历恐惧和悲伤这类负面情绪体验后,对黑色外观产品的偏好会上升,而且这一效应在一年的观测期也是显著的。这是因为黑色有着可靠和可信的联想与隐喻,消费者在经历突发灾难后会更多地选择黑色车。

此外,突发自然灾害会增加消费者对灰色汽车的偏好这一假设未得到证实。

二、营销管理启示

近年来随着汽车行业竞争加剧,汽车制造商日益重视汽车涂装的外观效果,其中汽车外观色彩是一个重要的影响因素。本章研究表明,如果某些区域遭受突发的重大自然灾害,个体会增加对黑色车的购买,同时降低对红色车和白色车的购买,且这一效应持续时间都在6个月以上,因此,这一发现有助于汽车制造商及时将因突发灾难引起的色彩偏好趋势纳入汽车色彩设计的决策集中,适时调整,使汽车色彩设计更适应消费者的需求。

对于汽车经销商而言,通常会根据不同汽车色彩的销售情况对特定色彩进行加价或优惠。本章的研究发现有助于汽车经销商优化进货决策,如果某些区域发生重大自然灾害,就要增加黑色车的订购量,同时减少红色车和白色车的订购量。本章的研究发现对汽车4S店的销售顾问也有重要的参考价值,如果某地发生了重大自然灾害,在向潜在消费者推荐新车时,需避免红色车或白色车,可推荐黑色车。

三、研究不足与展望

本章的研究还存在如下不足,而这也是未来有待进一步探索的方向。

第一,受数据可得性限制,本章只研究了汶川大地震这一突发自然灾害对消费者汽车色彩选择的影响,未来还需进一步研究不同突发事件,如"新冠肺炎"疫情这类造成人员伤亡的公共卫生事件,对消费者汽车色彩选择有何影响,并比较不同突发事件对消费者色彩偏好的影响有何不同。

第二,不同的负面情绪对消费者色彩偏好的影响有差异,本章基于二手数据的分析无法区分不同负面情绪的影响,未来还需要通过实验室实验法,深入研究不同种类的负面情绪对个体色彩偏好的影响。

参 考 文 献

[1] 顾真.英语中"Black"和汉语中"黑色"概念隐喻异同研究[J].中外企业家,2017,4:262-263.

[2] 柯学.大灾难可以减少消费者的多样化寻求行为:一个基于恐怖管理理论的研究[J].管理世界,2009(11):122-129.

[3] 柳武妹,王海忠,何浏.人之将尽;消费国货?死亡信息的暴露增加国货选择的现象、中介和边界条件解析[J].心理学报,2014,46(11):1748-1759.

[4] 司康.汶川地震灾害对汽车产业的影响[J].交通世界,2008,14:45-47.

[5] 吴静杰,杨乃定,封超,鲁锦涛.突发事件下情绪对决策者风险偏好和框架效应

的影响[J].管理学报，2016，13(6)：906 - 912.

[6] 章月.大学生色彩偏好与情绪的关系研究[D].南昌大学硕士毕业论文，2015.

[7] Arndt J., Solomon S., Kasser T., & Sheldon K. M.. The urge to splurge: a terror management account of materialism and consumer behavior [J]. Journal of Consumer Psychology, 2004, 14(3): 198 - 212.

[8] Banerjee P., Chatterjee P., Sinha J.. Is it light or dark? Recalling moral behavior changes perception of brightness [J]. Psychological Science, 2012, 23(4): 407 - 409.

[9] Ben-Ari O. T., Florian V., Mikulincer M.. The impact of mortality salience on reckless driving: a test of terror management mechanisms [J]. Journal of Personality and Social Psychology, 1999, 76(1): 35 - 45.

[10] Chiou W. B., Cheng Y. Y.. In broad daylight, we trust in God! Brightness, the salience of morality, and ethical behavior [J]. Journal of Environmental Psychology, 2013, 36: 37 - 42.

[11] Choo S., Kim Y.. Effect of color on fashion fabric image [J]. Color Research & Application, 2010, 28(3): 221 - 226.

[12] Cozzolino P. J., Staples A. D., Meyers L. S., & Samboceti J.. Greed, Death, And Values: from terror management to transcendence management theory [J]. Personality and Social Psychology Bulletin. 2004.

[13] Crozier, W. R. The psychology of colour preferences [J]. Review of Progress in Coloration and Related Topics, 1996, 26(1): 63 - 72.

[14] Elliot A. J., Maier M. A.. Color psychology: effects of perceiving color on psychological functioning in humans. [J]. Annual Review of Psychology, 2014, 65(1): 95 - 120.

[15] Forgas, J. Mood and judgment: the affect infusion model (AIM) [J]. Psychological Bulletin, 1995, 117(1): 39 - 66.

[16] Fransen M. L., Smeesters D., Fennis B. M.. The role of social presence in mortality salience effects [J]. Journal of Business Research, 2011, 64(1): 29 - 33.

[17] Fraser, T., Banks, A.. Designer's Color Manual: The complete guide to color theory and application [M]. San Francisco: Chronicle Books, 2004.

[18] Garg N., Lerner J. S.. Sadness and consumption [J]. Journal of Consumer Psychology, 2013, 23(1): 106 - 113.

[19] Gerend M. A., Sias T.. Message framing and color priming: how subtle threat

cues affect persuasion [J]. Journal of Experimental Social Psychology, 2009, 45(4): 999 - 1002.

[20] Goldstein, K.. Some experimental observations concerning the influence of colors on the function of the organism [J]. Occupational Therapy, 1942, 21: 147 - 151.

[21] Greenberg J., Arndt J., Simon L., et al. Proximal and Distal Defenses in Response to Reminders of One's Mortality: Evidence of a Temporal Sequence [J]. Personality and Social Psychology Bulletin, 2000, 26(1): 91 - 99.

[22] Greenberg J., Pyszczynski T., Solomon S., Rosenblatt A., & Al E.. Evidence for Terror Management Theory Ii: the Effects of Mortality Salience on Reactions to Those Who Threaten or Bolster the Cultural Worldview [J]. Journal of Personality and Social Psychology, 1990, 58(2): 308 - 318.

[23] Greenberg, J., Pyszczynski, T., Solomon, S. The causes and consequences of the need for self-esteem: A terror management theory. In R. F. Baumeister (Ed.), Public self and private self [M]. New York: Springer-Verlag, 1986.

[24] Greenberg J., Pyszczynski T., Solomon S., Simon L., & Breus M.. Role of consciousness and accessibility of death-related thoughts in mortality salience effects [J]. Journal of Personality and Social Psychology, 1994, 67 (4): 627 - 637.

[25] Harmon-Jones E., Simon L., Greenberg J., Pyszczynski T & et al. Terror management theory and self-esteem: evidence that increased self-esteem reduced mortality salience effects [J]. Journal of Personality and Social Psychology, 1997, 72(1): 24 - 36.

[26] Hsiao, S. W. A systematic method for colour planning in product design [J]. Colour Research Application, 1995, 20(3): 191 - 205.

[27] Jacobs, L., Keown, C., Worthley, R., Ghymn, K. I.. Cross-cultural colour comparisons: global marketers beware [J]. International Marketing Review, 1991, 8(3): 21 - 30.

[28] Jasminka B, Lukrecija P, Milica G. Post-traumatic stress disorder and color preference in released prisoners of war [J]. Study Psychologica, 2007, 49(3): 223 - 232.

[29] Jain, S. P., & Maheswaran, D. Motivated reasoning: A depth of processing perspective [J]. Journal of Consumer Research, 2000, 26(3): 358 - 371.

[30] Jia J S., Jia J., Hsee C. K., & Shiv B. The Role of Hedonic Behavior in

Reducing Perceived Risk: Evidence from Post-Earthquake Mobile-App Data [J]. Psychological Science, 2017, 28(1): 23 - 35.

[31] Kasser T., Sheldon K. M. Of Wealth and Death: Materialism, Mortality Salience, and Consumption Behavior [J]. Psychological Science, 2000, 11(4): 348 - 351.

[32] Lerner J. S., Keltner D.. Beyond valence: Toward a model of emotion-specific influences on judgement and choice [J]. Cognition & Emotion, 2000, 14(4): 473 - 493.

[33] Lerner, J. S., & Keltner, D. Fear, anger and risk [J]. Journal of Personality and Social Psychology, 2001, 81(1): 146 - 159.

[34] Levy B. I.. Research into the psychological meaning of color [J]. American Journal of Art Therapy, 1984, 23(2)(2): 58 - 62.

[35] Ling J., Schaik P. V. The effect of text and background colour on visual search of Web pages [J]. Displays, 2002, 23(5): 223 - 230.

[36] Mandel, Naomi and Steven J. Heine. Terror Management and Marketing: He Who Dies with the Most Toys Wins [J]. Advances in Consumer Research, 1999, 26, 527 - 32.

[37] Mandel N., Smeesters D. The Sweet Escape: Effects of Mortality Salience on Consumption Quantities for High- and Low-Self-Esteem Consumers [J]. Journal of Consumer Research, 2008, 35(2): 309 - 323.

[38] Neal, C. M., Quester, P. G. & Hawkins, D. I. Consumer Behaviour: Implications for Marketing Strategy(3rd ed)[M]. Roseville, NSW: McGraw-Hill, 2002.

[39] Odbert, H. S., Karwoski, T. F., Eckerson, A. B.. Studies in Synesthetic Thinking: I. Musical and Verbal Associations of Color and Mood [J]. The Journal of General Psychology, 1942, 26(1): 153 - 173.

[40] Plack J. J., Shick J. The effects of color on human behavior [J]. Journal of the Association for the Study of Perception, 1974, 9(1): 4 - 16.

[41] Prasetyo, Z., Iftadi, I., Damayanti, R. W.. Study of Consumer's Preference Rating on Car's Exterior Color Design [J]. Electric Vehicular Technology and Industrial, Mechanical, Electrical and Chemical Engineering. IEEE, 2015: 163 - 167.

[42] Pyszczynski T., Abdollahi A., Solomon S., Greenberg J., Cohen F., & Weise D. Mortality Salience, Martyrdom, and Military Might: The Great Satan

Versus the Axis Of Evil [J]. Personality Social Psychology Bull, 2006, 32(4): 525 - 537.

[43] Pyszczynski T., Greenberg J., & Solomon S. Why Do We Need What We Need? A Terror Management Perspective on the Roots of Human Social Motivation [J]. Psychological Inquiry, 1997, 8(1): 1 - 20.

[44] Pyszczynski T., Greenberg J., & Solomon S. A Dual-Process Model of Defense Against Conscious and Unconscious Death-Related Thoughts: An Extension of Terror Management Theory [J]. Psychological Review, 1999, 106 (4): 835 - 845.

[45] Raghunathan R., Corfman K. P.. Sadness as Pleasure-Seeking Prime and Anxiety as Attentiveness Prime: The "Different Affect-Different Effect" (DADE) Model [J]. Motivation & Emotion, 2004, 28(1): 23 - 41.

[46] Ricks, D. A. Big Business Blunders: Mistakes in Multinational Marketing [M]. Homewood, IL: Dow Jones-Irwin, 1983.

[47] Routledge, C., Arndt, J., Sheldon, K. M. A Time to Tan: Proximal and Distal Effects of Mortality Salience on Sun Exposure Intentions [J]. Personality and Social Psychology Bulletin, 2004, 30(10): 1347 - 1358.

[48] Sayegh L., Anthony W. P., Perrewe P. L. Managerial decision-making under crisis: The role of emotion in an intuitive decision process [J]. Human Resource Management Review, 2004, 14(2): 179 - 199.

[49] Schmeichel B. J., Gailliot M. T., Filardo E. A., Mcgregor I., Gitter S., & Baumeister R. F. Terror Management Theory and Self-Esteem Revisited: The Roles of Implicit and Explicit Self-Esteem in Mortality Salience Effects [J]. Journal of Personality and Social Psychology, 2009, 96(5): 1077 - 1087.

[50] Schmitt, B. H. Language and visual imagery: issues in corporate identities in East Asia [J]. Columbia Journal of World Business, 1995, 30(4): 28 - 36.

[51] Setchell, J. M., & Wickings, E. J. Dominance, status signals, and coloration inmale mandrills (Mandrillus sphinx)[J]. Ethology, 2005, 111, 25 - 50.

[52] Stone N. J.. Environmental view and color for a simulated telemarketing task [J]. Journal of Environmental Psychology, 2003, 23(1): 63 - 78.

[53] Triandis H. C., Gelfand M. J.. Converging measurement of horizontal and vertical individualism and collectivism. [J]. Journal of Personality and Social Psychology, 1998, 74(1): 118 - 128.

[54] Wogalter, M. S., Conzola, V. C., & Smith-Jackson, T. L. Research-

basedguidelines for warning design and evaluation [J]. Applied Ergonomics, 2002, 33: 219 - 230.

[55] Xin J. H., Cheng K. M., Chong T. F., et al. Quantifying Colour Emotion-What Has Been Achieved [J]. Research Journal of Textile & Apparel, 1998, 2(1): 46 - 54.

第八章
高铁开通对产品外观色彩选择影响研究

第一节 引 言

从历次的人口普查数据可知，中国的人口流动规模巨大，且增长速度迅猛[①]。目前大部分人口流动研究关注的都是劳动力流动及其影响因素和社会经济效应，从微观角度探讨人口流动对个体消费行为的影响研究才刚刚开始（王磊，杨文毅，2021）。随着高铁等交通工具的升级，中国人口还呈现出跨城功能性活动不断增加的现象。目前就高铁开通对城市经济发展和企业经营影响的研究已经非常丰富，但这些研究忽视了高铁使用者"人"的微观反应，因高铁开通导致的跨城流动变得容易，这会对个体的消费行为产生什么影响，目前的研究是缺乏的。

中国的汽车消费深受古代"轿"文化影响[②]，汽车是一种"地位符号"和"身份名片"（王宁，2005）。因此，消费者将汽车视为个人身体的一种延伸（Dant，2004），在选购汽车时，更多地受审美和情感因素的影响，希望所选汽车色彩能够彰显个人品位（李彦龙等，2019）。在城市层面，不同城市的汽车色彩结构有何差异，个体跨城流动的增强会对城市的汽车色彩结构有何影响，这是一个有趣且有待研究的问题。高铁开通导致个体跨城流动的增加，且这种流动增加更多地来

① 2021年5月11日，国家统计局发布我国第七次人口普查相关情况和主要数据。最新普查数据显示，人户分离人口已占到总人口的34.14%，是1982年的89倍，相较于2010第六次人口普查时也增长了88.52%，足见人口流动规模之大。

② 在中国，私人使用的小汽车又被称为"轿车"。

自综合实力弱的城市，因此，会带来低线城市消费者对高线城市消费行为的追随和模仿吗？这种追随和模仿在汽车色彩选择上体现为何种特征？这正是本章要回答的问题。

本章从理论和实证上研究高铁开通导致的跨城流动对消费者产品外观色彩选择的影响及其机制。理论上，本章借助参照群体效应及文化多样性效应，论证了高铁开通后的城市消费者会更多地选择有色相汽车。进一步地，本章利用2009—2018年我国高铁客运专线的开通作为“准自然实验”，采用双重差分法（DID）和倾向得分匹配-双重差分法（PSM-DID）证实了高铁开通对沿线非节点城市居民选择有色相汽车具有显著的提升作用，并通过稳健性分析为高铁开通的这一效应给出了有效证据。

第二节 相关文献综述

一、高铁开通对经济增长和产业结构的影响研究

目前，对高铁开通的影响效应研究主要集中于其对城市经济增长、空间布局重塑和产业集聚等方面。在经济增长方面，高铁的开通显著促进了本地区以及周边区域经济的增长（刘勇政和李岩，2017）。在空间布局的重塑方面，高铁开通能够有效缓解部分的城区人口压力，增加就业者的居住和就业选择。重塑城市人口的分布格局（张明志等，2018；王雨飞和倪鹏飞，2016）的研究发现，高铁通过对经济发展产生结构效应从而重新塑造城市的空间布局。另外还有学者研究了高铁开通对带动就业（董艳梅和朱英明，2016）、产业集聚（李雪松和孙博文，2017；邓涛涛等，2017）、区域创新（卞元超等，2019）、区域经济一体化（金凤君等，2016）以及社会生活（Chen & Silva，2013）和产业结构（刘勇政、李岩，2017；张俊，2017）等方面的影响。学者们关于高铁开通对产业结构影响的研究主要集中在其对服务业空间分布（赵文、陈云峰，2018）和对服务业结构转型升级（唐荣、顾乃华，2018）等方面。对于重塑服务业空间分布方面，王丽等（2017）研究发现不同类型服务业的集聚情况会受到高铁建设的不同程度影响，其中商务服务业的集聚情况受高铁建设的影响最大；对于促进服务业结构升级方面，唐荣和顾乃华（2018）发现高铁开通并没有改善上游生产性服务业发展水平。

此外，还有诸多研究探讨高铁开通对房地产业（Zheng & Kahn，2013）、居

民消费(申洋和郭俊华等,2021)、城市环境污染(王群勇,陆凤芝,2021)的影响,这里不再一一赘述。

二、高铁开通对居民跨城流动的影响研究

根据唐斯定律(Downs, 1962)或交通创造理论(Vickrey, 1969),新建道路会创造出新的交通需求。有很多证据表明,高铁开通创造出大量新的交通需求,高铁开通激发了城际旅客的探亲、旅游、商务等出行活动。曹炜威(2020)以成渝高铁开通前后为研究情境,运用成都铁路局提供的铁路出行客票数据进行分析,发现高铁开通会显著增加沿线城市的铁路旅客出行量,同时会增加个体的出行次数。武前波等(2018)通过在杭州东站、上海虹桥站、南京南站和宁波东站 4 个高铁枢纽站候车乘客的问卷调查发现,受访者在高铁开通后的跨城功能性活动比例由高铁开通前的 8.54%提升至 18.16%。

对不同城市而言,高铁对人口流入和流出的影响是不同的。已经有很多研究发现,高铁开通会产生"虹吸效应",对高铁沿线综合实力弱的城市反而会带来负面影响。例如,高玮(2018)通过对兰新高铁沿线八个城市人口流动情况的分析,发现高铁开通导致人口主要流入综合实力强的兰州、西宁、乌鲁木齐,而张掖、嘉峪关、吐鲁番、哈密的常住人口反而在高铁开通后下降了。黄春芳、韩清(2021)通过对长三角高铁沿线城市的分析,发现高铁开通导致中等城市人口净流出,导致超大城市人口净流入。吴康等(2013)通过对京津城际高铁候车乘客的问卷调查发现,受访者的跨城功能性活动(居住、工作、休闲)比例由城际高铁开通前的 23.03%上升到开通后的 38.18%,天津所属的天津站和塘沽站的跨城比例上升幅度比北京南站要高很多。王磊、杨文毅(2021)利用 2016 年长江中游城市群 31 个城市的银联异地刷卡消费数据,研究发现,长江中游城市群内的城际消费关联大多发生在同省城市之间,且以同省的地级市到本省省会城市的流动关联为主。

上述研究表明,高铁开通导致居民的跨城功能性活动日益增加,且这种流动增加更多表现为综合实力弱的城市往实力强的城市流动。

三、流动性对个体行为的影响研究

流动性(Mobility)是指作为实体存在的人、物和作为虚拟存在的信息、观念等在一定范围内流动时体现的一种较为复杂的互动关系(Sheller & Urry,

2006)。Kaufmann(2002)指出个体的流动性有四种形式——住所流动、迁移、旅行和日常流动,前两种是长期性人口流动,后两种是短期人口流动。

Oishi 等(2013)研究发现,住所流动性高的个体更看重社交关系,更愿意扩展其社交网络。Lun 等(2012)发现,处于高住所流动性的个体会像帮助好朋友一样去帮助陌生人,处于低住所流动性的个体会区别对待好朋友和陌生人。

对于日常流动对消费的影响,Ghose 和 Han(2011)的研究发现,手机用户的地理流动性对其手机应用程序的使用有正向影响,在旅行时,手机用户会更频繁地浏览移动应用中的内容而非上传原创内容。Hui 等(2013)通过现场实验研究发现,电子优惠券导致顾客在大型超市内移动距离的增长会正向影响顾客的非计划购买行为,这是因为该促销方式能够刺激店内的手机用户在计划购买路径的基础上行走更远的距离,从而路过更多的商品。徐文豪(2017)利用某通信运营商的用户行为数据和地理位置数据,研究发现,个体一天中的地理移动距离越长,其当天打开手机内游戏应用的概率越大。

目前有关长期流动和日常流动对个体消费行为的影响,已经有一些探索,但关于旅行、商务出行这类跨城流动性对个体消费行为的影响研究还是空白。

四、文化多样性及其影响

中国地域辽阔,每个地域有自身独特的方言和文化习俗。高铁开通导致大规模的人口流动,人口的跨城流动给开通城市带来多元文化的冲击,提升了城市的文化多样性(Cultural Diversity)。文化多样性是一个多维度概念,现有研究中,不同的学者尝试了不同的度量方法。例如,Ozgen 等(2011)采用一个地区居民中民族和国籍种类来衡量文化多样性;潘越、肖金利、戴亦一(2017)用城市方言数量以及方言分化指数度量地域文化多样性;张萃(2019)基于一个城市劳动力的来源地占比,借用分离指数来衡量城市的文化多样性;刘家悦和胡颖(2021)选择城市中姓氏种类数目多样性衡量文化多样性。

现有研究表明,文化多样性的影响是双面的,一方面,多样性会有损人们之间的信任、提高沟通成本、阻碍团队合作,进而对经济产生负面影响(Alesina & Ferrara, 2002);另一方面,多样性会促进技术互补、激发创新,进而对经济产生正面影响(Hong & Page, 2001)。国内学者的研究表明文化多样性有积极的影响。潘越等(2017)的研究结果显示,文化越多样的地区,民营高科技企业会获得更多的创新产出。张萃(2019)发现,外来人力资本带来的文化多样化外部性对城市创新有显著促进作用。刘家悦和胡颖(2021)发现,文化多样性与城市贸易竞争力呈现倒U形关系,即随着文化多样性的上升,城市贸易竞争力会出现先增强后减弱的变化,但目前我国大部分城市文化多样性强度远未达到“拐点”水平。

目前,虽然有部分关于文化多样性对城市创新的竞争力的影响,但有关文化多样性对个体消费行为影响的研究仍是空白。

第三节 研究假设

汽车外观色彩是其外观设计的最重要元素之一,也是汽车品牌形象的重要组成部分,是消费者购车决策的重要影响因素。艾仕得涂料每年发布的《全球汽车色彩流行度报告》显示,中国、日本、韩国作为亚洲最大的三个汽车市场,共性是白色(银色)、黑色、灰色车这类无色相车的比例很高,远远超过彩色车的比例。面向潜在购车者的调查数据也显示,受访者最喜欢的汽车色彩依次为黑色、银色、白色和灰色,彩色的喜欢度排在后面(袁国贤,2009;李彦龙等,2019)。与此同时,随着经济发展和消费个性化时代的来临,彩色汽车日益受到消费者的欢迎。巴斯夫涂料部亚太区首席色彩设计师松原千春表示:“红色、蓝色、黄色、棕色和金色几乎出现在各种车型上。中国消费者比过去更加希望表达自己的色彩品味。”(巴斯夫,2019)

由于产品和品牌有着社会阶层标记或信号功能,所以,White 和 Dahl (2007)指出产品的购买会受到参考群体的影响。参考群体是指与个体看法、愿望和行为有着重要关联的真实的或想象的他人或群体。高铁开通导致居民的跨城功能性活动日益增加,且这种流动增加更多表现为综合实力弱的城市往实力强的城市流动。因此,高线城市消费者整体上成为低线城市消费者的参考群体。Deutsch 等(1955)将参照群体的影响划分为信息性和规范性两个方面。大部分消费者在做出消费决策时,都会从参照群体处获得信息,降低决策风险(Park, Lessig, 1977; Bearden et al., 1989)。个体会借助其所向往的参照群体并通过特定的消费行为来实现自我提升,换句话说,消费者可以通过模仿其所向往的参照群体的消费行为,来与该群体建立联系,或是给别人留下自己属于该群体的印象,从而借助该群体的形象来表达自我并提升自我形象,从而使实际的自我概念更加接近其理想中的自我概念(Burnkrant & Cousineau, 1975; Bearden et al., 1989)。高线城市消费者选择有色相汽车的比例一直高于低线城市,因此高线城市消费者的示范效应就会起到重要作用。

高铁开通提升城市的文化多样性可能会通过如下两个效应影响消费者对有色相汽车的选择。第一,文化多样性有利于催生创新性的想法和行为。具有不同文化背景的个体拥有不同的思维方式,文化种类越多的地区,人们思考问题、解决问题的方式越多样,这增加了人们形成创新性想法和行为的概率(Florida, 2002; Qian & Stough, 2011)。除了主流的黑色、白色和灰色的汽车,有色相汽车是一种全新的产品体验,可以预期,文化多样性的提升会增加消费者对有色相汽车的购买意愿。第二,地域文化多样性可以增强地区的包容性。在文化种类较多的地区,具有不同文化背景的个体间的跨文化交流也会更多,这会提升人们对不同文化背景的人的尊重和包容。因此在文化越多样的地区,思想越开放和包容,这种氛围有助于消费者选购有色相汽车。

因此,我们提出如下假设:

H8-1:相对于高铁未开通城市,高铁开通城市,其购买有色相汽车的比例上升更显著。

国家级流通节点城市均是直辖市、省会城市和副省级城市,城市的行政级别在一定程度上可以代表城市综合发展水平(魏守华等,2020)。如副省级市会比普通地级市得到更多的财政支持、人力资本等利于经济发展的资源,人们也会偏向于选择去副省级市工作生活。这些城市本身是时尚的策源地和流行的制高点,其消费人群是其他城市的参照群体。此外,国家级流通节点城市,即使在高铁开通以前,已经是全国骨干流通网络中的关键节点,人口的跨城流动已经非常便捷,可以预期,前述因高铁开通导致的跨城流动带来的文化多样性上升并不会很显著。因此,前述的参照群体效应将不复存在,文化多样性的影响也会减弱。所以,本章认为城市的级别会调节高铁开通对有色相汽车购买行为的影响。

因此,我们提出如下假设:

H8-2:城市级别在高铁开通对有色相汽车购买比例的影响中有调节作用。对于国家级流通节点城市,高铁开通对有色相汽车购买比例的影响不再显著,对于非国家级流通节点城市,这一影响是显著的。

第四节 研究设计

一、数据

（一）城市数据

本章利用2008—2015年的地级市（包含四个直辖市）平衡面板数据对上述问题进行了分析检验①。各地级市购车数据来自第三方研究公司提供的2008—2018年全国汽车上牌城市月度数据；城市层面的数据主要来源于2008—2015年的《中国城市统计年鉴》《中国统计年鉴》，对于部分数据缺失的样本，首先通过收集各个城市的统计公报和Wind数据库获得，对于个别确实无法获得的缺失数据，本章予以剔除。对于撤地设市的城市样本，会导致乘用车购买行为变化的估计不一致，所以我们对此进行了剔除。由于西藏自治区、内蒙古自治区所处地理位置的因素，其与全国高速铁路网络并没有形成紧密的联系，为更加精准地捕捉高铁开通所带来的“政策效应”，这里删除了这两个省份的城市样本，最终得到中国260个地级及以上城市（包含4个直辖市，以下统称为“地级市”）的平衡面板数据。

为了保证实证结果的稳健性，我们在后面的实证分析部分分别汇报了全样本和不含国家级流通节点城市样本的回归结果。国家级流通节点城市是全国骨干流通网络中的关键节点，国家流通大通道上的枢纽，流通节点城市网络中的中心城市或重要支点城市。37个国家级流通节点城市名单②如下：北京、成都、大连、福州、广州、贵阳、哈尔滨、海口、杭州、合肥、呼和浩特、济南、昆明、拉萨、兰州、南昌、南京、南宁、宁波、青岛、厦门、上海、深圳、沈阳、石家庄、苏州、太原、天津、乌鲁木齐、武汉、西安、西宁、银川、长春、长沙、郑州、重庆。

（二）高铁数据

对于地级市的高铁开通时间数据、高铁站数量，主要手工整理自中国铁路总公司网站、国家铁路局相关公告及12306网站。同时，根据中国铁路总公司的相关

---

① 由于2013年的全国汽车上牌城市月度数据存在缺失，本章选取连续的时间趋势样本进行实证研究，并在下述的实证分析模块采用了2014—2015年的样本数据进行了稳健性检验。

② 国家级流通节点城市名单源自商务部等10部门联合印发的《全国流通节点城市布局规划（2015—2020年）》，全国共有37个国家级流通节点城市。

规定，高铁主要是指运营速度在 160 千米～200 千米/小时，200 千米/小时及以上的高速铁路，之后中国高速铁路(China High-speed Railway)是指设计时速 250 千米/小时(含预留)及以上且初期运营速度不小于 200 千米/小时的铁路客运专线，包括高速动车组(250～350 千米/小时)、城际高速(250 千米/小时以上)和标准动车组(200 千米/小时)。附录中的附表 8-1 报告了各城市高铁开通时间及线路等信息。

二、变量选择

(一) 核心解释变量：高铁开通

本章核心解释变量是高铁开通。对于高铁开通变量的取值，本章做如下处理：若某地级市在某年某月首次开通高铁，则将该地区该年该月及之后各期均取值为 1，否则取值为 0。本章对于地级市开通高铁与否主要依据地级市是否具有高铁站进行确定①，对于地级市首次开通高铁的时间则主要依据该地级市高铁最早的通车时间进行确定。从全国范围来看，自 2008 年第一条高铁线路开通以来，中国高速铁路修建呈现“井喷式”增长的态势。从本章数据来看，高速铁路覆盖地级市数从无到过半仅用了 7 年。分地区来看，东部地区高速铁路的修建速度最快，中部地区次之，西部地区最慢。截至 2016 年，东部地区已有 70%的地级市修建了高速铁路，中部地区为 54%，西部地区为 45%。从时间趋势上看，高速铁路的修建主要呈现东部地区最先修建，中部地区次之，西部地区最后修建的特点。2011 年前东部地区率先修建高铁，2011 年后东部地区高铁修建速度放缓，而中部地区高铁修建速度逐渐超过东部地区，2013 年后西部地区高铁修建速度加快(余泳泽和潘妍，2019)。

(二) 被解释变量

本章的研究目标是高铁开通对各地区有色相车购买占比的变化，具体说明如下：有色相车购买率(*color_rate*)，通过有色相车购买数量占总销量的比重进行衡量。具体而言，将车身色彩划分为有色相和无色相两大类②。

(三) 控制变量

考虑到除高铁开通外，地级市的规模、经济发展水平、公共交通水平、基础道

① 凡是某地级市下辖的县(区、市)设有高铁站，均算作该地级市开通高铁。

② 有色相和无色相都分为暖色系、冷色系和中间色系，其中有色相包含红色、橙色、黄色、青色、蓝色、绿色和紫色，无色相包含黑色、白色和灰色。

路设施水平和就业情况等均会对乘用车购买行为产生较大影响，故本章对上述变量进行控制。对于地级市规模，本章选择各地级市年末总人口数和人口密度进行刻画。对于地级市经济发展水平，本章选取各地级市人均地区生产总值和地区生产总值增长率进行刻画。对于地级市公共交通水平，本章采用年末实有公共营运汽电车数量、每万人拥有的公共汽车数量以及年末实有出租汽车数量进行刻画。对于地级市基础道路设施水平，本章采用年末实有铺装道路面积和人均铺装道路面积作为主要衡量指标。对于地级市的就业状况，本章采用在岗职工人数、职工平均工资以及年末城镇失业（登记）人数进行测度。表 8－1 对本章使用的主要变量的计算方法进行了总结。

表 8－1　　主要变量定义与说明

<table>
<tr><th>变量类型</th><th>变量名称</th><th>变量符号</th><th>变量定义</th></tr>
<tr><td>被解释变量</td><td>彩色购买率</td><td>color_rate</td><td>彩色车购买数量/总销量</td></tr>
<tr><td>解释变量</td><td>高铁开通</td><td>hsr</td><td>若地级市在某年某月首次开通高铁，则将该地区该年该月及之后各期均取值为 1，否则取值为 0</td></tr>
<tr><td rowspan="12">控制变量</td><td rowspan="2">地级市规模</td><td>population</td><td>年末总人口（万人）</td></tr>
<tr><td>density</td><td>人口密度（人/平方千米）</td></tr>
<tr><td rowspan="2">经济发展水平</td><td>pergdp</td><td>人均地区生产总值（万元）</td></tr>
<tr><td>ragdp</td><td>地区生产总值增长率</td></tr>
<tr><td rowspan="3">公共交通水平</td><td>bus</td><td>年末实有公共营运汽电车（万辆）</td></tr>
<tr><td>perbus</td><td>每万人拥有公共汽电车（辆）</td></tr>
<tr><td>taxi</td><td>年末实有出租汽车（万辆）</td></tr>
<tr><td rowspan="2">基础道路设施水平</td><td>road</td><td>年末实有铺装道路面积（万平方米）</td></tr>
<tr><td>perroad</td><td>人均铺装道路面积（平方米）</td></tr>
<tr><td rowspan="3">就业状况</td><td>employ</td><td>在岗职工平均人数（万人）</td></tr>
<tr><td>perincome</td><td>职工平均工资（万元）</td></tr>
<tr><td>umemploy</td><td>年末城镇失业（登记）人数（万人）</td></tr>
</table>

(四) 变量的描述性统计

表 8－2 报告了各变量的描述性统计。从表 8－2 中可以看出，*color_rate* 的最小值为 0，最大值为 0.792 6，表明我国不同地级市之间的有色相车购买比例差异较大。

表 8－2 **描述性统计**

变　量	样本量	平均数	标准差	最小值	下四分位数	中位数	上四分位数	最大值
color_rate	15 600	0.217 1	0.054 5	0	0.188 5	0.221 8	0.246	0.792 6
hsr	15 600	0.131 7	0.338 1	0	0	0	0	1
population	15 600	439.524 1	310.014 7	18.59	242.5	372.825	576.2	3 343.4
density	15 600	446.883 5	326.379 1	4.94	197.46	381.495	651.385	2 581.78
pergdp	15 564	3.404 3	2.265 9	0.009 9	1.809 7	2.749 5	4.313 2	14.539 5
ragdp	15 588	13.104 5	2.741 9	−1.2	11.6	13.13	14.7	23.5
bus	15 552	0.128 5	0.270 6	0.002 2	0.025 4	0.049 6	0.102 5	2.984 6
perbus	15 540	7.470 2	6.687 6	0.32	3.79	6.39	9.84	110.52
taxi	15 552	0.303 8	0.609 8	0.009 8	0.071 5	0.138 8	0.291 7	6.664 6
road	15 528	1 440.746 5	1 857.163 9	14	433	782	1 558	11 936
perroad	15 528	10.380 4	5.497 6	0.310 0	6.150 0	9.505 0	13.43	37.84
employ	15 576	67.396	892.343 5	4.280	17.200 0	27.685	42.420 0	32 139
perincome	15 420	3.248	1.241 8	1.272 1	2.545 2	3.090 4	3.769 3	32.062 6
umemploy	15 576	2.491 3	2.976 0	0.115 0	1.035 5	1.800 0	2.875 6	31.613 8

第五节　数据分析与研究发现

一、高铁开通对有色相乘用车购买率影响的分析结果

表 8－3 展示了高铁开通与有色相乘用车购买率之间的关系。方程(1)至

表 8-3 高铁开通对有色相车购买率的影响

	全样本				不含国家级节点城市			
	(1)	(2)	(3)	(4)	(5)	(6)	(7)	(8)
变量	*color_rate*	*color_rate*	*color_rate*	*color_rate*	*color_rate*	*color_rate*	*color_rate*	*color_rate*
变量	*LSDV*	*LSDV*	*FE*	*FE*	*LSDV*	*LSDV*	*FE*	*FE*
hsr	−0.001 04 (0.001 32)	0.001 30 (0.001 43)	−0.001 04 (0.001 52)	0.001 30 (0.001 61)	0.007 21*** (0.001 56)	0.006 33*** (0.001 64)	0.007 21*** (0.001 85)	0.006 33*** (0.001 92)
population		0.000 07*** (0.000 02)		0.000 07*** (0.000 03)		0.000 10** (0.000 04)		0.000 10** (0.000 05)
density		−0.000 01*** (0.000 00)		−0.000 01** (0.000 00)		−0.000 01*** (0.000 00)		−0.000 01*** (0.000 00)
pergdp		0.002 62*** (0.000 81)		0.002 62*** (0.000 91)		0.003 09*** (0.000 96)		0.003 09*** (0.001 04)
ragdp		−0.000 90*** (0.000 21)		−0.000 90*** (0.000 18)		−0.000 88*** (0.000 21)		−0.000 88*** (0.000 18)
bus		0.044 21*** (0.010 81)		0.044 21*** (0.012 87)		0.151 35*** (0.027 52)		0.151 35*** (0.037 39)
perbus		−0.000 70** (0.000 28)		−0.000 70** (0.000 30)		−0.001 20*** (0.000 33)		−0.001 20*** (0.000 37)
taxi		−0.033 29*** (0.006 57)		−0.033 29*** (0.008 23)		−0.023 68*** (0.007 57)		−0.023 68** (0.009 29)

续 表

	全 样 本				不含国家级节点城市			
	(1)	(2)	(3)	(4)	(5)	(6)	(7)	(8)
变 量	*color_rate*	*color_rate*	*color_rate*	*color_rate*	*color_rate*	*color_rate*	*color_rate*	*color_rate*
变 量	*LSDV*	*LSDV*	*FE*	*FE*	*LSDV*	*LSDV*	*FE*	*FE*
road		−0.000 01*** (0.000 00)		−0.000 01*** (0.000 00)		−0.000 01*** (0.000 00)		−0.000 01*** (0.000 00)
perroad		0.001 48*** (0.000 23)		0.001 48*** (0.000 29)		0.001 32*** (0.000 26)		0.001 32*** (0.000 34)
employ		−0.000 00** (0.000 00)		−0.000 00 (0.000 00)		0.000 37*** (0.000 09)		0.000 37*** (0.000 11)
perincome		−0.000 14 (0.000 25)		−0.000 14 (0.000 44)		0.000 05 (0.000 23)		0.000 05 (0.000 45)
umemploy		0.000 29 (0.000 69)		0.000 29 (0.000 72)		0.002 64*** (0.000 87)		0.002 64*** (0.000 94)
_cons	0.205 70*** (0.009 74)	0.212 08*** (0.010 43)	0.193 40*** (0.002 51)	0.185 55*** (0.012 76)	0.202 22*** (0.009 97)	0.203 77*** (0.010 91)	0.192 23*** (0.002 67)	0.147 37*** (0.019 75)
时间效应	是	是	是	是	是	是	是	是
城市效应	是	是	是	是	是	是	是	是
N	15 600	15 240	15 600	15 240	14 100	13 788	14 100	13 788
R^2_a	0.449 33	0.451 59	0.319 63	0.327 35	0.458 10	0.460 17	0.334 07	0.341 48

注：① 括号内数值为回归系数的标准误；
② ***、**、*分别表示 1%、5%和 10%显著性水平。

(4)报告了全样本的回归结果，表明高铁开通对有色相车的购买率均不存在显著影响，而方程(5)至(8)的结果显示高铁开通显著促进了开通城市的有色相购买率，且无论是否加入控制变量，高铁开通的系数都在1%的水平上显著正相关。这表明H8-1得到部分证实。方程(5)至(8)报告了剔除国家级流通城市的样本回归结果，分别加入控制变量后结果依旧在1%的水平上显著为正，充分说明了高铁的开通显著促进了非国家级节点开通城市有色相乘用车购买率。这表明H8-2得到证实。

二、平行趋势检验

由于本章主要利用双重差分法(DID)来实证检验高铁开通对不同城市的乘用车购买行为影响，可是判断双重差分法能否有效衡量高铁开通这一政策效应的前提是，如果不存在高铁开通这一外生冲击事件，处理组和对照组具有共同的发展趋势。为了更加直观地考察高铁开通前和开通后有高铁的城市与没有高铁的城市乘用车购买行为的动态差异，即验证高铁开通城市与未开通城市在高铁开通前的乘用车购买行为上具有共同趋势(即平行趋势检验)，本章参考Jacobson等(1993)、Kudamatsu(2012)以及Newton H. J.和Cox N. J.(2019)等文献的做法，我们利用事件分析法检验平行趋势假设。具体的模型和回归结果这里不再列出。

图8-1是基于模型在地级市层面进行的平行趋势分析的结果，给出了对乘用车有色相汽车比例的点估计和95%的置信区间；横轴表示距离城市高铁开通的月份数，我们将高铁开通的当月作为基准月，即去除了$t+0$期的虚拟变量。$t-3$表示城市开通高铁前第3个月，$t+3$表示城市开通高铁后的第3个月。以图中纵向虚线为界，可以看出，在高铁开通前，各地级市的乘用车有色相汽车比例的差异不能拒绝为零的原假设，即高铁开通前实验组和控制组城市有色相汽车比例差异不显著，不存在预期效应，满足平行趋势假设。而从虚线右侧来看，高铁开通后显著提升了所在城市的有色相汽车购买的比例，并且随着时间的推移这种作用越来越显著。

三、稳健性检验

(一) PSM-DID检验

倾向得分匹配(Propensity Score Matching, PSM)，是使用非实验数据或观

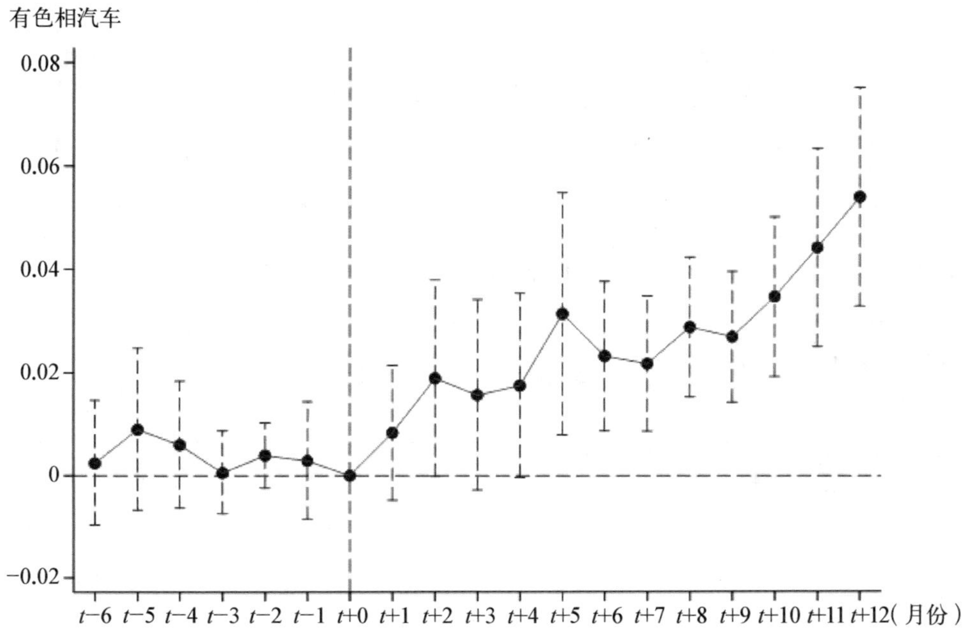

图 8－1　有色相汽车平行趋势分析结果

测数据进行干预效应分析的一类统计方法。倾向得分匹配的理论框架是“反事实推断模型”。“反事实推断模型”假定任何因果分析的研究对象都有两种条件下的结果：观测到的和未被观测到的结果。PSM 是一种统计学方法，用于处理观察研究（Observational Study）的数据。在观察研究中，由于种种原因，数据偏差（Bias）和混杂变量（Confounding Variable）较多，倾向得分匹配的方法正是为了减少这些偏差和混杂变量的影响，以便对实验组和对照组进行更合理的比较。这种方法最早由 Paul Rosenbaum 和 Donald Rubin 在 1983 年提出，常用于医学、公共卫生、经济学等领域的研究。从统计学角度分析来看，倾向得分匹配能够有效解决实验组和对照组之间产生的系统性偏差。倾向得分匹配就是用来解决这个问题，消除组别之间的干扰因素。

由于不同层级城市、不同地区在经济特征、文化习俗等方面存在着很大的差异，为消除城市特征差异所带来的影响以验证本章实证结果的稳健性，本章采用倾向匹配得分方法为处理组配比控制组，对模型（4）和模型（8）重新进行检验。首先，本章通过 Logit 回归计算倾向得分值，在进行 Logit 回归时以是否开通高铁作为被解释变量，以本章的控制变量作为解释变量；其次，采用核匹配的方法进行倾向得分匹配为处理组配比控制组，然后删除不匹配的控制组，利用匹配后的处理组和控制组进行 DID 分析，一方面有效解决了样本选择偏误问题，另一方面也很好地克服了模型的内生性，从而可以精确地估计高铁开通对城市居民乘用车购买行为的影响。从表 8－4 的实证结果发现，高铁开通的回归系数均在 1％的水平上显著为正，与上述结果保持一致，证明本章的实证结果稳健。

表 8－4　　　　高铁开通对乘用车购买行为的影响(PSM－DID)

	全　样　本	不含国家级节点城市
	(4)	(8)
变　量	*color_rate*	*color_rate*
hsr	0.000 93 (0.001 43)	0.005 66*** (0.001 65)
_cons	0.251 60*** (0.010 95)	0.239 07*** (0.011 45)
控制变量	是	是
时间效应	是	是
城市效应	是	是
N	14 868	13 416
R^2_a	0.453 13	0.460 63

注：① 括号内数值为回归系数的标准误；

② ***、**、* 分别表示 1％、5％和 10％显著性水平。

(二) 改变样本(2014—2015 年)

我们还采取了更换样本的方式验证实证结果的可靠性。由于截至样本期 2015 年，全国的国家级流通节点城市大多开通了高铁，全样本下和不含国家级节点城市样本下的回归结果无明显区分，故这里不再做进一步区分。相关回归结果如表 8－5 所示，高铁开通的回归系数在 1％的水平下通过了显著性测试，但全款购车比率的系数依旧为正，这可能是由于样本缺失较多从而导致了回归结果不显著，但依旧支持了前述的实证结果。

表 8－5　　　　高铁开通对乘用车购买行为的影响(2014—2015 年)

变　量	(3) *color_rate*
hsr	0.011 34*** (0.002 21)
_cons	0.068 91*** (0.021 60)
控制变量	Yes
时间效应	Yes
城市效应	Yes
N	3 808
R^2_a	0.474 83

注：① 括号内数值为回归系数的标准误；
② ***、**、*分别表示 1%,5%和 10%显著性水平。

第六节　研究结论、启示与展望

一、研究结论

本章运用独特的二手数据，基于自然实验法原理，分析了地级市开通高铁以后，高铁开通城市消费者在综合实力强的省会城市和一线城市参照群体的影响下，购买乘用车时对汽车外观色彩的选择是否发生显著变化。通过双重差分模型分析得到如下研究结论：高铁开通会导致开通城市消费者有色相车购买比例显著上升，但这一效应只在非国家级节点城市才存在。

这一结论说明，除了长期性人口流动和日常人口流动，高铁开通带来的跨城功能性活动的增加，也会对消费者的购买行为产生显著影响。这一影响主要体现在非国家级节点城市中，说明了低线城市消费者在向高线城市进行跨城流动时，会以高线城市消费者为参照群体，其消费模式会向高线城市消费者靠拢。同时也说明了低线城市在高铁开通后其文化多样性会提升，更有利于其消费者接受彩色汽车这类新的消费体验。

二、营销管理启示

对于消费者而言,一辆汽车仅能提供功能性利益是远远不够的,消费者还需要通过所购汽车建立自我概念和身份认同。本章研究表明,如果非国家级节点城市开通高铁后,其消费者会增加对有色相车的购买,同时降低红色车和白色车的购买,且这一效应持续时间在一年以上。这一发现将有助于汽车制造商及时将城市高铁开通引起的色彩偏好趋势纳入汽车色彩设计的决策集中,适时调整,使汽车色彩设计更适应当地消费者的需求。

对于汽车经销商而言,通常会根据不同汽车色彩的销售情况对特定色彩进行加价或优惠。本章的研究发现有助于汽车经销商优化进货决策,如果某些区域新开通了高铁,就要增加有色相车的订购量。本章的研究发现对汽车 4S 店的销售顾问也有重要的参考价值,如果某地新开通了高铁,在向潜在消费者推荐新车时,可推荐除传统黑色、白色、灰色之外的有色相车。

三、研究不足与展望

本章的研究还存在如下不足,而这也是未来有待进一步探索的方向。

第一,受数据可得性限制,本章只研究了高铁开通这一外部事件对消费者汽车色彩选择的影响,未来还需进一步研究这种影响对于不同人群有何不同,例如,对于不同社会阶层、不同收入群体的消费者,这一影响效应是否相同。此外,如果一个城市开通了地铁,会增加郊区和市区的跨区域流动,这对城市消费者的汽车色彩选择是否也会带来趋同效应。

第二,高铁开通导致消费者增加有色相车的购买,这一影响效应的中介机制是什么,未来还需要进一步探索,是高铁开通后促进了当地的经济增长,收入增加导致对有色相车购买量增加,还是高铁开通后,跨城流动增加导致的参照群体的影响,还是两者兼而有之。中介机制的探索还需要借助实验法来做进一步的研究。

参 考 文 献

[1] 艾仕得涂料.全球汽车色彩流行度报告(2015,2016,2017,2018,2019,2020)[OB/AL]. https://www.axalta.com/corporate/en_US/about-axalta/color.html.

[2] 巴斯夫.巴斯夫发布2018年汽车色彩分析报告[J].上海塑料,2019(1):59-60.

[3] 卞元超,吴利华,白俊红.高铁开通是否促进了区域创新[J].金融研究,2019(6):132-149.

[4] 曹炜威.高铁影响下的旅客出行行为研究[D].西南交通大学博士学位论文,2020.

[5] 邓涛涛,王丹丹,程少勇.高速铁路对城市服务业集聚的影响[J].财经研究,2017,43(7):119-132.

[6] 董艳梅,朱英明.高铁建设能否重塑中国的经济空间布局——基于就业、工资和经济增长的区域异质性视角[J].中国工业经济,2016(10):92-108.

[7] 高玮.兰新高铁对沿线城市人口流动的影响分析[J].时代金融,2018(29):70-72.

[8] 黄春芳,韩清.长三角高铁运营与人口流动分布格局演进[J].上海经济研究,2021(7):39-54.

[9] 金凤君,焦敬娟,齐元静.东亚高速铁路网络的发展演化与地理效应评价[J].地理学报,2016(4):576-590.

[10] 李雪松,孙博文.高铁开通促进了地区制造业集聚吗?——基于京广高铁的准自然试验研究[J].中国软科学,2017(7):81-90.

[11] 李彦龙,高想,张晔峰.基于消费者心理的汽车色彩偏好量化研究[J].设计,2019,32(12):110-112.

[12] 刘家悦,胡颖.文化多样性、企业家精神与城市贸易竞争力——中国城市面板数据的经验证据[J].中南民族大学学报(人文社会科学版),2021,41(7):150-160.

[13] 刘勇政,李岩.中国的高速铁路建设与城市经济增长[J].金融研究,2017(11):18-33.

[14] 潘越,肖金利,戴亦一.文化多样性与企业创新:基于方言视角的研究[J].金融研究,2017,448(10):146-161.

[15] 唐荣,顾乃华.高铁建设与上游生产性服务业发展——基于PSM-DID的实证检验[J].经济与管理研究,2018,39(7):58-67.

[16] 王宁.消费的欲望[M].广州:南方日报出版社,2005.

[17] 王磊,杨文毅.文化差异、消费功能与城际消费流动——基于中国银联大数据的分析[J].武汉大学学报(哲学社会科学版),2021,74(2):102-118.

[18] 王雨飞,倪鹏飞.高速铁路影响下的经济增长溢出与区域空间优化[J].中国工业经济,2016,34(2):21-36.

[19] 王丽,曹有挥,仇方道.高铁开通前后站区产业空间格局变动及驱动机制——以沪宁城际南京站为例[J].地理科学,2017(1):19-27.

[20] 魏守华，杨阳，陈珑隆.城市等级、人口增长差异与城镇体系演变[J].中国工业经济，2020(7)：5－23.

[21] 武前波，陶娇娇，吴康，赵渺希.长江三角洲高铁日常通勤行为特征研究——以沪杭、宁杭、杭甬线为例[J].城市规划，2018(8)：90－97.

[22] 吴康，方创琳，赵渺希，陈晨.京津城际高速铁路影响下的跨城流动空间特征[J].地理学报，2013，68(2)：159－174.

[23] 徐文豪.地理流动性如何影响消费者的控制感？——基于移动游戏的实证检验[D].武汉大学硕士毕业论文，2017.

[24] 余泳泽，潘妍.高铁开通缩小了城乡收入差距吗？——基于异质性劳动力转移视角的解释[J].中国农村经济，2019(1)：79－95.

[25] 袁国贤.白领男性汽车消费行为研究[D].电子科技大学硕士毕业论文，2009.

[26] 张萃.外来人力资本、文化多样性与中国城市创新[J].世界经济，2019(11)：172－192.

[27] 张明志，余东华，孙媛媛.高铁开通对城市人口分布格局的重塑效应研究[J].中国人口科学，2018(5)：108－128.

[28] 赵文，陈云峰.高速铁路的区域分配效应：基于理论与实证的研究[J].经济社会体制比较，2018，197(3)：44－52.

[29] Alesina A., Ferrara E. L.. Who trusts others? [J]. Journal of Public Economics, 2002, 85(2): 207－234.

[30] Bearden, W. O., Netemeyer, R. G., and Teel, J. E.. Measurement of consumer susceptibility to interpersonal influence [J]. Journal of Consumer Research, 1989, 15(2): 473－481.

[31] Burnkrant, B. E., and Cousineau, A. Informational and normative s oci al influence in b uyer behavior [J]. Journal of Consumer Research, 1975, 2(3): 206－215.

[32] Chen, G. N., & Silva, J. D. A. Regional impacts of high-speed rail: A review of methods and models [J]. Transportation Letters, 2013, 5(3): 131－143.

[33] Dant, Tim. The Driver-Car [J]. Theory, Culture & Society, 2004, 21(4/5): 61－79.

[34] Downs A. The law of peak-hour expressway congestion [J]. Traffic Quarterly, 1962, 16(3): 393－409.

[35] Florida, R. The Rise of the Creative Class [J]. Washington Monthly, 2002, 35(5): 593－596.

[36] Ghose A., Han S. P.. An empirical analysis of user content generation and

usage behavior on the mobile internet [J]. Management Science, 2011, 57(9): 1671 - 1691.

[37] Hong L., Page S. E.. Problem Solving by Heterogeneous Agents [J]. Journal of Economic Theory, 2001, 97(1): 123 - 163.

[38] Hui S. K., Inman J. J., Huang Y. L., et al. The effect of in-store travel distance on unplanned spending: Applications to mobilepromotion strategies [J]. Journal of Marketing, 2013, 77(2): 1 - 16.

[39] Kaufmann, V. Re-thinking Mobility: Contemporary Sociology [M]. Ashgate: Publishing Limited, 2002.

[40] Lun J., Oishi S., Tenney E. R.. Residential mobility moderates preferences for egalitarian versus loyal helpers [J]. Journal of Experimental Social Psychology, 2012, 48(1): 291 - 297.

[41] OishiS, Kesebir S., Miao F. F., et al. Residential mobility increases motivation to expand social network: But why? [J]. Journal of Experimental Social Psychology, 2013, 49(2): 217 - 223.

[42] Ozgen, C., Nijkamp, P., Poot, J. Immigration and Innovation in European Regions [D]. Ssrn working paper, 2011.

[43] Park, C. W., and Lessig, V. P. Student s and housewives : Difference in susceptibility to reference group influence [J]. Journal of ConsumerResearch, 1977, 4(3): 102 - 110.

[44] Qian, H. and Stough, R. R. The Effect of Social Diversity on Regional Innovation: Measures and Empirical Evidence [J]. International Journal of Foresight Innovation Policy, 2011, 7 (1 - 3): 142 - 157.

[45] Sheller M., Urry J. The New Mobilities Paradigm [J]. Environment and Planning A, 2006, 38(2): 207 - 226.

[46] Vickrey WS. Congestion theory and transport investment [J]. The American Economic Review, 1969, 59(2): 251 - 260.

[47] White, K., Dahl, D.. Are All Out-Groups Created Equal? Consumer Identity and Dissociative Influence. [J]. Journal of Consumer Research, 2007, 34(6): 525 - 536.

[48] Zheng, S. Q., & Kahn, M. E. China's bullet trains facilitate market integration and mitigate the cost of megacity growth [J]. Proceedings of the National Academy of Sciences, 2013, 110(14): 1248 - 1253.

附　录

附表 8-1　　中国地级市高铁开通时间及线路表

序号	开通年月	新开通高铁线路	高铁线路经过的城市	高铁线路经过的城市数
1	2008 年 8 月	京津城际铁路	北京、天津	2
2	2008 年 12 月	胶济客运专线	济南、淄博、潍坊、青岛	4
3	2009 年 4 月	宁蓉铁路合武段	合肥、六安、黄冈、武汉	4
4		石太客运专线	石家庄、阳泉	2
5	2009 年 9 月	杭深铁路甬连段	宁波、台州、温州、宁德、福州	5
6	2009 年 12 月	京广高速铁路武广段	咸宁、岳阳、长沙、株洲、衡阳、郴州、韶关、清远、广州	9
7	2010 年 2 月	徐兰高速铁路郑西	郑州、洛阳、三门峡、渭南、西安	5
8	2010 年 4 月	杭深铁路连厦段	莆田、泉州、厦门	3
9	2010 年 5 月	成灌客运专线	成都	1
10	2010 年 7 月	沪宁高速铁路	上海、苏州、无锡、常州、镇江、南京	6
11	2010 年 8 月	昌九城际铁路	南昌、九江	2
12	2010 年 10 月	沪昆高速铁路沪杭段	嘉兴、杭州	2
13	2010 年 12 月	宁蓉铁路宜凉段	宜昌、恩施土家族苗族自治州	2
14		海南东环铁路	海口、三亚	2
15	2011 年 1 月	广珠城际铁路	佛山、中山、珠海	3
16		长吉城际铁路	长春、吉林	2

续 表

序号	开通年月	新开通高铁线路	高铁线路经过的城市	高铁线路经过的城市数
17	2011年6月	京沪高速铁路	北京、廊坊、天津、沧州、德州、济南、泰安、济宁、枣庄、徐州、宿州、蚌埠、滁州	13
18	2011年12月	广深港高速铁路广深段	东莞、深圳	2
19	2012年6月	杭深铁路厦漳段	漳州	1
20	2012年7月	宁蓉铁路汉宜段	孝感、荆州	2
21	2012年9月	京广高速铁路郑武段	许昌、漯河、驻马店、信阳	4
22	2012年10月	合蚌高速铁路	淮南	1
23	2012年12月	京哈高速铁路沈哈段	四平、松原、哈尔滨、沈阳、辽阳、鞍山、营口、大连	8
24		京广高速铁路京郑段	保定、邢台、邯郸、安阳、鹤壁、新乡	6
25	2013年7月	杭深铁路	绍兴	1
26		宁杭高速铁路	湖州	1
27	2013年9月	盘营高速铁路	盘锦	1
28	2013年12月	津秦高速铁路	唐山、秦皇岛	2
29		衡柳铁路	永州、桂林、柳州	3
30		杭深铁路漳深段	潮州、汕头、揭阳、汕尾、惠州	5
31		柳南客运专线	来宾、南宁	2
32		宁蓉铁路凉渝段	重庆	1
33		钦防铁路	钦州、防城港	2
34		徐兰高速铁路西宝段	咸阳、宝鸡	2
35		邕北铁路	北海	1
36	2014年4月	南广铁路南梧段	贵港、梧州	2

续 表

序号	开通年月	新开通高铁线路	高铁线路经过的城市	高铁线路经过的城市数
37	2014 年 6 月	武冈城际铁路	鄂州	1
38		武石城际铁路	黄石	1
39	2014 年 7 月	大西高速铁路太西段	太原、晋中、临汾、运城	4
40	2014 年 9 月	沪昆高速铁路南长段	宜春、新余、萍乡	3
41	2014 年 11 月	兰新客运专线柳乌段	酒泉、哈密、吐鲁番、乌鲁木齐	4
42	2014 年 12 月	沪昆高速铁路杭南段	金华、衢州、上饶、鹰潭、抚州	5
43		沪昆高速铁路长新段	湘潭、娄底、邵阳、怀化	4
44		成贵客运专线成乐段	眉山、乐山	2
45		西成客运专线江成段	绵阳、德阳	2
46		贵广高速铁路	贵阳、黔南布依族苗族自治州、贺州、肇庆	4
47		兰新客运专线兰柳段	兰州、海东、西宁、海北藏族自治州、张掖、天水、嘉峪关	7
48		南广铁路梧广段	云浮	1
49		青荣城际铁路即荣段	青岛、烟台、威海	3
50		郑开城际铁路	开封	1
51	2015 年 6 月	沪昆高速铁路新贵段	铜仁、黔东南苗族侗族自治州	2
52		郑焦城际铁路	焦作	1
53		合福高速铁路	芜湖、铜陵、宣城、黄山、南平	5
54	2015 年 8 月	哈齐客专哈北齐南段	绥化、大庆、齐齐哈尔	3
55	2015 年 9 月	沈丹高铁	本溪、丹东	2
56		吉图珲高铁	延边朝鲜族自治州	1
57		京津城际铁路延伸线		
58	2015 年 12 月	宁安城际铁路	马鞍山、池州、安庆	3
59		牡绥铁路牡穆段	牡丹江	1

续 表

序号	开通年月	新开通高铁线路	高铁线路经过城市	高铁线路经过城市数
60	2015 年 12 月	南昆高铁南百段	百色	1
61		成渝高铁	资阳、益阳、内江	3
62		赣瑞龙线	赣州、龙岩	2
63		兰渝铁路广渝段	广元、南充、广安	3
64		新金丽温铁路	丽水	1
65		海南西环铁路	儋州	1
66	2016 年 5 月	宁启铁路南京至南通段	扬州、泰州、南通	3
67	2016 年 9 月	徐兰高速线郑徐段	商丘	1
68	2016 年 12 月	沪昆高速铁路贵阳至昆明段	安顺、黔西南布依族苗族自治州、六盘水、曲靖、昆明	2
69		昆玉城际铁路	玉溪	1
70		云桂铁路昆明至百色段	红河哈尼族彝族自治州、文山壮族苗族自治州	2
71	2017 年 7 月	宝兰高铁	定西	1
72	2017 年 8 月	张呼客专线乌呼段	乌兰察布、呼和浩特	2
73	2017 年 12 月	西成高铁西安至江油段	汉中	1
74		九景衢铁路	景德镇	1
75		石济客运专线	衡水	1
76		萧淮客运联络线	淮北	1
77	2018 年 9 月	广深港高铁香港段	香港	2
78	2018 年 12 月	青盐高铁	日照、连云港、盐城	3
79		京哈高铁承沈段	承德、朝阳、阜新、铁岭	4
80		新通高铁	新民、通辽	2